서울역사
중점연구 14

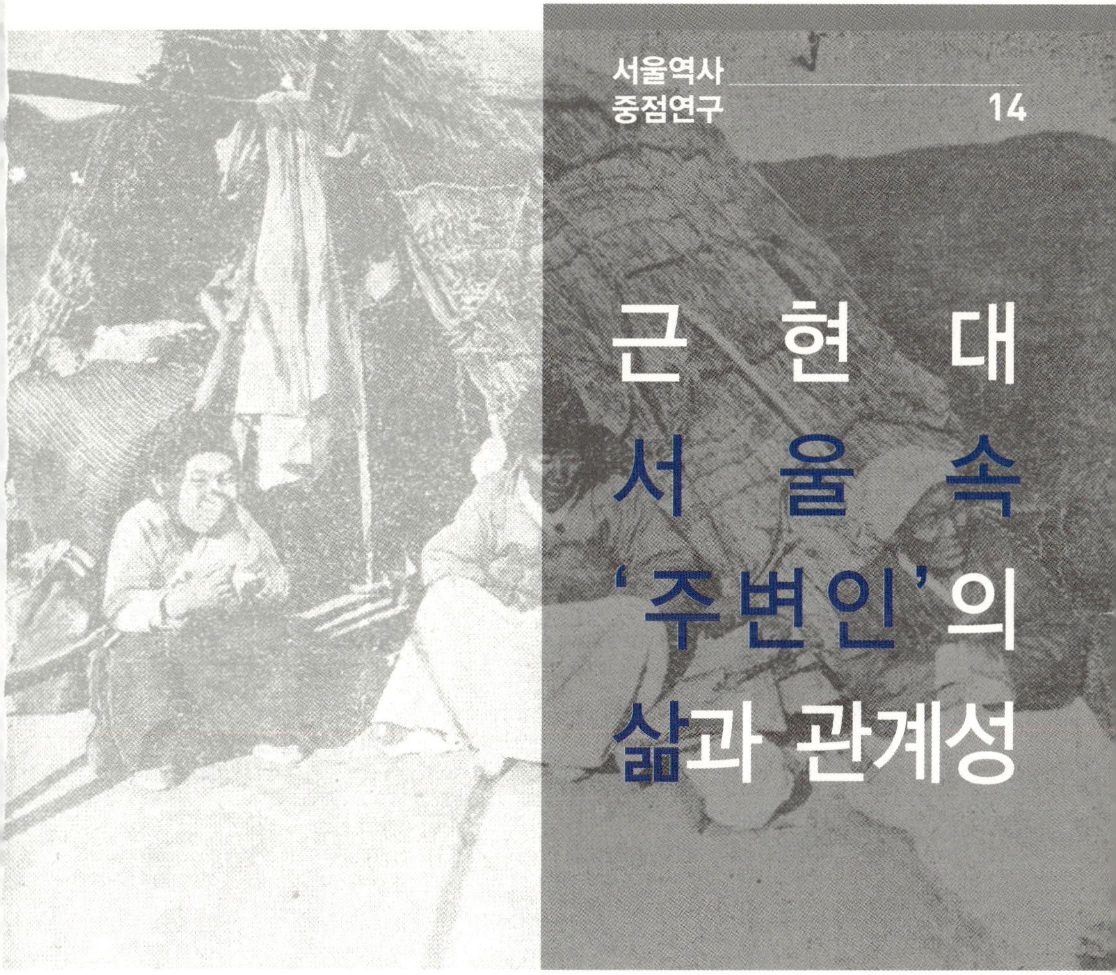

근현대 서울 속 '주변인'의 삶과 관계성

서울역사편찬원

발간사

오늘날 한국사회는 정치·사회·경제·문화 전반에 걸쳐 비약적인 발전을 이루고 있습니다. 하지만 사회의 성장과 발전이 이루어지는 어느 한 켠에서는 우리 사회 속에 있으면서도 완전하게 속하지 못한 채 차별과 배제를 받는 집단이 있습니다. 때로는 '소수자', '약자'로 불리는 이들은 자신에게 주어진 조건으로 인하여 공동체의 '주류'로부터 배제되었으나 꾸준하게 자신들의 삶을 영위하며 목소리를 내고 있었습니다.

서울역사편찬원에서는 이에 주목하여 서울에 존재했던 '사회적 약자들'에 대한 연구를 진행했습니다. 그리고 그 결과물로 《근현대 서울 속 '주변인'의 삶과 관계성》을 발간하게 되었습니다. 서울이라는 공간 속에 있었으나 완전한 '서울인'이 되지 못하고 그 '주변인'으로 존재했던 이들이 살아온 삶의 궤적과 이들을 대하는 사회의 태도를 역사 속에서 추적해 보았습니다.

이 책은 총론과 각론에 해당하는 6편의 논문으로 구성되어 있습니다. 각론에서는 일제강점기부터 현대까지 서울 속 다양한 '주변인'을 검토하고 있습니다. 19세기 후반에서 20세기 초 근대전환기에 존재한 유랑민과 궁민, 일제강점기 경성에 출현한 부랑 나환자들과 불량주택 밀집촌에 거주한 도시 빈민들을 비롯하여, 광복 이후에 서울지역의 농인들과 미군기지 인근에 형성된 기지촌의 '미군 위안부', 1960년대부터 오늘날까지 서울에 정착하고 있는 북한이탈주민 등 다양한 '주변인'들의 삶과 사회와의 관계성을 살펴보았습니다.

서울의 공간은 끊임없이 확장되고 서울의 인구가 지속적으로 증가함에 따라, 보다 다양한 층위의 '주변인'들이 우리 사회에 존재하고 있는 만큼, 그들의 역사를 이 한 권의 책으로 모두 이해하기는 어려울 것입니다. 다만 본 연구서의 발간을 토대로 향후 서울 속 약자들에 대한 후속 연구와 함께 이들에 대한 사회적 관심과 동행이 이어지기를 기대합니다.

끝으로 이 책이 나오기까지 수고를 아끼지 않은 집필자 선생님들과 서울역사편찬원의 연구원들, 그리고 심사자와 토론자 등 여러분의 도움에 깊이 감사드립니다. 앞으로도 새로운 서울 역사 발굴을 위해 많은 연구자와 시민 여러분의 관심을 부탁드립니다.

2023. 4.

서울역사편찬원장 이 상 배

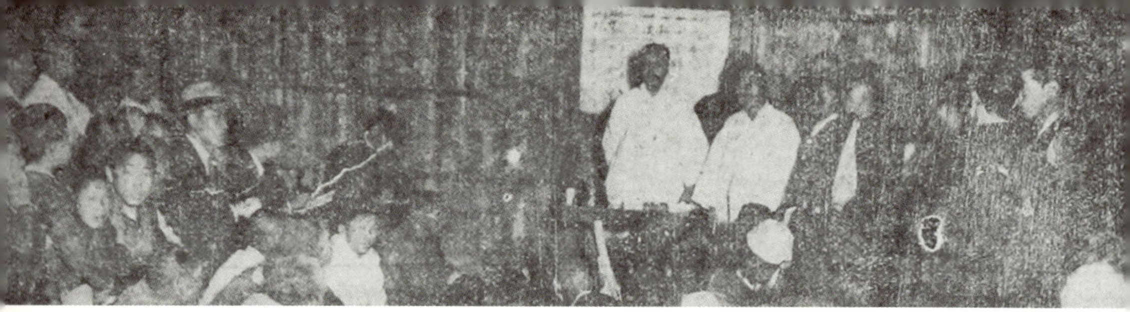

차 례

총론

근현대 서울 속 '주변인'의 삶과 관계성

김정인 춘천교육대학교 교수

오래도록 역사학은 정치·경제·사회·문화적 권력을 갖고 역사의 흐름을 변화시킨 소위 주류의 역사에 관심을 보였다. 이러한 경향성을 비판하면서 1980년대에 대두된 민중사학은 계급주의적 경향성을 띠었고 집합적 주체로서의 민중을 변혁의 주체로 상정했다. 이에 대한 비판은 21세기에 들어 '새로운 민중사'의 제안이라는 방식으로 발현되었다. 역사문제연구소 민중사반은 2013년에 출간한《민중사를 다시 말한다》에서 1980년대 민중사는 '과학적·변혁적 민중론'이라는 규범성·도식성에 갇혀 민중의 실상을 정면으로 응시하지 못한 채 변혁을 지향하는 지식인이 염원하고 있던 민중상을 그려냈다고 비판했다.[1] 그리고 민중을 계급 혹은 계급연합으로서의 변혁 주체가 아니라 피지배층·하층민·사회적 약자·소수자 등을 지시하는 개념, 즉 평범하고 일상적인 삶을 살아가면서도 때로는 자신의 경험을 통해 모순을 느끼고 그것에 저항하는 존재로 정의해야 한다고 주장했다. 하지만 '새로운 민중사'의 제안 역시 민중을 실천적 주체로 정의한다는 점에서는 민중사학의 그것과 다르지 않았다.

1 역사문제연구소 민중사반,《민중사를 다시 말한다》, 역사비평사, 2013, 57쪽.

'새로운 민중사'가 등장할 무렵 사회 현실에서 소수자 운동이 본격화되는 가운데 부랑자·장애인·한센인·고아·성소수자 등 다양한 마이너리티 집단에 대한 역사학적 탐구가 이어졌다. 마이너리티minority란 인종·민족·언어·종교·성정체성·직업·신체 등의 다름을 이유로 사회적인 차별과 배제의 대상이 되어온 존재들을 지칭한다. 그러므로 마이너리티에 대한 연구는 민중 내부의 다성성과 이질성에 주목하면서도 민중의 내적 공통성과 연대 가능성을 모색한다는 점에서 '새로운 민중사'가 갖고 있는 한계를 극복하면서 민중으로 쉽게 통합되지 못하는 이질적 주체들의 경험을 가시화하는 성과를 낳았다. 이를 통해 지배와 억압의 다층적 면모를 보여주었고 또한 마이너리티 집단이 겪는 배제와 폭력에 다수가 공모한다는 것을 규명해 가해-피해의 다층성 역시 드러내 주었다.[2]

이 책은 서울이라는 공간에서 '주변인'으로서 근현대의 시간을 감내하며 또는 저항하며 삶을 영위했던 유랑민·빈민·부랑 나환자·농아·미군위안부·북한이탈주민과 그들을 둘러싸고 있던 정치·사회적 장 간의 상호 관계성을 규명하고자 한다. 여기서는 앞서 언급한 마이너리티를 '주변인'이라는 개념으로 대체해 호명한다. 마이너리티는 주로 소수자로 번역되지만 이는 다수와 소수라는 상대적인 양적 비교에 기반한 용어로 비주류이고 주변인적인 성격과 의미를 잘 드러내지 못한다는 비판을 받는다. 그래서 마이너리티라는 용어를 번역하지 않고 그대로 사용하는 경우가 많다. 여기서는 서울이라는 공간을 분석 대상으로 서울'인'의 범주에서 끊임없이 배제되거나 차별받았지만 스스로 삶을 영위하며 살아왔던 집합

2 소현숙, 〈마이너리티 역사, 민중사의 새로운 혁신인가 해체인가?〉《역사문제연구》48, 2022, 67~71쪽.

적 주체를 '주변인'으로 호명하면서 능동적 행위자로서 그들의 삶을 들여다보고자 한다. 그런데 그들의 낮은 목소리에 귀를 기울여야 한다는 당위에도 불구하고 주변인들이 직접 발화하거나 기록해 놓은 1차 사료는 거의 없다. 결국 주변인의 삶은 물론 관계성 연구는 정면이 아니라 측면에서 파고들어야 하는 한계를 태생적으로 갖고 있다. 그들과 관련된 정책·제도와 관련된 공문서, 사회 문제를 다루는 언론 기사와 논설이 사료의 대부분을 차지한다. 연구 과정에서 다시 한번 이같은 근본적 한계를 마주하면서 이를 타개할 방법론을 고민하지 않을 수 없었음을 미리 밝혀둔다.

김헌주의 〈근대전환기 서울의 근대적 변화와 주변인들의 소외〉는 19세기 후반부터 20세기 초에 이르는 근대 전환기 서울(한성)의 주변인들의 동향을 분석하고 있다. 여기서 말하는 주변인에는 첫째 신분적으로 대체로 하층에 속하는 궁민, 기민, 강민, 화적 등, 둘째 경제적으로 부를 축적했더라도 사회적으로는 배제와 차별의 대상이 된 사람들, 셋째 근대화 과정에서 사회 주류에서 밀려난 사람들을 포함한다. 이 글은 이들 주변인들이 처한 사회적 조건을 분석하고, 여러 부류 주변인의 삶의 양태를 들여다보며, 또한 서울의 근대로의 전환에 대한 주변인들의 반응을 살피고 있다.

조선후기 이래 서울은 전국에서 유랑민들이 몰려드는 왕도였다. 1876년 개항 이후에도 급격한 경제적 변화와 반복되는 자연재해, 정부의 조세 수탈, 외국 상인과 노동자들의 조선 유입 등에 의해 서울에는 많은 유랑민과 빈민이 생겨났고 몰려들었다. 이들 주변인들은 서울의 중심부와 주변부에 산재해 있었다. 중심부에는 성균관에 소속되어 쇠고기 장사나 전통연희에 종사했던 천인인 반인들이 있었다. 주변부인 경강 일대에는 강민이라 불리는 주변인이 있었다. 이들은 도성 안에 거주하는 경민과 구별되는 존재로서 '강가에 사는 놈'이라 불렀다. 그밖의 주변인으로는 서울과 경기 일대에 거주하면서 서울에 침입했던 화적이 있었다. 유랑민들이 유리걸식하다가 도적떼가 되어 서울에 화적으로 출몰했던 것이다.

한편 서울에 외국인이 유입되고 도시개조사업이 이어지고 공원이 설립되는 등의 근대화 과정에서 소외되는 주변인들이 등장했다. 이들 주변인들은 일본 군인에게 투석을 하는 등 일본인을 적대시했으며 외국인에 대해 강한 적개심을 품었다. 철도 부설과 도시개조사업에서 배제된 주변인들은 전차에 투석을 하는 등 자신을 주변화하는 근대화에 저항했다.

김정인의 〈20세기 전반 경성·서울의 부랑 나환자 출현과 정치·사회적 대응〉은 일제강점기 경성에 부랑 나환자들이 출현한 이유가 다른 도시와 달랐음에 주목한다. 그리고 거리 활보의 자유조차 누리기 어려웠던 부랑 나환자가 경성에 출현하면서 발생한 사회문제에 대한 정치적·사회적 대응 역시 다른 도시와 달랐음에 주목하고 있다. 또한 해방 직후 다시 서울에서 부상한 부랑 나환자 문제와 그에 대한 정치적·사회적 대응을 일제강점기의 그것과 비교하고 있다.

1916년 소록도자혜의원 설립과 같은 해 조선총독부의 〈나환자수용에 관한 건〉에 근거해 1917년부터 당국은 "노상이나 시장 등에서 배회하는 병독 전파의 우려가 있는 부랑 나환자"를 수용하기 시작했다. 1935년에는 〈조선나예방령〉이 공포되어 부랑 나환자 뿐만 아니라 모든 나환자들이 강제격리 대상이 되었다. 한편 도시민들은 부랑 나환자 문제를 사회문제시하면서 조선총독부의 해결을 요구했고, 공포와 혐오에 기반한 배제 논리를 내면화했다. 역설적이지만 부랑 나환자에 대한 낙인은 더 많은 부랑 나환자들이 발생하고 이들이 남부의 일부 도시에서 식민지 조선 전역으로 확장되는 결과를 낳았다. 조선총독부의 나병관리정책을 미군정과 대한민국 정부가 그대로 계승했듯이, 부랑 나환자에 대한 낙인과 배제는 해방 이후에도 지속되었다.

일제강점기의 제일의 도시 경성, 미군정과 대한민국의 수도였던 서울은 나환자들이 수용과 그에 기반한 치료의 기대를 갖고 부랑하던 도시였다. 나병원이 존재하는 지방 도시에서도 부랑 나환자를 도시 밖으로 밀어내려는 도시민의 압력이 거셌지만 일제강점기에 민간인들이 나서 부랑 나환자 모두를 나병원에 입원시키고 해방 이후에도 나환자촌에 있는 나환자 전원을 수용소로 이전하는 등의 일은 경성·서울에서만 일어났다. 경성과 서울은 또한 수용의 혜택에 배반을 느낀 나환자들이 도주해 다시 부랑 나환자로서의 삶을 영위한 도시이기도 했다.

이명학의 〈일제강점기 경성의 철거반대운동과 불량주택 주민의 정치문화〉는 사회경제적으로 소외된 가난한 '불량주택 주민'이 주도한 집단행동으로서 경성의 대표적인 사회운동이었던 철거반대운동을 분석하고 있다. 이를 통해 날품팔이·지게꾼·토건 인부·행상과 같은 '뿌리 뽑힌 자', 즉 주변인의 생존을 위한 철거반대운동을 통해 드러나는 그들의 주체성을 이해하고자 한다.

일제강점기 경성에서 판잣집 소위 불량주택 문제는 임대가격 상승, 경성부의 빈민용 사회주택에 대한 전용, 반복되는 재해, 더부살이용 행랑채의 소멸 등을 배경으로 사회 문제로 부상했다. 경성에서 불량주택은 1940년대까지 1920년대에 비해 10배 이상 늘어나는 양상을 보였다. 지역적으로는 경성의 동부지역에 불량주택이 밀집하는 양상을 보였다. 문제는 불량주택이 자리한 터에는 주인, 즉 지주가 있다는 것이었다. 지주들은 토지의 이용가치가 높아짐에 따라 개발을 앞세워 불량주택을 없애는데 적극 나섰다. 갈 곳 없는 불량주택 주민, 즉 빈민들은 철거를 막으며 저항했다. 경성에서는 1923년부터 1941년까지 2만 5,000여명이 50여 건이 넘는 철거반대운동에 나섰다.

철거반대운동은 불량주택이 밀집한 동부 지역에서 가장 활발하게 일어났으며 1930년대 전반에 절정을 이뤘고 1930년대 후반부터 소강상태에 접어들었다. 철거반대운동이 가장 활발했던 1930년대 전반에는 주택을 구매하려는 수요가 왕성한 가운데 빈민의 현실을 무시한 빈민주거대책이 본격적으로 시행했다. 불량주택에 살고 있던 빈민들은 강고한 유대감과 연대의식을 기반으로 결속해 저항했다. 자유로운 토론과 의사결정이 가능한 공론장을 마련해 함께 의논하고 싸웠다. 이들의 저항 의식은 굳이 지주의 허락을 받지 않고 공터에 지어진 주택에 철거를 강요할 수 없다는 오랜 사회 규범에 기반해 있었고 생계에 대한 최소한의 지원을 제시하지 않는 무방비의 철거에 대한 분노에서 발원한 것이었다. 철거에 반대하기 위해 빈민이 취한 가장 보편적인 방식은 지주의 퇴거 명령을 무시하는 것이었다. 철거 예정 지역의 남녀노소가 행정당국을 찾아가 자신들의 비참한 처지와 자활의 의지를 담은 진정서를 제출하기도 했다. 그럼에도 폭력적인 강제 철거가 진행되면 빈민들도 물리력으로 이를 저지하며 농성을 전개했다.

이처럼 경성에 근대식 건물이 속속 들어서면서 도시화가 진전되는 과정에서 빈민은 일상의 삶을 영위하는 공간조차 상시적인 철거의 위협 속에 살아야 했다. 그들은 생존의 위협 속에 개발 이익에 눈이 먼 사업자들과 보상 없는 철거를 묵인하는 행정에 집단적 주체로서 저항했다.

소현숙의 〈해방 이후~1970년대 서울지역 농인의 삶과 '농 공동체'〉는 해방 직후에서 1970년대까지 서울지역을 중심으로 농인들의 생활 실태와 다양한 조직화 과정을 분석해 농인 공동체의 형성 맥락과 농인으로서의 독자적 정체성 형성 과정을 살피고 있다. 무엇보다 국가정책의 부재 속에서도 주변인으로서 스스로의 삶을 지켜내기 위해 다양한 방식으로 결속했던 농인들의 발자취에 주목하고 있다. 또한 서울이라는 공간이 농인이라는 '집단적 정체성'이 가시화되는 장소로 기능했음을 밝히고 있다.

역사적으로 농인의 삶에 대해서는 청인 중심의 사회에 대한 적응 여부를 따지는 동화주의적 관점과 농인의 독자적인 문화와 공동체에 주목해 농인을 수어를 모국어로 사용하며 고유한 농문화를 발전시키는 문화적·언어적 소수집단으로 이해하려는 관점이 존재한다. 전자는 농인을 결여된 존재로서 '정상'의 틀 속에 편입시켜야 하는 대상으로 인식하는 관점이라면 후자는 농인의 독특한 문화를 인정하고 그 주체성에 주목하고자 하는 관점이라 할 수 있다. 소현숙은 이 두 관점이 동시적으로 공존하고 있다고 평가한다. 국가와 사회는 농인을 '결여된 존재'로서 '정상적인 삶'의 주변부에 배치하고자 했으며 농인들은 정상성을 추구하는 동화에 노력하면서도 그들만의 언어와 가치관을 가진 소수집단으로서 결집하고 연대하며 농문화를 중심으로 이화적 역사를 만들어 왔다는 것이다. 그러므로 동화와 이화의 상호작용을 동시에 바라볼 필요를 제기한다.

농인에 대한 학교 교육은 20세기 초 선교사에 의해 시작되었다. 학교교육은 수화를 통해 농인들이 소통할 수 있는 환경을 조성함으로써 농인들이 집단적으로 결집하면서 농문화를 형성하는데 결정적 역할을 했다. 일제강점기에 농인은 준금치산자로 규정됨으로서 개인으로서 법적 능력을 제한받았다. 이 문제는 해방 이후 1960년 민법 시행과 함께 농인이 완전한 피상속권자로 규정됨으로써 해결되었다. 이러한 법적 위상의 변화에도 불구하고 1970년대 후반까지 농인에 대한 사회복지 정책이 마련되지 않았다. 또한 농인은 그들에 대한 편견으로 인해 가족관계에서 사회적 관계에까지 냉대와 차별을 경험해야 했다. 사회적으로는 장애인 교육에 대한 터부시했으며 장애를 범죄의 원인으로 바라보는 시각도 존재했다.

이러한 악조건 속에 서울지역 농인들은 제대로 교육을 받지 못하고 있었다. 국립으로 서울농아학교만 있었을 뿐, 농인교육은 대부분은 사립학교들이 담당하고 있었다. 민간인들이 자선사업의 일환으로 농인 보호와 교육을 위해 세운 학교로는 한국구화학교, 애화학교가 있었고 사회복지시설로는 삼성농아원과 명휘원이 있었으나 학령 아동 추정수의 절반도 수용하지 못하고 있었다. 그나마 1970년대에 들어와 농아 교육은 양적으로 팽창하는 변화를 보였다. 하지만 농인들은 대부분 무교육인데다가 청각장애에 대한 편견과 의사소통의 어려움 등으로 취업이 쉽지 않았다. 직업을 가진 농인의 다수는 양화공과 양복공으로 일했다.

농인들은 농학교에서의 경험을 자신들이 집단적으로 결집할 수 있는 계기로 삼았다. 이러한 집단문화의 경험을 바탕으로 해방 직후인 1946년 조선농아협회가 창립했다. 또한 서울에서는 1946년 서울 영락교회에 농아전도부가 창립되면서 신앙공동체가 출현하기 시작했다. 1970년대에는 농인들끼리 만나 대화를 나누며 교류하는 장으로서 농인구락부가 출현했다. 이러한 농학교, 농인교회, 농인단체와 구락부 등은 농인들에게 집보다 더 소중한 곳으로 인식되었고 이들 농공동체는 한일협정반대운동에 참여하는 정치적 공동체로서의 역할을 하기도 했다. 양화공으로 일하는 농인들은 집단작업장을 만들어 일하기도 했다. 이 농인 집단 작업장은 사회적 차별 속에 형성된 자구지책인 동시에 후진 농인 기술자를 양성해 농인에게 취업과 자활이 기회를 제공하고자 했던 적극적인 모색의 일환이기도 했다. 또한 '침묵의 마을' 등 농인 정착촌거주지가 마련되기도 했다. 이러한 농공동체의 형성에는 수어를 중심으로 농인 스스로 정체성을 자각하는 주체적 의식의 배양도 중요한 역할을 했다.

금보운은 〈해방 이후 서울지역 '기지촌'과 '미군 위안부'의 변화〉에서 해방 이후 서울의 미군기지 인근에 형성된 기지촌에서 주로 미군을 상대했던 여성 '위안부'의 지위 변화를 주한 미군의 감소에 따른 변화와 연동해 살피고 있다. 여기서 주변인으로서의 '미군 위안부'란 기지촌 여성으로도 불리었으며 미군 기지 주변에 집단적으로 형성된 유흥업소에서 미군 대상 성판매업에 종사하는 여성을 가리킨다. 공간적으로는 서울 용산의 미군기지 근처 생활권인 이태원과 해방 이후 미군이 주둔하면서 '미군 위안부'가 살았던 영등포를 중심으로, 시간적으로는 주한 미군이 감축된 1970년대 이후 1990년대까지를 중심으로 살피고 있다.

이태원에 기지촌이 들어서고 그곳에 미군 대상 성매매 공간이 생겨난 것은 1958년 무렵이었다. 당시 이태원에 거주하는 '미군 위안부'는 200여 명으로 파악되었다. 1960년대 초의 통계를 보면 이태원과 함께 미군이 주둔하던 영등포에 '미군 위안부'들이 거주하고 있었다. 그런데 1970년대 초반 미군이 감축되면서 이태원과 영등포 기지촌에 변화가 일어났다. 영등포는 미군기지가 폐쇄되면서 성판매의 대상이 미군에서 한국인으로 변화했고 1980년대 초 '윤락여성 집중존치구역'으로 지정되었다. 반면 1970년대 말 전방의 미군이 용산으로 오면서 이태원은 국제도시화되는 경향을 보였고 1997년에는 서울시에 의해 관광특구로 지정되었다. 이러한 변화 속에 성매매 업종은 점차 축소되어갔다.

'미군 위안부'에 대해 한국 사회는 가족을 부양하기 위해 희생하는 여성과 더럽고 반민족적인 신체라는 양가적 인식을 갖고 있었다. 하지만 부정적인 시각이 다수여서 사회에 악영향을 끼칠 수 있는 '미군 위안부'들은 집단적으로 일정한 공간에 격리되어 거주해야 했다. '미군 위안부' 자치조직 역시 미군 위안부를 집단화해 일반인과 분리하려는 목적에서 결성되었다. 1962년 군사정부에 의해 '미군 위안부'의 자치조직이 전국에서 결성되었는데 이태원을 비롯한 서울의 자치회 이름은 장미회였다. 장미회는 성병 규제를 위해 '미군 위안부'들이 서로를 감시하는 활동을 전개했으며 정부가 주도하는 캠페인에 동원되기도 했다. 또하나의 자치회인 자치갱생회는 위계적 조직으로 '미군 위안부'에게 직업교육을 제공하기도 했다. '미군 위안부'에 대한 사회적 배제는 그들이 출산한 혼혈아에게도 적용되었으며 혼혈아들은 그들만이 다니는 학교에서 교육을 받았다. 한편 미군 위안부들은 자신들에게 가해지는 미군의 폭력에 대해 집단으로 항의하거나 혹은 부채와 감시의 늪이라는 현실에서 남장의 방식으로 소극적 저항을 시도하기도 했다.

1970년대 주한미군 감군에 따라 이태원이라는 기지촌의 미군 위안부는 안보 행사에 동원되어 보조적 역할을 수행하기 시작했다. 미군 기지 주변 지역 사회의 구성원으로 편입되면서 향토예비군에 배치되기도 했다. 이는 '미군 위안부'의 지위가 외국인을 상대로 하는 민족적 배반자에서 안보에 기여하는 '애국자'로 변화되었음을 의미했다.

조수룡의 〈북한 이탈 주민의 서울 정착기-'귀순자'에서 이민자로, 원호에서 구별짓기로-〉는 북한이탈주민의 서울 정착과 적응을 분석하여 그 특징을 살펴보고 이들의 인구 구성과 생활, 남한 원주민과의 관계의 시기별 변화 추이를 밝히고 있다. 남북분단의 현실이 낳은 주변인 즉, 국내 거주 만 15세 이상 북한이탈주민은 2021년 기준으로 약 3만 명에 달한다.

북한이탈주민에 대한 수용 정책은 보훈·체제선전 정책 시기와 보호·복지 정책 시기로 나눠 살펴볼 수 있다. 1960년대에서 1990년 초에 이르는 보훈·체제 선전 정책 시기에 남한 당국은 북한이탈주민을 체제선전의 수단으로 활용했다. '귀순자' 혹은 '귀순용사'라 부르며 보훈정책을 적용해 우대했다. 1990년대 이후 탈북의 규모와 성격이 달라지면서 남한 당국의 북한이탈주민 정책은 보호와 복지를 기반으로 시행되었다. 북한이탈주민에 대한 호명은 월남귀순용사에서 귀순북한동포로 바뀌었고 보상 대신 보호에 나섰다. 1994년에 제정된 〈북한이탈주민의 보호 및 정착에 관한 법률〉은 북한이탈주민에 대한 구체적인 보호 기준을 명시하고 있고 자립·자활을 촉진하는 것을 주요 내용으로 하고 있었다. 2000년대 이후에는 탈북의 성격이 보다 다양한 양상을 보였고 남북 관계와 대중국관계 등 북한이탈주민 정책에서 고려해야 할 사항들이 더욱 많아졌다.

현재 서울에는 3만여 명의 북한이탈주민 중 약 23~24%에 달하는 7,000여 명이 거주하고 있다. 주로 임대주택이 집중된 양천구, 노원구, 강서구 등에 집중되어 살고 있으며 50세 이상, 10년 이상 거주자, 대학교 이상 고학력자가 전국 평균을 상회한다. 비경제활동 인구 비율과 실업률 비율은 전국 평균을 웃돌고 월평균 임금은 전국 평균에 못 미친다. 남한 생활에 대한 만족도는 전국 평균과 유의미한 차이를 보이지 않았다. 자신들에 대한 차별과 배제에 대해서는 '능력 부족' 등 개인적 이유에서 찾는 경우가 다수였다.

북한이탈주민이 남한 사회에서 더불어 살기 위한 조건으로는 첫째 이들을 법적으로 보호할 수 있는 조치, 특히 국내에 입국해 사회 적응 교육을 받는 하나원에서의 생활 기간 동안 보호받을 수 있는 제도 개선이 필요하다. 둘째 기초생활수급자가 많은 만큼 북한이탈주민은 국내에서 대체로 경제적 자립에 성공하지 못하고 있으므로 직업 훈련 기회의 제공과 같은 대안 마련이 시급하다. 또한 북한이탈주민이 남한의 제도와 문화를 이해하면서 자기 계발을 할 수 있는 교육 체제의 마련도 필요하다. 셋째 북한이탈주민은 남한 생활의 어려움으로 경제적 곤란과 함께 남한 사람의 편견과 차별을 꼽는다. 이러한 현실의 타개는 북한이탈주민이 아니라 남한 사회의 몫이라 할 수 있다.

이처럼 이 책은 주변인의 삶을 정치·사회적 장과 주변인 간의 관계성에 초점을 맞춰 분석했다. 근대전환기에 한성에서 탄생한 빈민들은 일제강점기 경성에서 그들의 삶을 불안하게 만든 불량주택 철거에 반대하며 저항운동을 펼쳤다. 조선총독부의 강제 격리 정책으로 자신이 정주하던 사회로부터 배척당해 경성을 배회해야 했던 부랑나환자들의 삶은 해방 이후에도 한동안 크게 달라지지 않았다. 장애인으로서 농인들은 정상적인 사회에서 살아남고자 하는 동화적 태도와 함께 자신들만의 정체성을 담은 농공동체를 만들며 사회 차별과 배제에 맞섰다. 동정과 혐오의 다각적인 시선에 둘러싸여 있던 이태원 기지촌의 미군 위안부들 역시 정상의 범주에 편입되는 일을 마다하지 않았다. 가장 최근에 주변인으로 자리하게 된 북한이탈주민들은 남한 사회에 적응 중이다. 서울에는 북한이탈주민 1세대들이 주로 살고 있는데 제대로의 정착을 위해서는 여전히 많은 법적 제도적 지원과 사회적 시각의 전환이 요구된다.

이와 같은 결론에도 불구하고 이 책은 주변인 혹은 마이너리티에 대한 역사 연구의 관점과 방법론에 대한 논의가 아직 미진하고 정책과 제도 관련 공문서와 주변인을 사회문제 차원에서 다루는 언론 기사와 논설에 국한된 자료적 한계로 인해 집합적 주체로서의 주변인의 삶에 접근했을 뿐, 개인적 삶의 차원에까지 파고들지 못한 한계를 안고 있다. 이러한 한계는 정치적이고 사회적인 장을 전제하면서 주변인의 삶을 그것의 변동에 맞춰 재구성하면서 발생한 것이기도 하다. 주변인의 역사를 재현하기 위한 관점과 방법에 있어 다양한 논의와 모색이 필요함을 절감하면서 추후 과제로 남기고자 한다.

제1장

근대전환기 서울의 근대적 변화와 주변인들의 소외

김헌주(한밭대학교 인문교양학부 조교수)

1. 머리말
2. 개항 전후 서울의 사회경제적 변화
3. 서울 주변인의 종류와 동향
4. 서울의 근대적 변화와 주변인들의 소외
5. 맺음말

1. 머리말

이 글은 19세기 후반부터 20세기 초에 이르는 근대전환기[1] 서울의 주변인들의 동향에 대해 분석하는 것을 목적으로 한다. 이 글에서 말하는 주변인이란 첫째, 신분적으로 대체로 하층에 속하는 사람들을 칭한다. 당시 사료에 궁민窮民, 기민飢民, 강민江民, 화적火賊 등으로 지칭되는 이들이 그 대상이다. 그리고 사회경제적으로 일정한 부를 쌓더라도 국면적으로 사회적으로 배제되는 사람들도 주변인의 범주에 포함시킨다. 아울러 이 시기 서울에 근대적 변화가 전개되었던 시기이니만큼 근대화의 과정에서 사회 주류에서 밀려났던 주체들도 포함시키려 한다. 요컨대 본 연구에서는 이러한 주변인들의 삶과 관계성에 대해 살펴봄으로써 이 시기 서울의 근대를 재인식해보려고 한다.

기존 연구들에서 이 시기 서울의 역사를 주도한 것은 개화지식인이나 국왕 고종을 비롯한 중앙정치세력, 개신유학 계열 등의 엘리트 등으로 묘사되었다. 그런 차원에서 개화지식인들의 갑신정변[2]과 독립협회운동,[3]

1 여기서 근대전환기라고 함은 1860년대 서양세력의 한반도 진출, 1876년 조일수호조규 이후 조선사회가 근대체제로 전환하고 있다가 일본에 의해 강제병합되기까지의 시기를 특정하는 용어이다. 기존의 개항기, 개화기, 한말이라는 용어가 가지는 각각의 한계를 비판적으로 성찰하면서 일제강점기와의 구별점을 꾀하기 위해 이 용어를 사용하고자 한다.

2 이광린, 《개화당연구》, 일조각, 1979; 박은숙, 《갑신정변 연구》, 역사비평사, 2005; 김종학, 《개화당의 기원과 비밀외교》, 2017.

3 신용하, 《독립협회 연구》, 일조각, 1976; 주진오, 〈19세기 후반 개화개혁론의 구조와 전개-독립협회를 중심으로〉, 연세대학교 사학과 박사학위논문, 1995.

계몽운동[4] 등에 대한 연구가 활발히 진행되었다. 이것은 19세 후반의 근대화 과정과 정치적 격변을 설명하는 흐름과 궤를 같이하는 것이기도 했다. 아울러 광무개혁기의 근대화 사업에 대한 연구들이 진행되면서 한성부 치도사업에 대한 연구들도 이루어졌다.[5] 그리고 이 시기 한성을 중심으로 활동했던 박은식과 장지연 등으로 대표되는 개신유학자들의 활동에 대한 연구도 빼놓을 수 없을 것이다.[6]

그런 측면에서 근대전환기 서울 주변인의 동향에 대해 분석하는 것은 중요한 의미가 있다. 기존 연구 본 연구의 문제의식과 비교적 유사한 경우는 서울의 하층민과 빈민에 대한 연구들이다. 이 연구들은 조선후기 서울의 사회경제적 변화에 따른 부수적 효과로 이 시기 빈민(하층민)이 발생한 측면에 대해서 살피고 있다.[7] 구체적으로 한성부 하층민의 저항과 화적

4 박찬승, 《한국 근대 정치사상사 연구》, 역사비평사, 1992; 최기영, 《한국 근대 계몽운동 연구》, 일조각, 1997; Schmid Andre, *Korea Between Empires, 1895-1919*, Columbia, *2002*(정여울 역, 《제국 그 사이의 한국, 1895~1919》, 휴머니스트, 2007); 정숭교, 〈한말 민권론의 전개와 국수론의 대두〉, 서울대학교 국사학과 박사학위논문, 2004; 백동현, 《대한제국기 민족담론과 국가구상》, 고려대학교 민족문화연구원, 2010.

5 김광우, 〈대한제국시대의 도시계획: 한성부 도시개조사업〉《향토서울》 50, 1990; 한철호, 〈대한제국 초기 한성부 도시개조사업과 그 의의: '친미' 개화파의 치도사업을 중심으로〉《향토서울》 55, 1999; 유치선 · 이수기, 〈대한제국 한성 도시개조사업의 재평가: 근대도시계획의 보편적 특성을 중심으로〉《국토계획》 50-3, 2015.

6 이조영, 《개신유학의 정치사상: 민족국가론의 전개를 중심으로》, 서울대학교 정치학과 박사학위논문, 1998; 서형범, 〈개화기 개신유학자의 자기인식과 서사양식의 관련 양상 연구-박은식과 신채호를 중심으로〉, 서울대학교 국어국문학과 박사학위논문, 2007; 노관범, 〈대한제국기 朴殷植과 張志淵의 自强思想 연구〉, 서울대학교 국사학과 박사학위논문, 2007.

7 고동환, 〈조선후기 서울의 생업과 경제활동〉《서울학연구》 9, 1998; 고동환, 〈조선후기 서울의 인구추세와 도시문제 발생〉《역사와 현실》 28, 1998; 〈근대 이행기 빈민의 삶과 저항〉《역사비평》 46, 1999; 유승희, 〈18~19세기 漢城府 經濟犯罪의 실태와 특징〉《서울학연구》 31, 2008; 〈조선후기 京江 지역 실태와 江民의 특성〉《서울과 역사》 98,

의 활동에 대한 연구,[8] 1896~1906년 한성부의 범죄현상에 관해 분석한 연구[9] 등이 제출되었다. 그러나 당대 서울 주변인들의 발생 배경과 동향 등에 관해 총체적으로 밝힌 연구는 없었다.

본 연구는 이런 문제의식에서 이 시기 서울의 주변인이 처한 사회적 조건을 분석하고, 주변인의 종류와 구체적 삶의 양태를 이해하고자 한다. 아울러 서울의 근대와 발전에 대한 주변인들의 대응은 어땠는지 살펴보도록 하겠다.

2. 개항 전후 서울의 사회경제적 변화

조선시대 이래 빈민이 발생하는 중요한 원인은 지속되는 흉년과 전염병의 확산 같은 자연재해였다. 흉년과 자연재해로 인해 생계에 타격을 받은 가난한 농민들이 전국을 유랑하는 상황이 반복되었다. 그리고 조선 후기로 가면서 삼정의 문란과 세도정치로 인한 부패로 인해 지방관과 이서들의 빈농층에 대한 수탈은 강화되었다. 이런 이유로 빈농의 유민화는 가속화되었다. 서울은 전국의 유랑민들이 모이는 도시였다. 왕도라는 특성상 서울은 전국 모든 곳에서 올라온 유랑민들에게 모두 진휼하였기 때문이다. 이렇게 몰려든 사람들은 조선후기 부역제의 해체에 따라 고립雇立으로 생계를 유지하기도 했고 양반가의 노비로 편입되기도 했다. 아울러

2018.

8 박은숙, 〈개항전후 한성부의 화적 활동과 그 특성〉《향토서울》 57, 1997; 〈개항기(1876~1894) 한성부 하층민의 저항운동과 그 성격〉《한국사연구》 105, 1999.

9 유승희, 〈法部 〈起案〉에 나타난 한성부 범죄 양상과 특징〉《사학연구》 98, 2010.

서울에 올라오는 각종 화물의 하역과 운반 관련 노동을 하는 품팔이 노동자로 살아가기도 하였다. 그러나 이런 일자리도 구하지 못한 사람들은 서울의 광통교 등지에서 움막 생활을 하거나, 하천 주변에서 거주하고 있었다. 그랬기에 한성부의 도시빈민 문제는 점차 정부적인 차원에서 진휼 대책을 마련하는 수준에 이르렀다.[10] 아래의 기록을 살펴보자.

> 방금 한성부의 牒呈과 구제 대상 가호를 뽑은 장부를 보건대, 五部에서 뽑은 구제 대상 가호가 5,868호였습니다. 이에 거행할 횟수는 6월에 한 차례 하고 7월에 한 차례 하는 등 모두 두 차례로 정하였고, 나눠 줄 말[斗]의 수는 한 가호당 첫 번째는 세 말, 두 번째는 두 말씩으로 마련하였으며, 6월에 거행할 때에는 하교하신 대로 17일에 나누어주고 7월에 거행할 때에는 10일 전후로 날짜를 정해서 할 예정입니다.[11]

위의 기록에 보이듯이 1795년 6월 경에는 한성부 전체의 구제 대상 가호가 5,868호에 달했다고 한다. 18세기 후반 한성부의 빈민 문제의 현실을 보여주는 대목이다.

그리고 이러한 변화는 개항 이후의 경제체제가 변하면서 더 심화된다. 1876년 〈조일수호조규〉를 체결하면서 조선은 부산·원산·인천항을 개방했다. 조선은 바야흐로 세계 자본주의 체제에 편입된 것이다. 이 항구들을 중심으로 미곡 무역이 활발해졌고 미가는 지속적으로 상승했다. 그리고 이것은 조선경제에 큰 영향을 주었다. 우선 미가의 상승은 미곡 무역

10 고동환, 앞의 글, 1998, 202~203쪽.

11 《정조실록》 권42, 정조 19년 6월 14일(계사).

의 활성화를 가져왔고 미곡 단작화單作化 현상이 나타났다. 그리고 미가가 상승하자 지주들은 지대를 올리는 방식으로 대응하여 이득을 올렸지만, 지대를 납부해야 했던 농민층들은 몰락할 수 밖에 없었던 것이다.[12]

또한 설상가상으로 19세기 후반에 집중적으로 자연재해가 발생했다. 구체적으로 1888년, 1889년, 1899년, 1901년에 전국적으로 자연재해가 발생하고 이것이 흉년으로 이어지게 되면서 식량 부족으로 인한 빈민의 증가를 야기하게 되었다.[13] 구체적으로 이 시기 자연재해 중 가장 피해가 컸던 1899년 가뭄의 기록을 살펴보자.[14] 당시 각종 기록에서는 1899년의 봄 가뭄에 대해 상세한 정보를 잘 보여주고 있다. 아래의 기사들을 살펴보자.

> ① 봄부터 여름까지 가뭄이 극심하여 보리는 이미 말라죽고 벼는 모내기할 시기를 놓쳤으니, 농사를 생각하면 너무나도 답답합니다. 夏至 전에 기우제를 거행할 것을 청한 전례가 많으니, 1차 기우제는 택일하지 말고 음력 4월 5일에 행하되, 三角山·木覓山·漢江에 규례대로 당하관을 보내어 경건하고 정성스럽게 설행하도록 하는 것이 어떻겠습니까?[15]

> ② (답답한 일) 요사이 날씨가 오래 가물어서 민정이 대단히 황급하고 겸하여 화폐가 일절 가계가 생겨서 물가가 점점 오르는 까닭에 인심이 더욱 급

12 이상의 미곡 무역의 상황에 대해서는 하원호, 《한국 근대 경제사연구》, 신서원, 1997을 참조.

13 이방원, 〈개화기 서울사람들의 사회복지 활동〉 《향토서울》 86, 2014, 43쪽.

14 1899년 당시의 가뭄의 상황에 대해서는 이진교, 〈1899년, 가뭄과 기우제 그리고 전차 폭동〉 《실천민속학연구》 26, 2015를 참조.

15 《승정원일기》 3109책, 고종 36년 5월 12일(무오).

하여 지금 형편이 모두 답답한 일만 많다더라.[16]

③ (가뭄 걱정) 날이 이렇게 오래 가물어서 경향간 민정이 매우 황급하다고 하는지라. 농상공부 통신국에서 전선 있는 각처에 혹 물어보니 각해 지방에도 또한 비가 잘 오지 않아서 보리가 열매를 맺지 못하고 모자리도 거의 다 말라간다고 한다니 답답한 일이로다.[17]

위의 기사들에서는 공통적으로 1899년 5월 경에 지속된 가뭄의 실체에 대해 언급하고 있다. ①에서는 가뭄이 극심하여 보리와 벼농사에 타격을 주었으므로 기우제를 삼각산과 한강 등지에서 행할 것을 요청하고 있는 내용이다. ②와 ③에서는 가뭄이 오래 지속되면서 백성들의 상황이 악화되고 있는 현실에 대해 개탄하고 있다. 그리고 당시 대한제국 정부는 기우제를 지내는 것과 같은 주술적인 방법만이 아니라 실체적인 대응도 진행하고 있었다.

또 가라사대 이제 가물어 마름이 너무 심함에 圭璧을 여러 번 들어도 영응함이 오히려 더디니 짐이 어찌 감히 두려워 하여 닦고 살피지 아니하리오. 가뭄을 만나 疏決함은 열성조 고사가 있으니 형옥에 잃음이 있음이 가장 天和에 간계 한지라 법부로 하여금 그 정적 원억한 것을 살피어 반드시 펴주고 재판의 적체 한 것을 빨리 결단 하라. 만일 그 죄가 있어 죄를 당할 터인데 요행이 패택으로 굴러 써 가벼이 감 하니 이도 또한 실형 함이라 그

16 《독립신문》 1899년 5월 23일.
17 《독립신문》 1899년 5월 29일.

능히 정히 심판하여 네 직분을 떨어뜨리지 말라 하옵셨더라.[18]

위의 기사에서는 가뭄이 심한 상황에서 열성조의 고사를 따라서 형옥의 억울한 일을 해결해주고 적체된 재판의 해결을 그 대책으로 지시하고 있었던 현실을 보여주고 있다. 전통적인 민심 수습의 방법을 활용하고 있는 것이다.

여기에 대한제국기 국가 재정의 파행으로 인한 조세수탈의 문제도 빈민층의 확대에 기여했다. 광무정권은 기본적으로 황실기구인 궁내부를 중심으로 통치했던 전제군주제 국가였다.[19] 이러한 체제 하에서 재정기구인 탁지부보다 황실재산을 관리하는 내장원의 중요성이 두드러지게 되었다. 예컨대 열강의 이권침탈을 방지한다는 구실로 전국 광산을 황실이 차지했고, 역토驛土·둔토屯土·목장토牧場土 등 국유지의 관리권을 내장원으로 이관하고 지대수입을 올렸다. 또한 어염세魚鹽稅·선세船稅·인삼세人蔘稅 등 각종 잡세도 내장원에서 징수하였다. 이런 과정을 통해 황실재정은 확충되었지만 탁지부 관할 국가재정은 점차 축소되었다. 이에 따라 세제도 강화되면서 백성들의 부담이 강화되는 방식으로 변해갔다. 구체적으로 지세는 1900년에 전국적으로 2/3가 인상되어 1결당 최고 50냥까지 부과되었고, 1902년에 다시 3/5가 인상되어 1결당 최고세액이 80냥으로 증가했던 것이다.[20]

18 《독립신문》 1899년 5월 23일.

19 광무정권의 통치시스템의 특징에 대해서는 서영희, 〈1894~1904년의 政治體制 變動과 宮內府〉 《한국사론》 23, 1990; 도면회, 〈정치사적 측면에서 본 대한제국의 역사적 성격〉 《역사와 현실》 19, 1996; 〈황제권 중심 국민국가체제의 수립과 좌절(1895~1904)〉 《역사와 현실》 50, 2003을 참조.

20 이윤상, 〈대한제국기 내장원의 황실재원 운영〉 《한국문화》 17, 1996.

그리고 19세기 후반 자본주의 체제에 편입되면서 외국 상인들과 임노동자들이 조선에 유입된 측면도 중요한 변수이다. 서울이란 지역은 특히 자본주의 체제의 영향을 많이 받았다고 볼 수 있는데, 특히 1882년 체결된 〈조청상민수륙무역장정朝淸商民水陸貿易章程〉 제4조가 미친 영향은 컸다. 그 자세한 내용은 다음과 같다.

> 제4조 양국 상인이 피차 개항한 항구에서 무역을 할 때에 법을 제대로 준수한다면 땅을 세내고 방을 세내어 집을 지을 수 있게 허가한다. 토산물과 금지하지 않는 물건은 모두 교역을 허가한다.
>
> 입항하고 출항하는 화물에 대해 납부해야 할 화물세와 선세를 모두 피차의 해관 통행 장정에 따라 완납하는 것을 제외하고 토산물을 이 항구에서 저 항구로 실어가려고 하는 경우에는 이미 납부한 出港稅 외에 이어 입항할 때에는 완납한 사실을 확인하고 출항세의 절반을 납부한다.
>
> 조선 상인이 北京에서 규정에 따라 교역하고, 중국 상인이 조선의 楊花鎭과 서울에 들어가 영업소를 개설한 경우를 제외하고 각종 화물을 내지로 운반하여 상점을 차리고 파는 것을 허가하지 않는다.
>
> 양국 상인이 내지로 들어가 토산물을 구입하려고 할 때에는 피차의 상무 위원에게 품청하여, 지방관과 連署하여 허가증을 발급하되 구입할 처소를 명시하고, 車馬와 선척을 해당 상인이 고용하도록 하고, 沿途의 세금은 규정대로 완납해야 한다. 피차 내지로 들어가 遊歷하려는 자는 상무 위원에게 품청하여, 지방관이 연서하여 허가증을 발급해야만 들어 갈 수 있다. 연도 지방에서 범법 등 일이 있을 때에는 모두 지방관이 가까운 통상 항구로 압송하여 제2조에 의하여 처벌한다. 도중에서 구금을 풀 수 있고 학대하지 못한다.[21]

전체 내용 중 핵심이 되는 것은 한성과 양화진에서 청국 상인이 거주와 통상할 수 있다는 내용의 개잔권開棧權 조항이었다. 이 조항으로 인해 청국과 일본 상인이 서울로 진출했다. 그리고 이를 경계한 시전상인들의 철시투쟁이 벌어질 정도로 그 영향은 컸다.[22]

외국인의 유입은 러일전쟁 이후 일본인을 중심으로 폭발적으로 증가하고 있었다. 예컨대 러일전쟁이 발생했던 1904년에는 한국 내 일본인 인구가 3만 1,093명이었는데 일본이 대한제국을 강제병합했던 1910년에 가면 17만 1,543명으로 증가해 5배가 넘는 인구 증가를 기록했다.[23] 이러한 일본인들의 급증은 농업과 어업보다는 주로 상공업과 일용직 노동자들에게 큰 영향을 주었다. 구체적으로 1906~1910년 기간 동안 한국 내 일본인 인구 중에 상업은 28.4~40%, 공업은 9~11%, 일용노동직은 8~12%의 비중을 차지하고 있었던 반면에 농업은 3.5~4.5%, 어업은 2.3~3.1%에 그쳐 종사자의 비중이 낮았다. 그리고 이렇게 유입되었던 일본 상인과 임노동자층은 주로 소매업과 토목업과 운수업 등에 종사하는 경우가 많았다.[24] 따라서 서울 내의 사회경제적 하층 계급들은 큰 영향을 받았다고 볼 수 있다.

이런 상황에서 하층 농민들의 대다수는 절대 빈곤의 상황을 벗어날

21 《고종실록》 권19, 19년 10월 17(경오).

22 이병천, 〈개항기 외국상인의 내지상권 침입: 淸商, 日商을 중심으로〉 《경제사학》 9, 1985.

23 조선총독부, 《통감부통계연보》; 《조선총독부통계연보》; 《朝鮮に於ける内地人》, 1923.

24 《1~3차 통감부통계연보》; 《조선총독부통계연보》. 이 시기 한일 상공업 종사자의 동향에 대해서는 전우용, 〈한말·일제초 서울의 도시행상(1897~1919)〉 《서울학연구》 29, 2007; 노상균, 〈한말 일제초 상공업 자본가의 분화와 식산흥업론〉, 연세대학교 사학과 박사학위논문, 2022 2장 1절을 참조.

수 없었고, 농촌에서 유리된 농민들은 개항장과 도시로 몰려들었다. 개항장의 부두노동자, 혹은 광산노동자가 되기도 하였다. 도시 지역에서는 품팔이꾼 활동을 하기도 했었고 서울 인근에서 화적활동을 하기도 했다.[25] 당시 한성부의 모습은 다음의 기록에 잘 묘사되어 있다.

> 사대문안, 특히 북촌은 지체 높은 양반들의 집이어서 기와집이 연이어 있었다. 그러나 사대문 밖으로 나서면 초라한 초가집과 남루한 모습들의 빈민이 어울려 있었다. (중략) 농촌의 빈농들과 무토지민은 男負女戴하고 사대문 안으로 모여들었다. (중략) 어쩌다 도성안으로 들어간 사람들도 있었지만 대개는 사대문 어귀나 밖, 또는 산중 자연의 바위 위에 초가집이나 토막집을 짓고 살았다. 이들은 생계를 위해 주로 낮에는 도성 내에서 지게를 지거나 온갖 잡일을 하고, 밤이면 돌아와 초가집에서 하루의 허기와 피로를 달래었다.[26]

그리고 이러한 도시 빈민의 현실에 대해서 미국 선교사이자 의사, 그리고 주조선 미국공사로 활동하기도 했던 알렌Horace Newton Allen(1858~1932)은 당시 조선의 주거상황을 다음과 같이 묘사하기도 했다.

> 대문이나 문의 주변에는 다음 해 밭과 논갈이를 대비하여 퇴비를 만들려고 오물과 쓰레기를 버리는 지저분한 시궁창 구멍이 있다. (중략) 조선인들은 이런 냄새에 익숙하다. 그러나 그들은 사방 8피트의 작은 침실에서

25 박은숙, 앞의 글, 1997.

26 서울특별시사편찬위원회, 《사진으로 보는 서울》 1, 2002, 306쪽.

1920년대 토막촌의 모습

출처: 《동아일보》 1928년 11월 22일.

이 해로운 공기를 어떻게 호흡하며 이 작은 방에 불을 때고 6~8명이 한 방에서 잠을 자고 생명을 유지해나가는지 매우 놀라운 일이다.[27]

그리고 이러한 비참한 현실은 1890년대 후반까지도 지속되었다. 1898년 4월과 6월에 작성된 아래의 신문기사들은 이 시기 주변인의 현실에 대해서 잘 보여주고 있다.

① 경장한 이후로 농상공부에 중임을 맡은 대신들이 다른 일에 골몰하여 지금 3, 4년이 되도록 농상공 세 가지 중요한 것을 민국에 이루지 못하였다. 그러므로 **오늘날 겸년을 당한 궁민들을 구급할 방략이 없으니 어찌 애달프지 않으리요.** 전 외부대신 이도재씨가 러시아의 탐구하는 절영도 한

27 H.N.알렌 저 · 신복룡 역, 《조선견문기》, 박영사, 1979, 109~110쪽.

가지 일에 한 일만 보더라도 이도재 대신의 강직한 충의는 내외국이 다 확연히 알바라. 지금 다시 농상공부 대신을 맡았으니 이는 민국에 크게 다행한 것이 이씨의 단단한 충의로 이런 때를 당하여 나라를 아무쪼록 붙잡아 가자는 굳은 주의인즉 농상공 세 가지 큰 사업을 국중에 실시하여 우선 궁민의 전련한 정경을 널리 구호하여 국가부강이 날로 새롭게 되기를 간절히 바라노라.[28]

② 근래 인민이 태평에 편안하고 나태에 익어 길가에 걸인들과 여항에 주리는 이가 매우 많아서 용렬한 자는 구학에 엎어지고 패리한 자는 도적의 당이 되니 이는 연사의 겸황한 것과 미곡의 극귀한 것이 아니라 전국 인민이 문명 개화의 정신과 글자를 스스로 맞지 못한 까닭이라.[29]

①의 기사는 농상공부 대신 이도재의 역할을 강조한 것이고, ②의 기사는 문명개화의 정신을 못 깨우쳐서 백성들이 도적이 된다는 취지에서 작성된 것이지만 두 기사 모두 이 시기 서울을 비롯한 전국 각지에 걸인들이 많고 도적으로 빠지는 경우가 많다는 시대상을 잘 표현하고 있다. 이러한 시대적 상황에서 실제로 정부는 1898년 4월경에 궁민구휼 조칙을 내렸다.

一. 지난 6일 궁민구휼의 조칙이 내려졌음. 그 조칙은 다음과 같음.

"작년 가을 흉년이 들어 경기도, 충청도, 강원도, 함경도가 가장 심하여 백

28 《매일신문》 1898년 4월 28일.

29 《독립신문》 1898년 8월 16일.

성들이 편안히 살지 못하여 측은하기 짝이 없었다. 더구나 궁색한 봄을 맞이하여 하루하루가 다급한데 들판에는 조금의 곡식도 쌓인 것이 없고, 시장의 물가는 뛰어 올라 걱정으로 술렁이고 마음이 급하나 호구의 계책이 없어 곤궁함을 부르짖는 소리가 마치 귀에 들리고 눈에 보이는 듯 하여 편히 자고 먹기가 어렵다. 근래 여기저기에 일어나는 놀랍고 참혹한 양상을 전해 들어도 구활 진휼할 대책이 끊어졌다 하니, 이는 잠시도 지체할 수 없는 일다. 정부에서는 명확한 대책을 수립 결정하여 신속히 稟奏하라." 그래서 정부에서는 의정부 회의를 거쳐 즉시 한성 5부(한강, 서강, 서빙고, 용산, 양화진)의 빈궁한 백성에게 일금 2만 圓, 경기도 각 읍에 엽전 3,000貫(1貫文은 2圓에 해당됨), 충청 양도 각 읍에 엽전 2,000관, 강원도 각 읍에 엽전 1,000관, 함경북도에 엽전 5,000관을 주어 진휼하게 하였음.[30]

위의 기사에서는 1897년 가을에 흉년이 들어서 경기도와 충청도, 강원도, 함경도 등 전국적으로 큰 피해가 있었던 상황에 대해 언급하고 있다. 한성부도 마찬가지였는데 이 문제를 해결하기 위해 한성 5부 즉 한강과 서강·서빙고·용산·양화진의 빈궁한 백성들에게 파격적인 경제적 지원을 하였던 것이다. 이것은 상술한 지역에 당시 정부가 지정한 서울의 주변적 존재가 있었음을 뜻하는 것이라고 하겠다.

30 《駐韓日本公使館記錄》 13권, 〈四. 本省往報告〉(4), 施政一班·任免一束·雜件.

3. 서울 주변인의 종류와 동향

이렇듯 19세기 후반의 조선과 서울의 주변인들의 문제는 전 사회적인 문제였음을 알 수가 있다. 이제 한성부 주변인의 실체를 중심부와 주변부, 침입자들로 나누어 살펴보겠다.

1) 중심부: 반인, 잡인

도시 빈민들 중 먼저 중심부에 사는 사람들을 살펴보자. 중심부에 사는 빈민들은 우선 반인들이 있다. 반인은 조선시대 성균관에 부속되어 쇠고기 장사나 전통연희에 종사하던 천민을 뜻한다. 이 반인들이 한성부에서 생을 영위하면서 각종 사건들에 휘말리게 된다. 먼저 1883년 10월 5일의 기록을 살펴보자.

> 議政府에서 아뢰기를, "방금 左捕盜廳의 보고를 보니, '泮人들이 자기들 중 한 사람이 억울하게 도적의 공술에 걸려 지금 잡혀서 갇혀있다고 하여, 수백 명이 각기 몽둥이를 들고 本廳으로 돌입하여 옥문을 부수고 제멋대로 해당 도적을 놓아주었습니다. 그 후에, 갇혀있던 도적으로서 도망친 자가 10명이나 됩니다. 入直 部將은 매를 맞아 죽었고, 체포한 軍官의 집은 남김없이 부서졌으니, 크게는 기강에 관계되고, 예전에는 없었던 변고이니 난동을 부린 李命浩·鄭貴男·洪玉用·金海集·洪點用 등은 본 청에 단단히 가두어 놓았고, 洪卜同, 元春植은 도망가서 아직 붙잡지 못하였습니다.'라고 하였습니다. 설사 원통한 점이 있더라도 伸訴할 길이 없다고 어찌 걱정하겠습니까? 그런데도 불구하고 관청 건물에 뛰어들어 옥문을 파괴하였으니, 이미 기강에 크게 관계되는데, 사람을 죽이고 갇혀 있던 죄인까지 놓쳐

버리게 하였으니 그 죄행을 놓고 헤아려 볼 때 모두 다 용서할 수 없습니다. 갇혀있는 자들을 刑曹로 이송하여 엄히 신문하여 實情을 알아내고, 首唱한 몇 놈은 軍門에 넘겨 梟首하여 사람들을 경계하게 하고, 도망간 자도 기한을 정해놓고 체포하게 하는 것이 어떻겠습니까?"하니, 윤허하였다.[31]

이 기록에서는 반인들이 감옥을 부수고 입직한 부장部將을 구타하여 살해하고 죄인 중 일부를 놓아준 사건에 대해서 언급하고 있다. 과연 어떤 일일까. 10월 29일의 기록에서 도망친 원춘식의 공초가 나오는데 그 내용은 다음과 같다.

원춘식의 공초 안에, "저는 泮民으로서 齋 중에서 食母로 일하고 있었는데, 이달 4일 이른 아침에 동생 長釗가 놋그릇을 팔려고 泥峴 부근에 갔다가 좌포도청 譏校에게 도적으로 오인되어 붙잡혀서 한창 형벌을 당하던 중 강박에 못이겨 贓物이라고 공초했다고 하였습니다. 그래서 동기 간의 정으로 억울하고도 분하여 아우 良植, 4촌 아우 갑식과 함께 포도청에 가서 아우를 빼내려고 도모하였는데, 마을에서 따라온 사람들과 거리에서 오가던 사람들이 자연히 모여들어서 포도청에 밀려들게 되었습니다. 동생을 체포하였던 군관은 스스로 겁을 먹고 몸을 숨겼고, 동생은 도적들을 가두는 칸에 든든히 갇혀 있었습니다. 남아서 당직을 서는 사람을 질책하여 그로 하여금 옥문을 열고 풀어주게 한 것은 다만 이 장쇠 한 사람뿐이었으며, 애초에 옥문을 부수고 다른 죄인들을 도망치게 한 일은 없었습니다. 그리고 齋 중의 분부에 따라 사람을 잘못 붙잡은 포교를 불러오게 하였으며,

31 《고종실록》 권20, 고종 20년 10월 5일(임자).

4촌 아우 갑식과 함께 해청에 올라가 포교를 붙잡아서 갑식을 시켜 泮村으로 압송하게 하였습니다. 나는 억울함을 호소하기 위해 즉시 左捕盜大將의 집으로 가다가, 문전에 이르기 전에 해청의 校卒들이 몽둥이를 들고 때리려고 덤벼들었으므로 달아나서 돌아왔으며, 비로소 불러온 포교가 아우를 체포한 포교가 아니라는 것을 알고 재 중에서 풀어주었습니다. 그 현장에서 함께 모의한 자는 바로 4촌 형제 두 사람에 불과하며 반인 중에 난동을 부린 同黨은 없습니다."라고 하였습니다.[32]

요컨대 반인 원춘식은 도적으로 오인된 동생을 구하기 위해서 이 사건을 일으켰던 것이다. 천민 신분인 반인들이 관청을 습격하여 살인까지 저지른 이 사건은 당시 의정부에서도 "예전에는 없었던 변고"라고 언급하고 있었다. 그러나 왕조의 말기적 현상인지 반인들과 관련된 사건은 계속 일어나고 있었다. 다음의 기록을 보자.

轝士廳에서, "이달 24일 두 번째와 세 번째 習儀를 겸하여 행할 때 泮人 小轝五運軍과 麻浦의 대여 大轝四運軍이 패거리 지어 서로 때려서 부상을 입혔습니다."라고 아뢰니, 전교하기를, "이것이 무슨 백성들의 버릇이며 이것이 무슨 규율인가? 사소한 일로 시작해서 이렇게 소란을 일으켰으니, 매우 통탄할 일이다. 더구나 더없이 중대한 공무를 수행하게 된 때에 감히 사사로이 서로 싸웠으니, 지극히 무엄하고 거리낌이 없는 행동이다. 이런데도 엄중히 추궁하여 죄율을 정하지 않는다면, 아! 저 어리석은 자들이 어떻게 그칠 줄을 알겠는가? 부상당한 사람은 특별히 신칙하여 치료하도록

32 《고종실록》 권20, 고종 20년 10월 29일(임오).

하라. 무리를 지은 만큼 자연히 首犯과 從犯의 구별이 있을 것이고, 법을 어긴 자도 반드시 여기에 그치지 않을 것이니 널리 탐문하여 일일이 사실대로 供招를 받도록 하라. 이것은 전적으로 어떻게 감독 통솔하고 살펴서 신칙하였는지에 달렸는데, 이에 앞서 경계를 보여서 과연 조심하였는가? 또한 앞으로 거행하는 것을 또 보고자 하니, 다시 더 철저히 단속하도록 하라."하였다.[33]

인산因山 관련 임무를 담당하던 반인이 패싸움을 한 내용이다. 그리고 1879년 당시 일본 공사가 다니는 곳에서 한잡인閑雜人을 금지할 것을 신칙하는 내용도 있다.

議政府에서 아뢰기를, "일본 公使가 지나가는 여러 곳에서 雜人을 금지할 것을 특별히 신칙하라는 내용으로 이제 막 啓稟하여 行會하였습니다. 그런데 가장 문제가 되었던 것은 그가 館所에 오가는 모든 때에 閑雜人과 무뢰배들이 모여들어 길을 막고 손가락질하고 고함치며 떠들고 심지어 옷을 잡아당기고 돌을 던지는 행동까지 있었던 점입니다. 아무리 어리석고 지각이 없다 하더라도 마땅히 자기 스스로 죄를 범하게 된 것을 알 것인데 이런 해괴망측한 버릇을 하여 마침내는 수치를 끼치고 수모를 받는 죄과로 귀결되고 말았습니다. 이번에는 다니는 길이나 관소를 막론하고 각각 자기 營에서부터 특별히 단속할 것이며, 또한 京兆와 각 該府로 하여금 기한 전에 미리 잘 타이르고 마을에 게시하도록 해야 할 것입니다. 그리고 만일 이런 폐단이 있으면 그 즉시 체포해서 곧 梟示하는 법에 처할 것이며,

33 《고종실록》 권27, 고종 27년 8월 26일(계해).

금하고 신칙하지 못한 해당 堂上官과 해당 大將은 啓聞하여 論勘하고 장교와 군사는 법조문에 비추어 엄하게 다스리는 것이 어떻겠습니까?"라고 하니, 윤허하였다.[34]

이것은 당시 일본에 대한 서울 사람들의 부정적 인식과도 관련이 된다. 그리고 일본 공사가 해를 당할 수도 있었기 때문에 취해진 강력한 조치일 것이다. 그럼에도 외국공사가 다니는 곳에서 '한잡인'이 출입하는 것 자체를 금지하는 것의 의미는 되새겨볼 필요가 있다. '한잡인'으로 인식된 이들은 서울의 중심부에 살면서 사회적으로 주변화된 존재들이었던 것이다.

2) 주변부: 강민

한성의 주변부에 사는 사람들은 강민江民이라는 이름으로 불렸다. 이 용어의 유래를 알기 위해서는 경강京江의 역사를 알아볼 필요가 있다. 원래 조선 초기부터 경강 일대는 도성을 둘러싸고 있었던 지리적 요인으로 인해 도성방어의 요충지로 인식되었다. 그러므로 조선 정부에서는 이 지역에 군사와 배를 배치하여 적의 침입에 대비하였다. 그리고 이 지역에 사는 강민에게는 삼남三南의 조운漕運을 담당시켜 업으로 삼게 하였다. 조선 후기에는 경강이 '8강'이라는 이름으로 불리기도 했다. 이 지역에 사는 강민들 또한 경강을 8강으로 인식했다.[35] 이와 관련하여 다음의 기록을 살펴보자.

34 《고종실록》 권16, 고종 16년 윤3월 22일(을미).

35 유승희, 앞의 글, 2018, 8~12쪽.

《동국여도》〈경강부임진도〉

출처: 서울대학교 규장각한국학연구원

江人은 '八江'을 칭하는데 동으로 두모포에서 시작하여 뚝섬[纛島], 서빙고, 새남터[塞藍墟], 용산, 마포, 서강, 덜머리[加首]를 말한다. 그 사이 東江에는 松坡江이 있고 삼전도가 있으며, 南江에는 銅爵江이 있고 漢江과 露石江이 있다. 西江에는 양화진이 있고 양화진 아래는 幸洲로, 熊馬隈와 祖江을 지나 바다로 들어간다. 서강에는 밤섬[栗島]과 汝矣島가 있다.[36]

36 李奎象, 〈江上說〉, 草稿本 《一夢稿》 文稿(을).
해당 사료의 서지사항에 관해서는 안준석, 〈李奎象 인물전의 작법상 특징과 입전 의식〉, 서울대학교 국어국문학과 석사학위논문, 2015, 6~12쪽을 참조.

이러한 경강의 인구는 1645년 2,261호에서 1789년에 이르면 1만 1,136호로 증가하였다. 고동환의 연구에 의하면 이러한 인구 증가의 원인은 17세기 중반 이후 경강 일대의 상업이 발달하여 도성 밖 인구의 절반이 한강방·둔지방·두모방·용산방·서강방을 비롯한 경강 일대에 거주하였기 때문이다.[37]

37 고동환, 〈조선후기 경강지역 행정편제의 변동과 인구추세〉《서울학연구》 24, 2005, 19~22쪽.

그리고 이렇게 경강 일대에 인구가 집중되면서 촌락을 이루게 되고 이것이 기반이 되어 한성부의 행정구역으로 편입되게 된다. 그러나 경강 주변의 촌락은 도성 안에 거주하던 사람들에게는 같은 지역사람으로 인정받지 못했다. 그들에게 한성부는 사대문 내부의 공간으로 한정되었기 때문이다. 그것을 단적으로 드러내주는 것이 '성중城中 5부部', '경중京中 5부'등의 단어들이었다.[38] 이러한 차별은 한성부 내부의 사람들에 대한 호칭의 차이로도 나타났다. 당시 한성부 사람들은 '경민京民'이란 호칭으로 인식되었다. 예컨대 1769년 영조가 내린 유서諭書의 내용을 보자.

> 대동법을 설치한 것은 鄕民을 편하게 하고 京民을 위하고 담당 관리를 위하고 그들을 위하여 설치한 것임에도 크고 작은 公會에 징수를 요구하는 것은 절제가 없다.[39]

지방의 '鄕民'과 대비하여 '京民'이란 용어를 쓰고 있다. 그리고 이러한 '경민'이란 호칭은 한성부 내부인들을 구분하는데도 사용되었다.

> 조명익이 말하기를 "강약으로 말하면 江民은 많고 馬契는 적으니 마계가 어찌 抵當할 수 있겠습니까? 그리고 한성부 서리배 또한 마계에 많이 가입하였습니다. 신이 경기감사로 있을 때 묘당에서 각읍미 2두를 강민에게 收給하라는 公辭가 있었는데 신이 이를 듣고도 시행하지 않았습니다." 임금이 말하기를 "**京民의 일에 江民이 쌀을 내니** 어찌 억울하지 않겠는가? 이

38 유승희, 앞의 글, 2018, 15~16쪽.

39 《비변사등록》 153책, 영조 45년 9월 24일.

로 보면 마계인은 가히 형세가 있다고 할 수 있다."[40]

판윤 정창성이 아뢰기를, "빙정을 뜨는 시기가 될 때마다 신칙하는 하교를 누차 번거롭게 내렸습니다. 방금 듣건대, **京民과 江民이 힘을 합쳐** 契를 만들어 東氷庫와 西氷庫 貢人의 규례처럼 호조와 병조의 馬馱價 1,130여 냥을 규례에 따라 받은 뒤 그들이 담당하여 갖추어 납부하게 하여 이른바 氷戶를 抄出하는 등의 일은 모두 없애도록 하십시오."[41]

앞 사료에서도 보이듯 분명 같은 한성부 내부의 백성이지만 경민京民과 강민江民은 뚜렷하게 구분되었다. 그리고 정부에서도 이들의 생업과 역할을 명확히 구분해서 이해하고 있었다. 아래의 기록을 보자.

도성 안의 사람들[都下之人]은 장차 생선과 고기를 맛보지 못할 것이고 강 주변의 백성들[江上之民] 또한 모두 생계를 꾸려갈 직업을 잃게 될 것입니다. … 坊役이란 종묘와 사직, 各 宮과 園의 눈을 쓸어 내고 잡초를 뽑아 없애고 도로와 교량에 대해 補土하고 모래 둑을 쌓는 일 따위인데 얼음을 뜨는 일에 비해 열 배나 많습니다. 江郊의 빈한한 백성들이 부역을 다니기 위해 10리를 오간다면 하루치 벌이를 잃을 것이고 하루치 벌이를 잃으면 3일치 먹을거리를 잃게 될 것이니, 백성을 위해 부역을 면제해 주는 혜택이 어디에 있습니까. 京民은 방역을 지고 江民은 氷役을 지는 것이 본래 오래된 법식입니다.[42]

40 《승정원일기》 800책, 영조 11년 4월 18일.
41 《승정원일기》 800책, 정조 6년 11월 11일.
42 《일성록》 정조 10년 정월 22일.

요컨대 명칭부터 한성부의 구성원은 '도성 안의 사람들[都下之人]'과 '강 주변의 백성들[江上之民]'로 명확히 구분되고 있다. 그리고 "팔강민八江民이 자생하는 길은 운부運負 하나뿐인데 경민에게 빼앗겨 버리니 경민은 부익부富益富하고, 강민은 빈익부貧益貧하다고 말할 수 있다."[43]는 기록처럼 경민에 비해 생업의 선택권이 없던 주변부의 강민은 점점 가난해질 수밖에 없었다.

그렇다면 이 강민의 신분과 직역은 구체적으로 어떠했을까. 1663년에 작성된 《강희2년계묘식년북부장호적康熙貳年癸卯式年北部帳戶籍》(이하 호적)을 분석한 유승희의 연구를 참고하여 당대 강민의 실태를 살펴보자. 《호적》에 기록된 도성 외부 계契 중 강민들이 주로 거주하는 수색리계水色里契, 증산리계甑山里契, 성산리계城山里契, 가좌동계加佐洞契, 망원정계望遠亭契, 세교리계細橋里契, 연희궁衍禧宮契, 합장리계合掌里契, 여의도신계汝矣島新契 등 9개의 계를 살펴보자. 먼저 9개 계의 총 호수는 496호였고 이 중 노비가 310호, 양반 및 종친이 87호, 무관 및 군병이 74호, 서리와 역리 등의 하급 관리가 10호, 양인이 9호, 신분 미상이 6호였다. 전체적으로 노비가 60%가 넘는 것을 볼 수 있다. 특히 망원정계는 142호 중 105호가 노비였고, 여의도계는 44호 중 41호가 노비, 가좌동계는 38호 중 28호가 노비였으며, 합장리계도 90호 중 55호가 노비였음을 알 수 있다. 이렇듯 경강 서부 지역의 지역에서는 사회적으로 천대 받는 노비 계층이 많았다. 특히 망원정, 여의도, 가좌동 등은 노비가 압도적으로 많았다.[44]

그렇다면 이러한 강민들은 당시의 어떻게 인식되었을까. 당시 사람들

43 《승정원일기》 1970책, 순조 9년 8월 23일.
44 유승희, 앞의 글, 2018, 28~29쪽.

이 인식한 강민의 특성은 다음의 사료에서 잘 나타난다.

> 대체로 東江은 인가의 성대함이 西江에 미치지 못하고, 서강의 인가는 마포만큼 조밀한 곳이 없다. 江人들은 날마다 이익을 꾀하기를 일삼기 때문에 전혀 선한 풍속이 없다. 京人들은 이들을 천시하여 '강가에 사는 놈[江者]'이라고 하고, '강가에 사는 사람[江人]'이라고 하지 않는다.[45]

요컨대 강민들은 선한 풍속이 없고 이익만 꾀하며 그랬기에 경인京人들은 강민들을 '강가에 사는 놈[江者]'로 불렀다는 것이다. 이제 강민과 관련한 사례들을 더 자세히 살펴보자.

먼저 1853년(철종 4) 4월의 사례이다.

> 漢城府에서 西江의 民家 143戶가 失火하였다고 아뢰니, 하교하기를, "일전에 강가의 火災로 인하여 허다한 인민이 살 곳을 잃었으니, 아주 불쌍하고 가엾다. 元恤典을 즉시 거행하고, 집을 지어 奠接할 방안을 廟堂으로 하여금 잘 의논하여 한 사람도 離散하는 탄식이 없도록 하라."[46] 하였다.

서강 쪽 민가가 화재로 집을 잃자 원휼전元恤典을 즉시 거행하고, 집을 지어주도록 했다는 내용이다. 또한 1887년 12월에는 고종이 포구의 명목 없는 잡세를 엄급할 것을 명하는데 이것은 강민들을 보호하기 위한 조치였다.

45 李奎象, 〈江上說〉, 草稿本《一夢稿》文稿(을).

46 《철종실록》 권5, 철종 4년 4월 21일(을미).

司謁을 통해 구전으로 하교하기를, "商民과 江民을 생업에 안착시켜 살아갈 수 있게 하기 위해서 각 포구의 명목 없는 잡세를 철저히 금지시킨 것이 매우 엄격하였다. 그런데 근래에 와서 또 잡세를 만들어냈다고 하니 어찌 이런 무엄한 버릇이 있단 말인가. 간곡히 경계하는 의미에서 左右邊 捕盜大將들을 지금 우선 용서하여 다시 더욱 엄금하도록 하되, 비록 상급 관청의 徒隷나 양반 집의 무뢰한 종의 무리라고 하더라도 체포 이유를 통지하지 말고 임의로 잡아다가 신문해서 엄하게 징벌하라. 그리고 배를 징발하는 문제에 대해서 말한다면 폐단이 되는 단서가 없지 않다고 한다. 그러니 공적으로 쓰는 배는 한강 노량진에서 지휘하여 배를 징발하고 사적으로는 배를 징발하지 못하게 하라. 이와 같이 신칙한 뒤에 다시 이전의 버릇을 답습한다면 포도대장은 무거운 처벌을 면하기 어려울 것이고 해당 당상관과 집주인은 특별히 죄를 따질 것이라고 左右邊捕盜廳 종사관에게 牌를 보내어 전교를 듣게 하라."[47] 하였다.

그러나 대한제국기까지도 강민들의 상황은 크게 변한 것이 없었던 듯 하다. 1905년 5월에 보면 외부에서 공첩公牒을 보내 무뢰배들이 강민들에게 토색질하는 것을 엄금하도록 하였다.[48] 그리고 1905년 7월 경의 상황도 유사했다. 아래의 사료를 보자.

내부 협판 李鳳來가 상소하기를, "삼가 아룁니다. 신이 재주가 없는 자로서 외람되이 중임을 맡았으니 모기가 산을 등에 지고 학이 가마를 탄 격입

47 《승정원일기》 2968책, 고종 24년 12월 10일.

48 《外各府郡公牒摘要: 平安北道》〈報告 二號〉 광무 9년(1905) 5월 1일.

니다. 어리석은 신을 돌아보건대 결코 감당하기 어려우므로 매번 사직 상소를 올렸습니다만 아직 윤허를 받지 못하고 도리어 따뜻하게 타이르는 비답을 받들게 되니 신은 황공한 마음이 더욱 깊어져 감히 명을 어기지 못하고 뻔뻔스럽게 자리로 나아간 지 또 여러 해가 되었습니다. 그러나 한갓 자리만 차지하고 있으면서 녹만 축낸다는 비난이 더해질 뿐이며, 늘 일을 그르칠까 하는 우려를 안고 있습니다. 더구나 일전에 강 연안의 백성들이 訴願하였을 때에 신이 협판을 맡고 있는 자로서, 그들의 원통해 하소연하는 소리와 참혹하고 측은한 형편에 대해 직접 보고 듣고도 조치하여 구제하지 못하고 즉시 안정시키지 못하였으니, 직분을 다하지 못한 죄를 신도 아는데 남들이 이를 뭐라 하겠습니까. (하략)"라고 하였다.[49]

이 시점에서도 강민들의 상황은 전혀 나아지지 않았다. 개항 이후 강민들은 서울의 주변부에서 비참한 생활을 지속했던 것이다.

3) 침입자들: 화적

화적火賊의 유래는 조선시대로 거슬러 올라간다. 화적은 조선초기부터 점차 모습을 드러내기 시작하여 정부로 하여금 그에 대한 다양한 대책들을 강구하게 하였다. 때로는 군대를 동원하기도 했고 오가작통제를 실시하는 등 다양한 방법들이 동원되었다.[50] 조선후기에 들어오면 화적의 활동은 가을과 겨울 사이에 기호지방을 중심으로 일시적이고 국지적인 양상으로 전개되었다. 이러한 양상은 19세기에 들어와서도 이어지는데 그

49 《승정원일기》 3185책, 고종 42년 7월 15일.

50 이정수, 〈조선 초기 도적발생과 국가적 대응〉 《한국중세사연구》 1, 1994, 268~269쪽.

것은 순조 2년 1월과 33년 10월에 포도신칙捕盜申飭이 내려졌는데 그 내용은 모두 기호지방에서 화적집단이 많이 출몰하고 있다는 것이었다.[51]

이러한 화적의 활동이 장기화·광역화하는 것은 임술민란이 일어난 1862년 전후이다. 이 기간 전후 적게는 20~30명 많게는 100여 명 이상이 9개월~2년이라는 장기간에 걸쳐 활동하고 있었다. 이러한 화적의 확대를 막기 위해 정부에서는 포도신칙과 포군조발砲軍調發을 실시하지만 별다른 효과가 없었다. 따라서 정부에서는 좀 더 근원적인 대처방안을 모색하게 되고, 그 결과 등장한 것이 오가작통사목五家作統事目의 강화였다. 오가작통은 원래 조선초기부터 유민방지와 치안유지, 그리고 순조대에 천주교도 색출을 위해 실시된 적이 있지만 화적 대책으로 실시된 것은 처음이었다. 오가작통에 의한 화적대비책은 1883년 1월에 내린 포도신칙에서 처음 나타나고 1885년에 절목으로 확정되었다. 그러나 이러한 대책에도 불구하고 큰 효과를 거두진 못하였다.[52] 이와 같이 조선시대 이래 국가에서는 다양한 법률적 대책을 내놓았지만 1890년대에 들어서면서 화적집단은 오히려 확대되었다. 대표적으로 심영기와 마중군 집단은 그 규모가 1892년 20명, 1893년 10여명, 1894년 6명 수준으로 유지되다가 1895년 130여명으로 급증한다. 1895년에 급속하게 그 수가 늘어나는 것은 1894년 동학농민군의 잔당들이 흡수된 결과로 보인다.[53] 그것은 2차 농민전쟁 때 충청도 건평의 접주로 활동하다가 후에 명화당을 만들었으며 이후 전봉준의 심복이 되어 '송모宋某'와 함께 협력하며 크게 활동하였다고 한 이유상의 경우에서도 드러난다.[54]

51 《비변사등록》 193책, 순조 2년 1월 18일; 221책, 순조 33년 10월 16일.

52 배항섭, 〈壬戌民亂 前後 明火賊의 活動과 그 性格〉 《한국사연구》 60, 1988, 181~184쪽.

53 김양식, 〈開港 이후 火賊의 活動과 志向〉 《한국사연구》 84, 1994, 98쪽.

그리고 한성부에서 화적이 나타난 것은 2장에서 언급했던 19세기 후반의 제반 사회변화 속에서 농촌에서 유입된 유랑민들이 유리걸식하다가 도적이 된 것과 관련이 깊다.

이 시기 한성부의 대표적인 화적의 사례들을 살펴보자. 우선 1877~1878년 경에 활동했던 김천순金千順 무리이다. 그들은 한성부 서부 송정동을 근거지로 하여 한성부는 물론 경기도, 강원도, 충청도까지 활동 범위에 넣으면서 약 22번의 약탈 행위를 하였다. 주로 의복과 자기, 옷감, 화폐 등을 훔치는 식으로 움직였으며 서울에서는 주로 10명 이내의 소수 인원으로 활동했고, 경기도와 강원도 등으로 원정을 갈 때에는 20~70여 명의 대단위 부대로 움직였다. 1881년 경에 남문 밖에서 조개장사를 하다가 화적이 된 김수연金守連 또한 서울과 강원도, 황해도 일대에서 화적 활동을 했다. 1892년에는 민인신閔仁信과 안성칠安成七이라는 화적이 한성부 마포에서 청나라 사람을 살해한 사건이 있었다.[55] 1897년 9월에도 한성부에서 화적 이용석, 백금보, 원홍식, 한여경 등 4명이 체포되었는데 이들이 속한 화적 집단의 인원은 100여 명이나 되었다고 한다.

> 상년 구월에 경무청에서 명화적 이용석 백금보 원홍식 한여경등 네 놈을 새문 밖에서 잡아 문초 한즉 저희들이 그 도적질 한 것을 개개 자복한 고로 이 네 놈을 한성 재판소로 넘겨 보내었더니 한성 재판소에서 이 네놈 중에 한여경을 이달 십이일에 방송하였다더라 이 네놈 외에 화적의 당류가 100여 명이 된다는데 만일 이한가가 놓여 나가면 또 반드시 전과 같이

54 《駐韓日本公使館記錄》 8권, 〈東學黨事件에 대한 會審顚末 具報〉(1895년 9월 2일).

55 박은숙, 앞의 글, 1997, 109~115쪽.

작당 하여 행적 할 듯 하다니 경무청에서는 도로 이 한가를 잡아 백성들을 위 하여 해를 제 하는 것이 마땅할 듯 하다고들 말이 있다더라.[56]

그리고 1900년대에 들어서 한성부에서 활동한 화적은 김락구金洛九와 그 여당들이 있다.《황성신문》1905년 9월 25일 기사에서는 경기관찰부의 경부가 김락구라는 화적 1명을 체포하였고 나머지 무리들이 도망갔다는 내용을 게재하고 있다.[57] 김락구 여당의 무리는 어떻게 되었을까. 그 단서는 같은 해 10월 5일《대한매일신보》기사에서 보인다.

경기관찰사 정주영씨가 내부에 보고하였는데, "(중략) 저들이 진술한 바에 의하면 수괴는 경성 거주하는 김락구요 그 무리는 8명이라 하니 (중략) 그 무리 중 경성에 거주하는 자가 3명이니 경무청에서 빠른시일 내에 체포하길 바란다."고 하였다더라.[58]

이 기사는 김락구가 경성 즉 한성부에 거주하고 있었고 그 무리는 총 8명이었으며, 3명이 한성부 거주자임을 알려주고 있다. 1905년 경까지 한성부에서 화적의 무리들을 활동하고 있는 것을 볼 수 있다. 그리고 1906년 12월경까지 화적들이 치성熾盛하고 있다는 기사들이 있는 것으로 보아 1906년 말까지 한성부의 화적들이 활동하고 있었던 것으로 보인다. 1906년 이후에는 화적들의 활동이 잘 보이지 않는데, 이것은 1906년 경 일본 고문경찰제가 대폭 확대실시되고, 더불어 조선인 경찰까지 증원되어 치

56 〈샹년 구월에 경무청에셔 명화적 리용셕 빅금보 원흥식〉《독립신문》1898년 1월 15일.

57 〈火賊捕縛〉《황성신문》1905년 9월 25일.

58 〈賊魁在京〉《대한매일신보》1905년 10월 5일.

안강화가 이루어지는 상황에서 화적 지도부가 대량 체포되는 결과를 맞이하면서 해체국면에 이르게 되었기 때문이다.[59]

4. 서울의 근대적 변화와 주변인들의 소외

본장에서는 근대전환기의 서울이라는 장소가 가지는 특성과 주변인들과의 관계에 대해 살펴보고자 한다. 근대전환기의 특성은 결국 '근대성'이라는 개념으로 환원되며 이에 대한 고려가 이루어져야 한다. 근대전환기 서울은 상술한 것과 같이 조선후기부터 이어져온 소비도시이면서 근대적 문물의 수용에 가장 적극적인 도시였다.

19세기 후반 각국과의 조약체결 및 갑오개혁 등의 근대화 정책, 그리고 광무개혁으로 이어지는 근대적 개혁의 과정에서 서울은 큰 변화가 있었다. 전기가 들어오고 전차가 한성 한가운데를 가로질러 다녔다. 그리고 사람들은 근대적 소비문화를 조금씩 체화했다. 그렇다면 이러한 도시화와 근대화의 진척에 따른 변화가 서울 주변인들의 삶에 미친 영향은 무엇일까. 크게 보면 첫 번째는 외부의 요소 즉 조약을 통해 들어온 외국인이며, 두 번째는 근대적 시설과 그걸 바라보는 주변인들의 시선이다.

첫 번째 사례의 대표적인 예는 일본군인들에 대한 투석사건을 들 수 있다. 일본이 육군부대를 보내어 조선 내지를 탐사했던 1879년 6월에 남대문과 동대문 그리고 관왕묘를 지나던 일본군인들을 향해 조선인들이 기와조각을 던지는 투석사건이 발생했던 것이다.[60] 그리고 그 이유는 일

59 박찬승, 〈활빈당의 활동과 그 성격〉《한국학보》35, 1984, 128쪽.

본인에 대한 적대감 때문이었다.

> 그들은 우리 일본인을 기이하게 여겼을 뿐만 아니라 늘 시기의 눈으로 감시하였고, 배외사상에 젖은 나머지 싫어하고 경계했다. 조선 사람들은 하나같이 支那를 대국으로 알고 있었다. 그러나 우리 일본은 안중에도 없었고, 왜구의 일본은 잘 알면서도 앞으로 조선을 개척·지도할 일본에 대해서는 알지 못했다. 그 결과 우리 일본인들이 문을 나서면 倭奴라고 욕하거나 돌을 던져 통행을 방해했다. 성안에서는 왕래와 출입이 전혀 자유롭지 못했고, 공무를 위해 조선정부에 출입하는 와중에도 위험이 뒤따랐다.[61]

위 기록에서도 알 수 있듯이 〈조일수호조규〉 체결 직후인 1870~1880년대 당시에 조선사람들은 하나같이 일본인을 기이하게 여겼고 감시했고 경계했다. 그리고 일본인들에게 왜노倭奴라고 욕하고 돌을 던져 통행을 방해했다. 1879년 당시의 투석은 일본인에 대한 적대와 혐오였다. 이들이 과연 누구인지 그 사회경제적인 위치는 무엇인지 정확히 단정할 수는 없지만, 대체로 평민 계층이거나 주변인적 위치에 있는 사람들일 가능성이 높다.

비슷한 시기인 임오군란 당시에도 군인들과 서울의 주민들이 합세하여 일본공사관을 습격하면서 "왜놈은 죽여라."고 하며 함성을 지르고 돌을 던졌던 사례가 있다. 이때 일본공사관을 습격했던 사람들 중의 상당수

60 투석사건에 대해서는 박한민, 〈조일수호조규 관철을 위한 일본의 정찰활동과 조선의 대응〉《역사학보》 217, 2013, 292~298쪽 참조.

61 京城居留民團役所 編, 《京城發達史》, 日韓印刷株式會社, 1912, 4~5쪽.

는 대장장이와 소상인층이었다.[62] 갑신정변 당시에도 국왕이 폐위되고 왕실의 신정神貞 대비가 죽었다는 뜬소문이 돌면서 일본인에 대해서 투석하는 등 물리적 공격이 가해졌다.

> ① 같은 달 18일 오시 즈음에 "지난밤에 난당과 일본병이 입궁하여 왕을 핍박하고 대신을 살육하였으며 우리나라 사람들은 궁에 가까이 가지 못한다"라는 말을 들었다. 閭巷의 民情이 통한을 이기지 못하고, 분하여 이를 갈면서 한번 설욕하고자 하였다.[63]
>
> ② 10월 18일 땔감을 싣고 서울로 가는 길에 京中에서 변이 있다고 듣고, 本村에 돌아와 수일간 폐업하였다. 안타깝고 답답함을 이기지 못할 즈음에 같은 달 20일에 마침 일이 있어 입경하였다. 조반시에 청파 갈오리를 지나가는데, 많은 사람들이 일본인을 둘러싸고 다투어 돌을 던지는 것이 보였다. 나는 속내는 알지 못하고, 단지 이번 변란이 일본인에게서 나왔다고 알고 있었으므로 또한 무리를 따라서 돌을 던졌다. 홀연히 보니 일본인이 스스로 말위에서 떨어졌으며, 나와 이름 모를 어떤 사람이 앞뒤에서 때리고 찔러 (후략).[64]

이렇듯 서울의 주변인들은 일본인에 대한 강한 적대감을 보였다. 적대의 대상은 일본인에 한정된 것은 아니었다. 한성의 조선인들 사이에서 외국인들이 조선인 유아를 납치했다는 소문이 돌았기 때문이었다. 그 시점은 1888년 6월 18일 경부터였다. 이 시점부터 유아 납치에 관한 소문이

62 박은숙, 앞의 글, 1999, 193~194쪽.

63 《舊韓國外交文書》日案 제1권, 문서번호 421 附2, 金太興 供辭.

64 《舊韓國外交文書》日案 제1권, 문서번호 421 附2, 元漢甲 供辭.

확산되었던 것이다.[65] 그리고 소문은 점점 확대되어 납치당한 아이들이 인육으로 판매되거나 약재의 재료로 사용된다는 식의 얘기까지 돌았다. 이 소문은 한성부 조선인 사회에 큰 파장을 몰고 왔다. 아이들을 납치한 외국인과 외국인에게 고용된 조선인들에 대한 적대의식이 커졌기 때문이었다. 이런 분위기에서 미국인 선교사 메리 스크랜튼의 거처가 조선인들의 표적이 되었다. 조선인들은 메리 스크랜튼을 아이 도둑이며 척살해야 할 양놈이라고 욕하면서 그의 집 문과 창을 훼손하는 식으로 공격했다. 그러나 위협의 강도에 비해 인명 피해는 없었다. 요컨대 적대 행위는 협박에 그친 것이었고 신체 훼손 수준의 강도는 아니었다는 것이다. 그리고 공격은 외국인에게 고용되었다고 인식된 조선인에게로 확대되었다.

> 지난 15일 어린아이를 데리고 한성 시내를 통행하던 한인이 있었다. 愚民들은 이를 보고 필시 어린아이를 외국인에게 데려가는 자일 것이라고 하여 곧바로 곤봉으로 때려죽였다. 18일 같은 날에는 마찬가지로 1명의 한인이 아이를 데리고 보행하고 있다가 맞아죽었다.[66]

이러한 상황은 조선인들이 한반도에 침투한 외국세력에 대한 적대감인 동시에 근대와 문명에 대한 적대이기도 했다.

두 번째는 근대적 문명의 변화를 바라보는 서울 주변인들의 시선이다. 예컨대 황제가 주도했던 근대화 사업의 결과로 한성부에 전차가 개통되고(1899. 5.) 그 전차를 타고 명성황후의 무덤이 있는 홍릉에 참배하는 인

65 이 시기 유아 납치 소동의 전말에 대해서는 박한민, 〈1888년 '유아납치' 소동의 전말과 각국의 대응〉《역사와 현실》 109, 2018을 참조하여 정리했다.

66 〈朝鮮國仁川港通信(六月二十五日附)〉《郵便報知新聞》 1888년 7월 5일.

민의 반대편에서 '똥오줌'이 가득한 한성 시내를 활보했던 주변인들의 시선과 그들의 공간은 어땠는지 두텁게 읽어낼 필요가 있다.

우선 전차가 부설된 이후 한성의 주변인들의 시선은 어떻게 변했는지에 대해 살펴보자. 한성부에서 전차가 부설된 것은 한성부의 전기, 전차, 전화사업의 특허권을 허가받은 한성전기회사가 1898년에 설립되면서 시작되었다. 그리고 대한제국이 선포된 다음 해인 1898년 1월에 설립되고 2월에 사장 이채연이 전차 건설계약을 따내면서 본격적으로 시작되었다. 전차 개설의 중요한 목적 중 하나는 명성황후가 안장되어 있는 홍릉 행차용이었다. 그것은 전차 가설 초기에 경운궁 근처에 있는 서대문에서 홍릉까지 가는 선로가 먼저 완성된 것에서도 드러난다. 전차의 개통은 한성 전기회사가 주도했지만 전차 부설 경험이 없던 관계로 1898년 2월에 미국 회사인 콜브란&보스윅상사Collbran & Bostwick Co.와 계약을 체결하여 전차 부설에 관한 기술적 도움을 받았다. 1899년 4월 말경에야 가면 전차 궤도가 만들어지고 발전소가 마련되는 등 전차 개통 준비가 완료되었다. 이후 5월 17일에 동대문 인근에서 전차 개통식이 열리면서 한국 최초로 전차가 운행되게 되었다. 그리고 한성전기회사는 아래 기사에서처럼 차표 판매와 운행에 대한 실무를 담당했다.

> 이번 달 20일(토요일)부터 전기회사에서 차표를 팔고 행인을 태우고 가는데 며칠 간은 흥화문 앞에서 동대문 안까지 왕래하고 성밖에는 운행하지 않았는데, 운행 시간은 상오 8시로서 하오 6시까지 정기적으로 하였다 하니 연로의 순검들은 해당 회사 광고 중 경계를 의하여 인민 보호를 착실히 하여 冒觸되는 폐단을 면하게 함이 마땅할 듯 하더라[67]

개통 직후의 전차 모습(1899. 5. 4.)

출처: *The Street Railway Journal* v.16 July-Dec. 1990, McGraw Pub. Co., p1151.

몇 달이 지나 경인선이 예비 운행을 시작했고 같은 해 9월 경에는 노량진에서 제물포로 연결되는 노선이 완공되었다. 노선 완공 이후인 9월 경에야 철도개통식이 열렸다. 당시 《황성신문》에서는 철도개통식을 다음과 같이 보도하고 있다.

> 어제 오후 4시에 홍화문 앞에서 전차·철도 개설하는 예식을 거행하는데 한성 판윤 이채연 씨와 미국 공사 安連 씨와 해관 총무 柏卓安 상공국장

67 《황성신문》 1899년 5월 19일.

宋憲斌씨와 기타 철도 기수들과 각 신문 탐보원이 모여 철도 좌우에 列立하고 일본 사진사가 촬영한 후 이채연 씨가 먼저 침목에 철침을 박으니 참석하였던 관인 및 신문탐원들이 차례로 철침을 박고 예식을 파하더라.[68]

그리고 그때까지 한성 내부까지 철도 노선이 연결되지 못한 상태였으며로 나머지 철도 구간의 공사도 계속 이어졌다. 1900년 7월에는 한강대교가 준공되었고 남대문역에서 노량진으로 가는 특별열차도 만들어졌다. 10월에는 경인철도 전 구간이 개통되었고 11월에 개업식이 열리기도 했다.[69]

전차 철도 개통 과정에서 드러난 특징은 한성 지역의 전차 및 철도 노선은 새롭게 만들어진 도로와 연계되어 있다는 점이다. 그리고 이 과정에서 서대문역의 중요성이 부각되었다. 한성부 도로정비사업 초기에 만들어진 도로가 서대문을 출발하여 종로와 홍릉으로 연결된 노선이었으며, 전차 노선 또한 같은 경로로 만들어졌기 때문이다. 원래 남대문을 출발점으로 해서 종로와 동대문, 홍릉을 잇는 노선으로 계획되었다가 경인 철도와의 연계 때문에 급히 변경되었다. 1899년에는 용산에서 남대문을 통과하는 종로 노선이 확정되었고, 1900년에는 남대문 출발 서대문 종점을 순환하는 노선이 개통되었다. 서대문이 경인 철도와 연계되었다면 남대문은 경부 철도와 연결되었고, 동시에 철도 출발점으로 기능했다. 그리고 전

68 《황성신문》 1898년 9월 16일.

69 《고종실록》에 따르면 경인철도를 인수한 조합에서 철도 부설권을 영국인 모스(Morse, James R.)에게서 매수하여 1899년 5월에 경인철도 합자회사라고 명칭을 변경하였고, 이때 한강철교가 완공되자 경인 철도가 비로소 통하게 되었다고 한다(《고종실록》 권40, 고종 37년 11월 12일).

차와 철도는 개통 초기에는 교통수단보다는 구경거리로 더 화제가 되었다. 《경성부사》에서는 전차가 명물로 등장하자 매일 같이 군중이 운집하였다고 기록하였는데, 당시 미국 발행 주간 잡지 《Collier's Weekly》에 실린 사진에서도 그 광경이 잘 묘사되어 있다.[70]

경인철도 개통에 대한 관심은 1899년 9월 25일자 《독립신문》에도 나타난다. 요컨대 경인철도 개통 이후에도 사람들이 꾸준히 몰려들어 인파를 통제할 수밖에 없었다는 것이다. 그리고 그 책임은 경인철도 감독이자 한성부 판윤인 이채연에게 주어졌다.

> 삼 개 건너 영등포 근지에서 경인철로에 화륜거 내왕하는 것을 구경하려고 사람이 많이 모여 들어 상하기가 쉬운고로 해 철도 감독 이채연 씨가 농상공부에 보고하여 해 등지에 순검을 많이 파송하여 구경하는 사람들을 금지하게 하여 달라 하였다더라.[71]

새로운 교통기관의 도입은 전통도시 한성에 큰 영향을 미쳤다. 500여 년간 성곽도시였던 한성이 전차의 도입으로 변형되기 시작했던 것이다. 이렇듯 많은 변화를 불러일으킨 전차가 도입되었을 때 서울 사람들의 반응은 매우 열광적이었다. 그러나 전차가 본격적으로 움직인지 불과 일주일만에 서울의 어린 아이가 전차에 치어 사망하게 되는 사건이 발생했다.

> 어제 6~7세된 남자아이가 시전 길가에서 전차와 충돌하여 생명을 잃은지

70 성효진, 〈서울의 도시 이미지 형성(1897년-1939년)에 대한 연구〉, 서울대학교 고고미술사학과 박사학위논문, 2020, 101~102쪽.

71 《독립신문》 1899년 9월 25일.

> 라. 그 아이의 아버지가 아이를 바로잡지 않음은 뉘우치지 않고 애꿎은 전차에게 원한을 품어 도끼를 들어 전차 운전수를 맹렬히 공격하니 길거리의 우둔한 무리들이 일시에 작당하여 전차 한 칸은 불지르고 다른 한 칸은 부숴버리며 말하길 "하늘에 가뭄이 든 것은 전차의 탓이라."고 하고 일제히 電氣廠을 부수러 가니 경무사가 순검을 보내 그 야료하는 자를 해산하게 하였다더라.[72]

근대적 문명에 열광하던 서울 사람들이었지만, 어린 아이가 사망한 것은 충격적인 일이었다. 결국 전차가 원망의 대상이 되었고 가뭄 같은 자연현상마저도 전차의 탓으로 돌리는 상황까지 발생하게 된다. 이런 상황에서 같은 날 《독립신문》에서도 전차 개통식에 대한 한국인들의 뜨거운 반응과 그 문제점을 이렇게 보도하고 있다.

> 전기거라 하는 것이 대한에 처음 생겨나매 아직도 개정 못된 인민의 안목에 어찌 구경스러운 물건이 아니라고야 하리오. 그러한 고로 전기거 내왕하는데 구경들 하려고 남녀 노소 상하없이 다투어 타기도 하고 구경도 하는데 혹 실족도 하고 혹 실수도 하여 경색이 매양 좋지 못하다더니 어저께 어떤 아이가 또 죽었다는지라. 오전 9시쯤 되어 전기거가 동편에서 올라 오는데 인민이 많이 모여 있다가 전기거가 전동 병문 앞 종로에 당도 하거늘 인민이 달려 들어 그 전기거를 짓부수며 불을 놓아 다 태우면서 하는 말들이 전기거에 사람이 많이 상 하고 죽고 또 날이 오래 가물고 전폐로 가계가 생겨 물가가 고등하여 인민의 정형이 점점 못 살 지경이니. 어찌 하면

72 《황성신문》 1899년 5월 27일.

> 좋을는지. 정부에서는 이런 민정을 좀 살피지 않는지 밤낮 한다는 사업이 무슨 일들인지 공변될 공자는 간 곳 없고 사사 사자만 성행 하니 그 정부 밑에 있는 백성들은 어떻게 안보 하리오 하고 울불한 말들을 한다더라.[73]

전기거, 즉 전차를 다투어 구경하는 와중에서 실족하고 실수하는 일이 많았다는 것을 볼 수가 있으며 그 과정에서 많은 사고가 발생하는 것을 비판적으로 보도하고 있다.

새로운 문명에 감응했던 서울 사람들의 반응이 적대적 감정으로 변했던 것이다. 전차와 같은 근대적 문물의 도입은 당시 지배 엘리트들에게 절체절명의 과제였다. 그러나 그 과정에서 다수의 평범한 사람들은 배제되었고, 이러한 현실에서 전차라는 새로운 문명은 쉽게 적대의 대상으로 변할 수 있었다. 이 상황을 당시 서울에 있었던 영국인 테일러Constance Tayler는 서울의 근대화에 반대하는 파업과 폭동, 대중적인 시위가 있었다고 기록하였다.[74] 그리고 대한제국 정부는 이 사태를 해결하기 위해 관련자들의 처벌을 지시하기도 했다.

> 의정부 참정 신기선이 아뢰기를, "나라에서 백성들의 생명을 귀중히 여기는 것이 과연 어떠합니까? 그런데 전차를 운행할 때 백성들 가운데 사상자가 많아 심지어 불쌍히 여기는 조칙까지 있었습니다. 대저 전차의 철로는 운반을 편리하고 빠르게 하여 백성과 나라에 이익을 주자는 것입니다. 지금 붐비는 복잡한 거리에 가로질러 설치하고, 또 앞을 잘 살피면서 운행을

73 《독립신문》 1899년 5월 27일.

74 성효진, 앞의 글, 2020, 103쪽.

하지 못하고 속도를 내어 몰아댄 결과 사람을 치어 죽게 하였으니, 이 어찌 나방이 스스로 불속에 뛰어들어 죽은 것일 뿐이라고 핑계 댈 수 있겠습니까? 일을 그르쳐 백성들을 상하게 한 죄는 따지지 않을 수 없으니, 해당 사장은 법부로 하여금 잡아다 징계하여 처벌하도록 하고, 제대로 신칙하지 못한 농상공부 대신 민영기에게도 견책을 시행하는 것이 어떻겠습니까?" 하니, 윤허하였다.[75]

이렇듯 철도 부설은 서울 주변인들의 삶에 큰 영향을 미쳤고, 따라서 주변인들도 철도에 대해서 많은 관심을 가질 수밖에 없었던 것이다.

그리고 도시개조사업의 과정에서도 서울의 주변인들은 많은 배제와 변화를 겪었다. 서울의 도시개조사업의 흐름에 관해서 대략적으로 살펴보자. 이 시기 서울 도시개조사업은 경운궁을 중심부에 두고 진행하였다. 예컨대 경운궁 주변의 각국의 공사관과 원구단, 그리고 청량리의 명성황후릉을 고려하여 도시개조사업이 진행되었다. 구체적으로 1897년 6월 경부터 서대문 안쪽과 정동, 남대문 안의 도로가 개설되었고 원구단과 독립문, 탑골공원 등도 이 무렵에 만들어졌다. 이후 도로정비가 본격적으로 시작되자 《독립신문》에서는 "인민과 우마가 편히 왕래하면 관찰사의 사업이 적지 않아 백성들이 그 관찰사의 송덕을 크게 하리라."고 하면서 사업에 우호적인 기사를 내보냈다. 류한택이라는 사람은 서소문 주변 뿐 아니라 염청교 주변에 이르는 도로를 보수하기도 했다.[76]

75 《고종실록》 권39, 고종 36년 5월 30일.

76 대한제국기 서울의 도시개조사업에 관해서는 김광우, 〈大韓帝國時代의 都市計劃: 漢城府 都市改造事業〉 《향토서울》 50, 1990; 한철호, 〈대한제국 초기 한성부 도시개조사업과 그 의의: '친미' 개화파의 치도사업을 중심으로〉 《향토서울》 59, 1999; 이정옥,

그러나 도로정비사업이 모든 한성부민에게 환영받는 것은 아니었다. 우선, 사업의 추진으로 가가假家를 철거당한 주인들이 반발했다. 1895년 4월 가가금령이 시행되자, 가가의 전 소유주 김경천·윤규식·백락원·박경선·김영달·신기업·임익삼·이성진·이홍영 등은 가가금령에 반대하였다. 도시정비사업에 대한 한성부민의 부정적인 반응은 사업의 편중으로 인한 반발이었다. 도로정비사업은 정동을 중심으로 한성의 서남부 지역에 집중되었으며, 그곳에 거주하던 조선주재 외교관, 외국인 관리, 그리고 상인들이 직간접적으로 관여했다. 게다가 고종이 외국인 거류지인 정동 부근의 경운궁으로 환궁하면서 도로정비는 정동지역에 더욱 치중되었다. 이 과정에서 한성의 다른 지역 주민들은 상대적 박탈감을 느꼈다. 더구나 정동은 외국인 거주지로 인식되었던 곳이고, 이 때문에 사업의 시행이 민족적 차별 내지는 외국인에 대한 우대로 인식되었다. 《독립신문》은 논설로 이러한 현실을 비판하고 있다.

> 서울과 오 항구에 급한 일은 길인데 서울은 좋은 길이 많이 되어 지금은 공자님 제자까지라도 새 길을 좋아하는 모양이요. 무식한 모군꾼이라도 길이 그렇게 되어 가야할 줄로 생각하는 사람들이 많이 있는지라. 그러 하나 각 항구들은 도로가 그저 이왕 모양과 같아 인천만 가 보아도 외국 사람들 사는 거류지와 조선 사람 사는 동리가 다른 분수가 극락 세계와 지옥과 같은지라. 조선 사람들은 무슨 죄가 있기에 이 세상에서부터 지옥에다 가두어 놓고 들볶는지 알 수는 없거니와 대체를 생각하면 조선 인민들은 지옥같이 하고 사는 것을 도로 극락세계 보다 좋아하는 경계도 있는 연고

〈갑오개혁 이후 한성 도로정비사업과 府民의 반응〉《향토서울》 78, 2011을 참조.

일 것이라. 지금 서울 안 길들은 잘 닦아 놓은 데가 많이 있으나 이것도 백성들이 정한 길을 좋아서 원한 것이 아니라 외국 사람들이 억지로 하다시피 하여 이 길을 닦게한 것이요. 또 조선 관인으로는 한성 판윤과 토목 국장이 얼마만큼 칭찬은 받을만한지라.[77]

위 논설의 내용과 같이 한성부민은 외국인거류지 주변과 조선인거류지 주변을 차별적으로 인식하였으며, 이것이 누구를 위한 사업인지 의문을 품기도 하였던 것이다.《독립신문》은 논설을 통해 지금 서울 안의 길들을 잘 닦아 놓은 데가 많으나 이것은 한성부민이 원한 것보다도 외국 사람들이 원해서 억지로 하다시피 길을 보수한 곳이 많다고 하면서 이 사업에 대해 비판적으로 보도하고 있다. 물론 외국 사람들이 거주하는 주변 지역은 국가에 수치가 되지 않게 더 깨끗하게 할 필요성이 제기되기도 했다. 하지만 조선인들은 외국인들이 아니라 세금을 내는 자신들을 위해 다니는 도로를 편리하게 정비하기를 원하고 있었다. 그러한 측면에서 조선정부가 조선인을 위한 도로정비를 실시해야 한다는 주장이 제기되기도 하였다. 외국인에 의해 도로가 닦이면 조선 인민이 도로세도 내야하고, 자유도 제약받기 때문에 이를 막기 위해서는 조선 정부와 인민의 손으로 도로정비가 시행되어야 한다는 것이다.

그리고 이렇게 근대적으로 확장된 거리에서 새로운 표상들이 생겨났다.[78] 예컨대 이렇게 새롭게 단장한 거리에서 새롭게 문명화된 이벤트들이 나타났다. 대표적인 것이 바로 운동회이다. 최초의 학교운동회는 1896

77 〈논설〉《독립신문》 1897년 8월 28일.

78 박준형, 〈근대이행기 서울의 도시경관 변화와 주인의식-'거리[街]'의 표상 변화를 중심으로〉《서울학연구》 84, 2021.

년 5월 2일 화류 형식으로 실시된 관립영어학교 운동회였다. 이는 당시 체육에 관한 제도적·교육적 기반이 마련되어 있었고 이 학교에 운동을 중시하는 외국인 교관이 있었기 때문에 가능하였다. 1896년 이후 학교운동회는 매년 정기적으로 개최되고 다양한 경기들이 도입되며 일반인의 관람과 참여가 허용되면서 급속히 확산되어 갔다. 운동회 확산의 진원지는 1897~1899년까지 정기적으로 개최된 한성의 관립외국어학교 및 관공립소학교 운동회였다. 당시 한성의 관공립학교 운동회는 마치 국가행사와 같이 실시되었다. 정부는 운동회경비나 관련 물품을 제공하면서 운동회를 지원하였다. 운동회는 국가의례와 같은 형식을 갖추었다. 그 장소도 병사들의 훈련장소인 훈련원으로 선정되었다. 이런 형식 아래 실시된 관공립학교 운동회를 통해 학생들은 충군애국의 국민으로 '훈련'되어 갔다. 군대식 체조의 실시도 이런측면에서 이해될 수 있었다. 이 과정에서 독립협회는 후원과 홍보를 통해 학교운동회 확산의 큰 역할을 담당했다. 이는 일정 기간 고종 측과 독립협회 측의 이해관계가 일치했기에 이뤄질 수 있었다.[79]

이렇게 학교운동회가 시작되고 확산되어간 과정은 바로 '새로운 전통의 탄생'을 보여주고 있다. 학교운동회는 당시 조선에서 매우 낯설고 이색적인 것이었다. 하지만 1896년 이후 불과 몇년 만에 학교운동회는 압축성장하여 전통의 탄생이라고 부를 수 있을 만큼 중요한 교육의 형식이 되었다. 한 나라의 수도에서 새로 설립된 대표적인 신식 관공립학교들이 연합하여 매년정기적으로 수많은 국내외 고위관료와 일반국민들이 지켜보

79 이 시기 운동회의 탄생과 전개에 관해서는 김성학, 〈근대 학교운동회의 탄생: 화류에서 훈련과 경쟁으로〉《한국교육사학》31-1, 2009를 참조.

는 가운데, 그들의 기대와 찬사를 받으며 진행된 학교운동회는 이제 명실상부하게 '탄생'했다고 말할 수 있게 되었다. 관공립학교운동회에 대한 정부와 관료들의 물질적 지원, 그리고 고종 측과 일시적으로 제휴한 독립협회의 후원과 관심은 그러한 전통의 탄생에 크게 기여한 외적 요인이었다. 학교운동회에 정부와 독립협회가 관여하면서 운동회는 처음부터 국가의례와 같은 형식을 갖추게 되었다. 이러한 틀 속에서 학생들은 국가가 요구하는 '국민'으로 만들어져 갔다.

그러나 이러한 변화들이 서울의 주변인들에게 긍정적으로 인식되었던 것 만은 아니었다. 전술한 것처럼 서울은 도시개조사업의 혜택을 받으면서 '근대화'되었지만 여전히 수많은 궁민·강민·빈민 등 주변인들은 그 혜택에서 소외되었다. 그리고 이러한 현상은 식민지 시기에 민족차별과 결부되면서 이어졌는데 대표적인 것이 일제강점기 서울(경성부) 남부와 북부의 차이였다. 1924년 《동아일보》는 서울 남북부의 대소변 소제 현황을 분석했는데, 이것은 조선인이 상당수 거주하는 북촌과 일본인이 주로 거주하는 남부의 차이를 언급한 것이다. 즉 조선인들이 다수 거주하는 북부가 일본인들이 다수 거주하는 남부에 비해 인구도 많고 대소변 배출량도 많음에도 불구하고 치우는 횟수는 오히려 적었다. 더구나 쓰레기 소제의 경우는 북부가 남부에 비해서 인구가 거의 2배임에도 불구하고 쓰레기 소제 마차가 북부가 평균 4회 1대반 씩이며, 남부는 5회 3대반 씩이며 마차 소요 인부도 북부는 2인, 남부는 16인이나 되는 것을 알 수 있다.[80] 박준형은 이러한 현상을 "서울 내에서 '서울사람'으로서의 권리로부터 소외된 이들의 존재, 다시 말해서 서울 내에 거주하면서도 사실상 서울 바깥에 있

80 〈南北差別의 實例〉《동아일보》 1924년 3월 23일.

는 것과 다름없는 사람들의 존재"를 확인시켜준다고 언급하고 있다.[81] 이 지적은 서울이라는 공간이 끊임없이 '주변인'들을 재생산하는 공간임을 지적하고 있다는 점에서 주목할 만하다.

요컨대 서울의 근대화 과정 속에서 외국인들과 대면하고 도시개조사업이 진행되면서 전차가 개통되고 공원이 만들어졌지만 그 과정 속에서 주변인들의 소외는 계속되었던 것이다.

5. 맺음말

조선후기 이래 서울은 전국의 유랑민들이 모이는 도시였고 1876년 개항 이후의 경제적 변화와 자연재해, 대한제국기 조세수탈의 강화 등에 의해 서울에는 많은 유랑민과 빈민이 생겨났다. 본 연구에서는 이들을 신분적으로 하층이며, 사회적으로 혹은 근대화 과정에서 배제되었다는 의미에서 '주변인'으로 개념화했다.

그리고 이러한 주변인의 실체를 서울의 중심부와 주변부, 침입자들로 나누어 살펴보았다. 중심부에는 성균관에 부속되어 쇠고기 장사나 전통연희에 종사하던 천민인 반인들이 있었고, 서울의 경강 일대에 거주하는 하층의 백성들인 강민, 마지막으로 서울과 경기 일대에 거주하면서 서울에 침입했던 화적들도 있었다. 이들은 각자의 자리에서 생을 영위했지만 신분적으로 공간적으로 그리고 가리워진 존재로 외면받고 있었다.

마지막으로 서울의 근대적 발전과정과 주변인들의 소외를 분석했다.

81 박준형, 앞의 글, 2021, 121쪽.

주지하듯 이 시기의 서울은 개항 이후 외국인들의 유입, 도시개조사업과 공원의 설립 및 운동회의 실시 등 다양한 근대적 변화가 일어나고 있었다. 그러나 한편으로는 이러한 과정 속에서 주변화되는 존재들이 존재했다. 근대적 문명의 발전은 끊임없이 주변부를 만들어냈고 이것은 주변인들을 재생산하는 구조로 이어졌다. 이런 상황에서 서울의 주변인들은 전차를 파괴하는 등의 행동으로 근대문명을 적대시하고 있었던 것이다.

제2장

20세기 전반 경성·서울의 부랑 나환자 출현과 정치·사회적 대응

김정인(춘천교육대학교 교수)

1. 머리말

1917년 조선총독부가 실시한 강제격리 정책은 나환자[1]를 가족 밖으로 내몰아 사회를 부랑하도록 만들었다. 식민권력의 나환자 강제격리 정책은 1897년 베를린에서 개최된 '제1차 국제나회의 결의'의 산물이었다. 이 회의는 나병이 세균에 의해 발병하는 전염병임을 공식화하고 나병 관리를 위한 해결 방안으로 나환자 강제격리를 결의했다.[2]

조선총독부가 강제격리를 실시하면서 가족으로부터 사실상 축출되어 거리로 내몰린 부랑자들은 다시 사회를 보호해야 할 의무가 있는 경찰의 단속 대상이 되었다. 하지만 나환자는 이미 사회로부터 격리 대상이자 혐오 대상으로서 기피되고 있었으므로 경찰 단속에도 불구하고 부랑 나환자[3] 수가 증가하는 양상을 보였다. 조선총독부의 강제격리 정책은 사회로 하여금 의심없이 나병이 강한 전염병이라는 고정관념을 수용하도록 만들었다. 이처럼 사회의 따가운 눈초리가 나환자를 압박하면서 그들은 치료를 이유로 가족과 고향을 떠나 연고 없는 도시로 내몰렸다. 도시에서의 그들의 삶은 비참할 수밖에 없었다. 마땅히 격리되어야 할 나환자라는

1 나환자는 나병에 걸린 사람들을 가리키는 말이다. 오늘날에는 한센인이라 부른다. 한센병은 대풍창, 나창 등으로 불리다가 일제강점기에 들어와 일본식 개념인 나병이 의학적, 법적 개념으로 정착되었다. 본 연구에서는 20세기 전반기의 한센인을 다루므로 당시 그들을 호명하던 개념인 나환자를 사용하기로 한다.

2 김재형, 〈한센인의 격리와 낙인 · 차별에 관한 연구〉, 서울대학교 사회학과 박사학위논문, 2019a, 50쪽.

3 일정한 직업과 거주지가 없이 떠돌아다니는 행위를 흔히 부랑이라고 한다.

인식에 그들은 경제활동에 참여할 수 없었다. 부랑의 처지에 놓였지만 할 일이 없어 도시를 배회하는 그들은 도시인들에게 사회를 불안하게 만드는 치안적 방해인자로 터부시되었다.

이처럼 일제강점기에 도시에서의 부랑 나환자 출현은 도시의 위생과 치안을 위협하는 사회문제로 인식되었다. 이 문제에 주목한 연구로는 김재형의 연구가 유일하다.[4] 김재형의 연구는 기존의 일제강점기 나병에 대한 여러 학자들의 연구 성과에 기반하고 있다. 이에 따르면 나병에 대한 낙인과 차별은 일본 당국, 즉 조선총독부가 조선인구 관리 측면에서 전염을 통제하고 이를 위해 법적 제도적 체계를 만들고 경찰력 및 행정력을 동원해 실행하면서 강화되었다. 더불어 나환자에 대한 부정적 이미지는 언론을 통해 대중화되었으며 대중은 나병의 방치는 사회질서를 위협하는 일이라고 인식하게 되었다.[5] 김재형에 따르면 일제강점기에 부랑 나환자 문제를 해결하기 위해 조선 사회와 조선총독부는 때로는 경합하고 때로는 협력했다. 그런데 예지숙의 연구에 따르면 조선총독부는 부랑자를 도시경관을 해치고 치안에 위협이 되며 위생상 문제가 있는 자들로 인식하고 그들을 단속했으며 1930년대에는 노동 교화시설인 수용시설을 건립했다.[6] 하지만 부랑자인 나환자는 단속 대상에서 교화 대상으로 전환된 부랑자의 범주에도 아예 들지 못했다.

1920년대 이후 조선총독부가 자리한 경성에서도 부랑 나환자의 출현

4 김재형, 〈"부랑 나환자" 문제를 둘러싼 조선총독부와 조선사회의 경쟁과 협력〉《민주주의와 인권》 19-1, 2019b.

5 김재형, 앞의 글, 2019b, 8~9쪽.

6 예지숙, 〈일제시기 조선에서 부랑자의 출현과 행정당국의 대책〉《사회와 역사》 107, 2015, 91~92쪽.

은 치안 차원에서 도시문제의 하나로 부상했다. 본고에서는 일제강점기 제일의 도시였던 경성에 부랑 나환자들이 출현한 이유가 다른 도시와 달랐음에 주목하였다. 그리고 배제 대상으로 노골적인 멸시를 받으며 거리 활보의 자유조차 누리기 어려웠던 부랑 나환자가 경성에 출현하면서 사회문제화되었으며 이에 대한 정치적·사회적 대응 역시 다른 도시와 달랐음에 주목하고자 한다. 또한 해방 직후 다시 서울에서 부랑 나환자가 출현하는 가운데 이에 대한 정치적·사회적 대응을 일제강점기의 그것과 비교하고자 한다. 다만, 경성의 부랑 나환자 출현과 관련한 자료가 극히 제한적이므로 부랑 나환자들이 도시에 몰리고 그것이 사회문제화되면서 조선총독부 당국과 도시인들이 어떻게 대응하고자 했는지를 전국적 차원에서 조망하면서 그 속에서 경성의 부랑 나환자 출현을 다룰 수밖에 없었던 한계를 미리 밝히고자 한다.

2. 일제강점기 부랑 나환자의 경성 출현과 사회 문제화

1) 부랑 나환자의 도시 출현과 사회 문제화

조선총독부 설립 초기부터 일본 정부가 나환자에 대한 강제격리 정책을 추진할 수 있도록 일찍이 1906년 나예방법안을 제출했던 중의원 의원 야마네 마사츠쿠[山根正次]가 위생국의 고문 역할을 했다. 일본 정부의 강제격리는 1907년에 공포된 〈나예방에 관한 건〉에 근거하고 있었다. 그는 조선의 나병 상황을 시찰했고 1913년 나환자의 격리수용을 주장했다. 테라우치 마사타케[寺內正毅] 조선총독은 부랑 나환자를 수용할 계획을 수립하고 1916년 전남 고흥반도 남단에서 500m 떨어진 소록도에 소록도자혜의원을 설립했다.[7] 소록도자혜의원은 1917년부터 각 도에서 이송된 부랑 나환자들을 수용했다. 하지만 수용 인원은 100여 명에 불과했다. 소록도자혜의원이 문을 열면서 조선총독부는 〈나환자수용에 관한 건〉에 의거해 각 도의 경무부에 "노상이나 시장 등에서 배회하는 병독 전파의 우려가 있는" 부랑 나환자들을 강제격리하라고 지시했다.[8] 하지만 100여 명에 불과한 소록도자혜병원의 수용인원을 고려해 적극적으로 격리를 시행하지는 않았다.

1917년 조선총독부가 나환자에 대한 강제격리 정책을 수립할 무렵 남부 지방의 도시에서는 부랑 나환자의 등장이 문제시되고 있었다. 당시 나환자들은 남부 지방의 거점도시인 광주, 부산, 대구에 모여들었다. 이들 도시에는 1910년을 전후해 서양 선교사들이 설립한 나병원들이 있었다. 부산나병원은 1909년 3월 어빙C. H. Erving 선교사의 주도로 경남 동래군 서면 감만리에 설립되었다.[9] 광주나병원은 광주 제중원 원장 윌슨Robert M. Wilson이 1912년 전남 광주군 효천면 봉선리에 개설했다.[10] 대구나병원은 1913년에 대구 제중원 원장 플레처A. G. Fletcher가 경북 달성군 달서면 내당동에 설립했다.[11] 남부 지방의 거점도시에 나병원이 설립된 이유는 나병

7 얼레인 아일런드,《일본의 한국통치에 관한 세밀한 보고서》, 살림, 2008, 236쪽

8 얼레인 아일런드, 앞의 책, 2008, 131~132쪽.

9 부산나병원은 미국 북장로교단과 '인도와 동양 나환자 선교회'가 함께 설립했고 1914년부터는 부산지역 선교를 담당한 오스트레일리아 장로교단이 운영했다(정근식, 〈한국에서의 근대적 나구료의 형성〉《보건과 사회과학》1-1, 1997, 7쪽).

10 윌슨은 전라도 일대에서 선교활동을 펼친 미국 남장로회 소속 선교사로 1908년 1월에 광주에 파견되었다. 그는 기독교인인 최흥종이 자신 소유인 광주군 효천면 봉선리의 땅 천여 평을 무상기증하자 '인도와 동양 나환자 선교회'의 지원을 받아 1912년 11월 나병원을 설립했다(김기주, 〈소록도 자혜의원 나환자정책의 성격〉《역사학연구》44, 2011, 225~226쪽).

이 남부 지방에서[11] 집중적으로 발병하고 있었기 때문이다. 물론 서양 선교사들이 나병원을 세운 제일 목적은 선교에 있었다. 나환자들은 무료로 제공되는 서양식 치료를 받고자 세 도시로 몰려들었다. 하지만 이들 나병원은 조선총독부와 '인도와 동양 나환자 선교회Mission to Lepers in India and the East'의 지원에 의존해 운영되었고 수용인원이 한정되어 있었기 때문에 몰려드는 나환자 모두를 수용할 수 없었다. 결국 3곳의 사립나병원은 입원환자 외에도 주변 지역에 거주하는 나환자들을 치료했다. 대구나병원의 경우는 인근 지역에 순회진료소를 두기도 했다.

1917년 조선총독부가 실시한 나환자에 대한 강제격리 정책의 효과는 1920년대 초에 들어와 가시화되기 시작했다. 우선 사람들에게 식민권력이 재원을 들여서라도 강제로 격리해야 할 만큼 위험한 나병을 앓고 있는 나환자는 언제 자신에게 나병을 전염시킬지 모르는 공포의 대상이 되었다. 나병과 나환자에 대한 공포는 괴담을 낳기도 했다. 전북 이리에서는 부랑 나환자가 무리지어 돌아다니며 어린아이를 납치한다는 괴담에 아이들이 학교 가기를 무서워하는 일이 일어났다.[12] 이 괴담은 나환자 4,000여 명을 장성역에 버렸다거나 혹은 광주나병원에서 치료받던 나환자 400여 명을 내보냈다는 풍문과 함께 떠돌아다녔다.[13] 이렇게 나환자들에 대한 공포와 그에 따른 혐오 정서가 깊어지고 넓어지면서 그들은 가족과 마을로부터도 쫓겨나는 신세가 되었다. 둘째 조선총독부가 "노상이나 시장 등에서 배회하는" 나환자를 단속해 격리시설에 보내는 만큼 가난해 치료 방도가 없던 나환자들에게 부랑은 곧 치료 기회에 더 가까이 가게 됨을 의미

11 정근식, 〈동아시아 한센병사 연구를 위하여〉《보건과 사회과학》 12, 2002, 17쪽.

12 〈이리 지방의 괴문〉《동아일보》 1922년 6월 26일.

13 〈담양 괴설, 문둥병자 사천 명이 돌아다닌다고 야단〉《매일신보》 1922년 6월 17일.

했다. 가족과 마을로부터 공포와 혐오의 대상으로 낙인찍힌 나환자들이 부랑했고 치료의 기회를 얻고자 하는 가난한 나환자들은 자발적으로 부랑을 선택했다. 조선총독부의 강제격리 정책이 나환자를 거리로 내몰았던 것이다.

1920년대 초부터 도시를 배회하는 부랑 나환자들은 주기적 단속을 거쳐 소록도자혜의원 혹은 사립 나병원으로 보내졌다.[14] 곳곳에서 나환자들이 집단촌락을 이뤄 사는 현상도 등장했다. 1922년 3월 경북 경주에서 나환자가 집단으로 거주하는 촌락이 발견되어 이목을 끌었다.[15] 공의公醫가 나환자 40여 호가 모인 촌락을 목격했다는 보고에 경북 경찰부장은 그것을 없앨 방도를 찾았다. 이렇듯 1920년대 초반부터 도시에서 부랑하는 나환자가 늘어나면서 그들을 둘러싸고 일어난 사회문제가 종종 언론의 주목을 받았다. 그래도 나환자들은 계속 도시에 몰려들었다. 이에 도시민들은 부랑 나환자 출현에 대해 당국의 해결을 촉구하며 대응에 나섰다. 1924년 6월 마산부 시민들은 시민대회를 열고 경찰서장에게 부랑 나환자를 격리시설로 보내줄 것을 요구했다. 하지만 나환자들이 도시, 특히 나병원이 있는 도시에서 부랑하는 현상을 없애기란 쉽지 않은 일이었다. 1924년 여름에도 대구나병원에 나환자들이 치료를 받고자 몰려들었으나 수용인원 제한으로 입원을 거절당하자 시내를 배회해 사회문제가 되었다.[16] 부산에서는 나병원의 환자들이 나병원을 옮기라고 압박하는 부근 마을을 습격하는 사건이 벌어지기도 했다.[17]

14 〈나병환자 이송, 이십 명을 소록도에〉《동아일보》 1922년 10월 3일.

15 〈가경할 나병촌락, 경주군 내에서 이번에 발견하였다〉《매일신보》 1922년 3월 13일.

16 〈대구에 나병자 육속래집, 설비가 부족하여 환자들이 입원 시기를 기다리고 방황〉《매일신보》 1924년 7월 1일.

1920년대 후반에 들어와서도 사립나병원의 수용 능력을 넘어서는 나환자가 세 거점도시는 물론 그 인근 도시로도 몰려들었다. 언론들은 부랑 나환자가 출현한 도시의 상황을 선정적으로 보도했다. 마산부 시민들이 갑자기 급증한 나환자로 '공황' 상태에 빠졌다고 전했다.[18] 부산과 김해에서는 부랑 나환자들이 집단으로 돌아다니며 금품을 강요하는 일이 일어났다는 보도도 이어졌다.[19] 나환자가 몰려드는 도시들은 나환자들을 단속해 소록도나 나병원에 격리하는 것 외에 원적지로 송환하는 대책도 마련했다. 원적지로의 송환은 격리시설이 부족한 까닭에 선택한 임시방편이었다.[20] 그럼에도 원적지로의 송환은 지속적으로 이루어졌다.[21] 하지만 원적지로 송환된 나환자들이 다시 도시로 돌아오는 경우가 많았다. 경남 통영에서는 경찰이 부랑하는 나환자와 걸인을 원적지로 송치했으나 나흘만에 다시 돌아오기도 했다.[22] 원적지 송환을 둘러싸고 지역 간 갈등이 발생하기도 했다. 1930년 4월 부산경찰서는 부랑 나환자들을 원적지인 대구로 보냈다. 그러자 대구경찰서는 통보없이 나환자들을 송환했다며 부산경찰서에 항의하고 다시 나환자들을 부산으로 돌려보냈다.[23]

17 〈문둥이 5백명이 촌락을 습격하려다가 경찰과 충돌되어 소동〉《동아일보》 1924년 6월 11일.

18 〈나병환자 발호로 마산부민의 공황〉《동아일보》 1927년 6월 14일.

19 〈나병 환자 침입으로 김해 주민 공황〉《동아일보》 1927년 7월 1일; 〈작당출몰하는 부산나병군〉《동아일보》 1928년 4월 21일.

20 〈나병환자 처치에 두통, 대구서에선 원적지로 환송〉《동아일보》 1926년 6월 17일; 〈대구 나병환자 고향으로 추송〉《동아일보》 1928년 6월 19일.

21 〈나병자 백여명 향리로 구축〉《중외일보》 1929년 9월 21일.

22 〈원적지로 보내도 통영으로 귀환〉《매일신보》 1934년 8월 19일.

23 〈대구에 대재난 나병자군 소동〉《중외일보》 1930년 4월 11일; 〈문제의 나환자 결국 부산으로 역송〉《동아일보》 1930년 4월 12일; 〈양서간 구역 싸움에 다수 병자 진퇴유

1930년대에 들어서도 나환자의 도시 집중 현상은 지속되었다. 종전처럼 남부 지방만이 아니라 중·북부 지방의 도시에서도 부랑 나환자들이 출현했다.[24] 1930년 10월 춘천에서는 남부지방에서 쫓겨난 나환자들이 배회하기 시작했다.[25] 1932년에는 강릉에 부랑 나환자들이 출현했다.[26] 1936년에는 강원도 철원은 물론 평남과 함남에도 부랑 나환자들이 등장했다. 1930년대 초부터는 소도시나 면 단위 지역에서도 부랑 나환자들이 출현했다. 1932년 5월에는 충남 예천에 부랑 나환자들이 나타났다. 같은 해 10월에는 경북 의성에, 이듬해인 1933년 3월에는 전남 해남에 부랑 나환자들이 나타났다.[27] 부랑 나환자가 전국적으로 도시는 물론 면 단위에까지 나타난다는 것은 나환자 수의 증가를 의미하기도 했지만 그만큼 가족과 마을로부터 배척당해 부랑할 수밖에 없는 나환자가 늘었다는 것을 의미했다.

2) 부랑 나환자의 경성 출현과 사회 문제화

1920년대 중반에 이르러 조선총독부가 자리한 조선 제일의 도시 경성에서도 "나병 걸인"이 증가하고 있었다.[28] "최근 부내에 문둥병 환자의 거지가 늘어가는 모양이라는 바 원인은 원래 그 병을 모든 사람이 싫어하

곡〉《동아일보》 1930년 4월 12일; 〈부산 나병환자를 대구로 수송〉《동아일보》 1930년 4월 12일.

24 〈나병환자 구제 문제〉《조선일보》 1931년 9월 25일.

25 〈춘천에 문둥이〉《매일신보》 1930년 10월 26일.

26 〈산자수명한 강릉에는 나병걸인이 위집〉《매일신보》 1932년 2월 6일; 〈강릉 읍내 배회하는 나병자 이송 결정〉《매일신보》 1934년 10월 15일.

27 김재형, 《질병. 낙인》, 돌베개, 2021, 59~61쪽.

28 〈경성시중에 나병 걸인 점증〉《매일신보》 1924년 11월 17일.

는 고로 흔히 자기 고향을 떠나 아무도 모르는 경성으로 떠나오는 것과 또 경성에는 '세브란스' 병원과 총독부병원 등의 치료소가 있다는 말을 듣고 자기 고을을 나오는" 데에 있었다. 그러나 경성의 병원들은 부랑 나환자에 대한 치료를 거부했고 소록도자혜병원도 정원이 넘쳐 보낼 수 없는 상황이었다. 경성을 배회하는 부랑 나환자들은 남부 지방 도시에 출현하던 부랑 나환자들과 하등 다를 바 없는 처지였다. 그들은 생계를 마련할 수 없었다. 그들 중에는 간혹 인사상담소에서 직업을 구하러 나서는 경우도 있었으나 취직은 어려웠다. 결국 경성에서도 부랑 나환자들은 구걸로 생계를 이어나갔다.

1930년대에 들어와 경성의 부랑 나환자 출현은 여전히 사회문제시되고 있었다. 1932년 1월 경성에는 약 20여 명의 부랑 나환자가 배회하는 것으로 파악되었다. 경성 시민들은 "조선의 수도-일역 문명의 중추지인 경성의 문화도시에도 오히려 7호 20여 인의 문둥병자가 보금자리 치고" 있다며 그들에 대한 신속한 격리가 없으면 자신들도 "문둥이"가 될 것이라며 불안해했다.[29] 20여 명의 적은 숫자에도 언론은 "문둥이가 대경성의 시가를 횡보한다. 경성 시민은 병의 소굴에서 침식하고 있는 셈이다."라고 보도했다.[30] 성모병원장 박병래는 문둥병은 병중에도 가장 난치의 병이고 지저분한 병이고 가장 경과를 오래 끄는 병이라며 "문둥병의 전염은 대개 피부의 접촉입니다. 요사이 같이 문둥이가 많이 돌아다니면 전 경성의 부민의 위생을 위하여 크나큰 문제입니다. 더구나 그 병이란 다른 병과 같이 예방하는 도리가 있는 것도 아니요. 완치하는 약이 있는 것도 아닙니

29 〈당신들도 문둥이 되오〉《조선일보》 1932년 1월 21일.

30 〈횡설수설〉《동아일보》 1932년 5월 5일.

다. 그저 그런 병자는 이 사회를 위하여 사회로부터 멀리 격리시키는 수밖에 더 없습니다."[31]라며 부랑 나환자에 대한 빠른 격리 조치를 요구하고 나섰다. 이러한 경성 시민들의 공포와 경계심에 부랑 나환자들은 더욱 궁지에 몰렸다. 그들은 "우리의 앞에는 골육도 없고 가정도 없고 사회도 국가도 아무것도 없소이다. 여기도 구축 저기도 배척이라 살려고 하여도 살 곳이 없고 죽으려고 하여도 죽을 땅이 업소이다."라며 자신들의 처지를 비관했다.[32] 후술하겠지만 이러한 경성 시민들의 부랑 나환자에 대한 공포와 불안은 1932년 6월 경성을 배회하던 나환자 전원이 조선나병근절책연구회의 활동으로 여수나병원에 수용되면서 가라앉는 듯했다.

하지만 경성의 부랑 나환자 전원 격리수용이라는 사건은 다시 나환자들이 "경성으로 대거하여 집중"하는 사태를 초래했다. 더욱이 조선총독부가 소록도 나환자 치료시설 확충 계획을 추진하자 나환자들은 경성 같은 대도시에 있어야 격리시설로 호송될 가능성이 있다며 기대를 했다. 그로 인해 경성 시민들의 불안과 공포가 고조되면서 '유언비어가 돌고 인심이 흉흉'해졌다.[33] 경성 시민들은 당국에 대해 "나병환자의 횡행하는 범죄! 어찌 신당, 창신, 신설, 안암, 왕십정 등의 문제리요. 소위 경찰과 문명의 시설이 구미선진국보다 한걸음 더 자랑하는 이 땅에서 그들을 그저 그대로 제멋대로 도시에서 횡행하게 내버려 두는 당국자의 심사를 알 수 없소이다."라며 항의했다.[34] 급기야 지인의 집을 방문해 그 집 아이에게 과자를 사준 사람을 목격한 동네 주민들이 그를 아이를 유인하는 나환자라며

31 〈날개가 도친 풍성 완연 "문둥이 난리"〉《조선일보》 1936년 6월 17일.

32 〈나환자구제책을 촉진하라〉《조선일보》 1931년 12월 2일.

33 〈나환자 단속에 대하여〉《동아일보》 1936년 6월 15일.

34 〈대불평 소불평〉《동아일보》 1936년 6월 23일.

구타폭행하는 사건이 일어났다.[35] 또한 부랑 나환자와 관련된 유언비어는 일파만파로 퍼져나갔다.

> 최근 수일째 경성부내에는 문둥병자 때문에 갖은 유언비어가 성행하여 부민들이 거의 전전긍긍 상태에 빠져있다. 즉 경성에는 300명의 문둥병자가 모처로부터 침입하여 닥치는 대로 어린이와 부인을 납거해다가 육체를 상해하여 사망에 이르게 한다는 것이다. 이리하여 이곳저곳에서 문둥병자가 나타났다는 소식을 듣거니와 실지로 사람을 살해했거나 납거해간 예는 거의 없는 모양이다. 이것은 당연히 경찰에 고발할 것으로 믿는 그 부형 내지 호주의 고발이 없는 것으로 보아 분명하다.
> 이 유언비어가 난 원인에 있어서는 11일 신설리에서 어떤 문둥병 환자 한 명이 어린애를 유인해 가다가 경찰에 붙들렸음에 의한 듯하나 이 사실은 한 사람에 대해서의 일이요, 여러 사람이 있는 것은 아니라. 경찰 당국의 말에 의하면 경성부에는 대략 10명의 문둥병자가 있다 하나 사실 30명 가량의 환자가 있는 것은 확실한 모양같다. 그리고 이들이 밤에는 시외에 군집했다가 낮에는 시내에 나와 음식을 구해 다니는 것도 사실이다. 그러나 이들의 수효가 100을 넘는다든지 대거 습래했다든지 하는 일은 없으며, 어린이와 부녀를 살해한 일은 없다. 지방 외따른 곳에서는 문둥병자들이 잔인한 행위를 늘 듣지만은 경성과 같은 넓은 도회에서 이같은 잔인한 행동을 대규모로 하리라고 믿기 어렵다. 도리어 이같은 유언비어를 날림은 부민의 어리석음을 폭로함이 아닌가.[36]

35 〈유언비어는 엄중히 취체〉《동아일보》 1936년 6월 21일.

36 〈문둥병자와 유언비어〉《동아일보》 1936년 6월 16일.

이에 경찰은 문둥병환자가 '경성 시내에 구천 명이나 들어와 시내 각처를 횡행하며 어린아이를 마음대로 잡아먹고 있다.'는 풍문을 떠들고 다니는 여성을 탐문했고[37] 이러한 낭설을 퍼뜨린 사람들을 구류처분에 처했다.[38] 언론도 나서 "쓸데없는 문둥이 풍설이 온 장안은 떠들썩하게 한다."며 '학교 간 아이를 모시러가기까지는 너무나 신경과민의 행동'[39]이라며 자제를 촉구했다.

이처럼 경성 시민의 유언비어가 다시 사회문제가 될 만큼 부랑 나환자들이 지속적으로 경성에 모여드는 것은 조선 제일의 도시에서 부랑하는 것이 치료를 위한 기회에 더 가까이 갈 수 있었기 때문이다. 조선총독부가 소록도의 나환자 치료시설의 확대를 추진하면 할수록 부랑 나환자들이 경성으로 몰리는 현상은 심해졌다. 이로 인해 경성에서의 부랑 나환자 출현이 꾸준히 이어지자 경성 시민들이 직접 나서 해결을 시도하기도 했다. 또한 위의 인용문에서 알 수 있듯이 경성 시민의 부랑 나환자 문제 해결을 압박하는 목소리가 갈수록 높아지고 부랑 나환자가 '계동에서는 집집마다 걸식하러 다니고 여전히 장안 거리를 횡행'[40]하는 현실이 지속되는 가운데 조선총독부 역시 실질적인 격리 대책을 강구하는 데 나서지 않을 수 없게 되었다.

37 〈낭설을 만들어낸 괴중년녀 엄탐중〉《조선일보》 1936년 6월 16일.
38 〈낭설 퍼뜨린 자 3명 구류처분〉《조선일보》 1936년 6월 19일.
39 〈팔면봉〉《조선일보》 1936년 6월 17일.
40 〈장안의 거리에 문둥이가 횡행〉《조선일보》 1938년 9월 16일.

3. 일제강점기 경성의 부랑 나환자에 대한 정치·사회적 대응

1) 도시민의 부랑 나환자에 대한 대응과 경성

1920년대 이래 부랑 나환자에 대한 강제격리 정책이 실시되고 이에 따른 경찰의 단속에도 불구하고 도시를 배회하는 나환자 수는 늘어났다. 나환자에 대한 배타적이고 차별적인 시선이 강화될수록 그들은 집과 고향을 떠나 치료를 위해 도시로 몰렸다. 하지만 도시민들은 구걸로 살아갈 수밖에 없는 부랑 나환자라는 존재를 자신들의 위생과 치안을 위협하는 사회문제로 받아들였다. 그리고 조선총독부 당국에 나병 퇴치를 위한 실질적 정책 추진을 요구했다.

> 나병이 금일 어떤 국가든지 있는 것이 아니라 독일과 같은 국가에서는 전국을 통하여 1인도 없다 하며 영국에는 있어도 전국에 전부 합하여 100인 이내라 한다. 그러므로 금일에 있어서는 나병은 전멸할 수 있는 병임을 불구하고 그 수가 다대함은 그 병에 대한 시설이 부족함을 의미하나니 고로 금일에 이르러서는 나병은 야만병이라고 한다. 현금 조선에 나병자의 수는 혹자는 조사된 것인 1만 5,000 내외라 하고 혹자는 1만 이내라고 하나 여하간 만 명 이상 되는 것은 사실인 듯하다. 이러한 전율할 악질에 대하여 등한히 하는 것은 국민 위생 문제라고 하는 것보다도 인도 문제로 도저히 묵인하지 못할 일이다. 조선총독부에서는 어떠한 태도를 취하는가. (중략) 현하 생활상태를 통찰하는 성의가 있다 하면 연 수삼 만원을 사용하고 하등의 실효가 없는 고식책을 버리고 매년 3,000~4,000만 원의 경찰비에서 계속 사업으로 10~20만 원의 보충을 얻으면 매년 증가하는 악질을 전멸할 수 있을 것이다.[41]

그런데 부산, 광주, 대구의 시민들은 나환자의 급증 현상의 원인을 도시에 위치한 나병원의 존재 때문이라고 여겼다. 이를 도시에 자리한 사립 나병원은 공간과 예산의 제한으로 몰려오는 모든 환자들을 입원시킬 수 없었다. 그러므로 나병원 입원을 기다리는 나환자들은 병원 주변에서 집단주거지를 형성하고 구걸하면서 생계를 이어 나갔다. 치료가 끝나 퇴원한 환자 중에 고향으로 돌아갈 수 없는 이들도 나병원 주변에 마을을 이뤄 살았다. 부산나병원이 자리한 동래군 서면 호곡리에도 나환자 집단촌이 있었다. 이곳은 원래 황무지였다. 1900년대 말부터 김원약이라는 나환자가 혼자 초막을 짓고 사는 것을 시작으로 이곳에 나환자들이 모여들었다. 그리고 1909년에 이곳에 부산나병원이 설립되면서 치료가 끝나고 퇴원한 사람 중에 오갈 데 없는 사람들이 들어와 살면서 마을이 형성되었다. 1932년 무렵 이 마을에는 총 89호가 자리잡고 있었고 470명이 살고 있었다. 이 중 소작농, 토목노동자 등을 제외하면 300명이 넘는 사람들이 구걸로 생계를 이어가고 있었다.[42]

1920년대 중반부터 도시민들은 당국에 부랑 나환자 문제를 해결해 줄 것을 본격적으로 압박했다. 부산의 경우를 살펴보면, 1927년 8월 조선인과 일본인이 함께 활동하던 부산상업회의소가 부산의 나환자 급증 문제를 논의했다.[43] 그리고 1,000여 명에 달하는 나환자들이 집단을 이뤄 구걸로 살아가므로 시민의 치안과 위생에 위협이 된다는 점에 공감하면서 경남도지사에게 그들을 모두 무인도에 강제 수용해야 한다는 진정서를 제출하기로 결의했다. 부산상업회의소 대표자들은 8월 29일 와다 쥰[和田

41 〈나병자와 모히 중독자에 대하여, 무성의한 당국의 태도〉《동아일보》 1923년 7월 26일.
42 〈동래의 문동이촌 나병자연맹 제창〉《중외일보》 1932년 3월 11일.
43 〈나병환자 강제적인 수용 방침 진정〉《조선신문》 1927년 8월 26일.

純] 경남도지사를 방문해 나환자에 대한 단속을 청원했다. 부산직업소개소에서는 같은 해 11월 12일 부산사회사업연구회를 열어 나환자 문제에 대한 연구 결과를 발표했다. 그리고 첫째, 조선의 나병 박멸을 위하여 유력한 전 조선의 단체들을 규합하고, 둘째, 미국인 선교사 메켄지가 운영하는 나병원을 국비로 운영하도록 하며 부산 외곽으로 확장 이전하도록 하자는 내용의 결의사항을 내놓았다. 1930년 7월 25일에는 경남도평의원 이시하라 겐자부로[石原源三郎]가 경남도평의회에 나환자의 처리 문제를 논의하기 위한 사회부 회의 개최를 요구했다. 그는 부랑 나환자는 위생상 위험하고 경제상 위협이 크므로 묵과할 수 없는 문제라고 주장했다.[44] 사흘 후인 7월 28일 경남도평의회 사회부 회의가 열렸다. 여기서는 다음과 같은 결의안이 채택되었다.

> - 나환자가 시내를 배회함이 갈수록 증가하여 煎子시장, 식량품 시장, 富平町 시장 등을 중심으로 추악한 귀면을 유일한 무기로 부정한 행위를 감행하는 자가 많아 공중위생상의 위협에만 그치지 않고 산업 경제적인 피해까지 빈번함으로 이에 철저한 정리 취체 방안을 당국에 극력 요망할 것.
> - 회의소로서는 기관적 성질이 직접 이들의 처리를 맡기에는 불가능함으로 일체의 사정을 갖추어 도청 또는 부청에 요망할 것.
> - 부협의회 및 상업회의소 평의원을 대동하고 도지사에게 진정할 것.[45]

44 〈나병환자 근본 정리로〉《매일신보》 1930년 7월 29일.

45 〈나병환자 수용방법 부산상의가 강구〉《매일신보》 1930년 8월 1일.

나병원의 도시 외곽으로의 이전을 요구한 부산의 사례에서도 알 수 있듯이 도시민들이 부랑 나환자 문제 해결에 나선 것은 나환자 집단의 구걸이 나환자의 치료와 질병확산을 예방하고자 세워진 나병원 때문이라는 인식에서 비롯된 것이기도 했다. 다시 말해 나환자를 치료해 질병 확산을 방지하고자 설립된 나병원이 오히려 부랑 나환자들을 늘리고 도시에 집중시켜 질병 전파의 가능성을 높였다는 인식에서 비롯된 것이었다.

이제 도시민들이 부랑 나환자 출현 문제를 해결하기 위해 요구할 수 있는 현실적 선택지는 나병원을 도시 외곽으로 옮기는 것이었다. 시대일보 광주지국 기자는 광주나병원의 이전을 요구하는 논설에서 광주나병원을 소개하면서 이 병원으로 몰려오는 "나병환자로 인하여 광주의 시가에는 일종의 불안과 공포의 공기가 흐른다. 마치 생지옥의 분감分監 모양이다."라고 주장했다. 당시 광주 시내에는 부랑 나환자들이 배회하고 있어 시민들이 위협을 느끼고 있으며 나병원은 꼭 필요한 일을 하는 곳이지만 "경영 방법이 너무나 불철저하고 비위생적"이므로 무인도 같은 곳으로 이전해야 한다는 것이 이 논설의 요지였다. 나병원 이전 요구는 광주만이 아니라 대구, 부산에서도 반복적으로 일어났다. 1927년 앞서 살펴본 부산상업회의소만이 아니라 대구상업회의소도 나병원의 도시 외곽으로의 이전을 논의했다. 그리고 그해 광주나병원은 여수로의 이전을 결정했다.[46] 광주 시민들은 위생과 치안 문제를 들어 나병원장인 윌슨에게 이전을 압박했다. 결국 광주나병원은 전남 여수군 율촌면으로 이전하기로 결정하고 국고보조 1만 5,000원, 지방비보조 4,000원, 지방민 기부금 3,000원 등 총 2만 2,000원과 선교단의 기부금으로 여수에 4만 평을 매수했다. 여수

46 정근식, 앞의 글, 1997, 9쪽.

로 이전하면서 나병원의 수용인원은 600명에서 900명으로 늘어났다.[47] 광주나병원은 사회적 압력에 굴복해 이전했으나 대구와 부산의 나병원의 경우 이전이 실현되지는 않았다. 또한 광주나병원이 여수로 이전함에 따라 여수와 인근 도시인 순천에 부랑 나환자들이 등장하면서 광주 시민들이 제기한 문제들이 재차 일어났다. 결국 여수와 순천 시민들도 나병원 이전을 촉구하는 활동을 전개했다.

앞서 살펴보았듯이 1930년대에 들어와 나환자의 도시 집중 현상이 오히려 전국적으로 확대되는 양상이 나타났다. 도시민들은 종전보다 적극적으로 나병과 부랑 나환자 문제에 대응했다. 경성에서는 조선인들이 부랑 나환자 문제 해결에 나섰다. 나환자를 "구제하는 것뿐만 아니라 사회의 안전을 위하여" "국가기관을 편달하여 나병환자 수용기관에 대하여 좀 더 철저한 확장이 있기를 요구도 하려니와 일반으로 있어서는 민간으로서도 이 긴급한 사회문제의 해결을 위하여 절대의 노력이 있어야"[48] 한다는 공론이 형성되면서 1931년 9월 24일 기독교계 인사들은 조선나병근절책연구회를 창립했다.[49] 조선나병근절책연구회의 창립을 이끈 인물은 전남 지역에서 나병 관련 사업을 하던 최흥종 목사로 신간회 광주지회 초대 회장을 역임한 인물이었다.[50] 조선나병근절책연구회의 첫 사업은 경성의 신설동에 집거하고 있는 7가구 나환자 22명을 여수나병원에 옮기는데 요구되는 경비 약 1,000원을 모으는 것이었다. 이를 위해 1932년 1월

47 〈여수반도에 대규모 나병원, 광주에 있는 것을 옮겨, 규모 확대, 환자격리〉《매일신보》 1927년 1월 13일.

48 〈나환자 구제회의 발기〉《조선일보》 1931년 9월 9일.

49 〈사회유지의 발기로 나병구제 연구회〉《동아일보》 1931년 9월 26일.

50 한규무, 〈오방 최흥종의 생애와 민족운동〉《한국독립운동사연구》 39, 2011 참조.

19일 경성에서 상무위원회를 개최해 백관수, 김병로, 최흥종을 경성부청과의 교섭위원으로 선출하고 경성 시민을 대상으로 하는 모금 운동을 벌이기로 결의했다. 그러자 먼저 윤치호가 200원을 내놓았다. 또한 20년간 총경비 500만 원을 들여 5,000명의 환자를 격리할 수 있도록 소록도자혜병원과 사립나병원을 확충하는 계획을 수립했다.[51]

조선나병근절책연구회는 자신들의 결성 취지를 알리는 다음과 같은 내용의 설립 취지서 수만 매를 인쇄해 배포했다.

> 인류애의 지극한 충동과 민중 보건의 간절한 요구에서 우리들은 조선나병 환자의 구제와 그 예방사업을 확립하기를 열렬히 주장한다. 의료와 방역이 민중 보건의 중요한 한 부분이 된 것은 더 말할 바가 아니요 나병과 같은 것은 실로 만인을 놀라게 하는 절망적인 병마라. 전 세계의 문명국이 이를 근절한 때문에 모두 최선의 노력을 하였고 또 하고 있는 바이거니와 조선에 있어서도 지극히 관심되지 않을 수 없는 중요 문제이다. (중략) 격리의 취지는 다른 데 있지 아니하니 교통과 접촉과 매개로서 병균의 번식을 근절하자 함이 유일의 목적이요 이 때문에는 기후와 물산이 적당한 격리된 섬의 선택과 농예와 공작으로 그 생활을 자급하고 그 위안을 주는 것이 가장 필요한 것이다. 나병자 구제의 사업은 이것들을 실현함으로써 그 취지를 관철하는 것이니 이 때문에는 내외 각계의 온갖의 지지와 조력을 요할 바이오 또는 유식자와 독지가의 공사 각계의 합작을 기하는 바이다. 인도의 대의로는 모든 힘을 사용할 수 있는 것이다. 천하의 혈성있는 신사숙

51 〈천원만 있으면 격리는 무난, 주제연구회에서 궐기하여 일반 여론을 환기〉《매일신보》 1932년 1월 21일; 〈근절안 토의, 19일 상무위원회를 열고, 각 부서도 결정〉《동아일보》 1932년 1월 21일.

녀들은 어찌 정성과 힘을 모으지 아니하랴? 민중 보건에로! 할 수 있는 역량을 집중하자![52]

설립취지서에 드러나듯이 조선나병근절책연구회의 궁극적인 목표는 조선인이 경영하는 나시설을 설립해 나환자들을 강제격리하는 데에 있었다. 이러한 목표를 실현하기 위해 조선나병근절책연구회는 기부금을 받기 시작했다. 우가키[宇垣一成] 총독, 이마이다[今井田淸德] 정무총감 등도 자신들과 같은 강제격리 정책을 위한 활동을 벌이는 이 단체를 지지하며 기부금을 내놓았다.

그런데 조선총독부는 곧 조선나병근절책연구회의 활동에 제동을 걸기 시작했다. 조선총독부는 조선나병근절책연구회의 모금 활동을 불허했다. 1932년 6월 마침내 조선나병근절책연구회가 목표로 했던 것처럼 경성에 있던 나환자 전원이 여수나병원에 수용되었다. 하지만 조선나병근절책연구회는 조선총독부의 방해로 활동이 점점 어려워지자 해산을 결의했다.[53]

한편 1932년 경성의 부랑 나환자들이 여수나병원에 수용되자 나환자들은 경성으로 다시 몰려들었다. 조선 제일의 도시에서는 부랑 나환자 모두가 수용시설로 이송 가능하다는 것을 목도했기 때문이다. 이렇게 경성에 나환자가 몰리자 1936년에는 경성 시민들이 나서 나환자들이 경성으로 몰려 치안이 불안해지고 있다며 조선총독부에 '합당한' 조치를 강하게 요구했다.

52 〈나병근절회 장정과 취지〉《동아일보》 1932년 1월 26일.

53 〈여수병원 기타지방에 부내 나환자 이송, 부민의 대협위든 문제 해결, 근절연구회는 해산〉《동아일보》 1932년 6월 24일.

이처럼 빈곤을 떠안고 부랑하며 살아야 했던 나환자들이 '치안을 방해하는 범죄자' 취급을 받으면서도 경성으로 몰린 것은 그들 스스로도 나병원으로의 격리를 치료이자 혜택으로 받아들였기 때문이었다. 그만큼 부랑 나환자들은 사회로부터 철저한 배척을 받으면서 더 이상 선택지가 없는 극단적 상황에 내몰렸던 것이다.

2) 조선총독부의 나환자 격리정책과 소록도행

도시민들은 사회문제로서의 부랑 나환자 출현 문제의 해결에 직접 나서기도 했지만, 조선총독부 당국이 나서 문제를 해결할 것을 지속적으로 압박했다. 조선총독부는 격리시설의 수용인원 제한으로 인해 강제격리 정책을 소극적으로 시행하고 있었다. 도시민들은 조선총독부의 미온적인 태도를 비판하며 적극적인 대응을 요구했다. 경성부민들도 나환자가 보건을 위협한다며 당국이 해결에 나설 것을 압박했다.

> 세상에도 무서운 문둥병 환자가 자그만치 20여 명이나 있어 대경성 40만 부민의 보건을 극도로 위협하고 있는 놀라운 사실이 있다. 시외 신설리에는 언제 어디로부터 흘러 들어왔는지 전부 7호 20여 명의 남녀 문둥병 환자가 거주하여 매일같이 시내시외로 다니며 많은 사람과 접촉을 하고 있어 간접 직접으로 병균이 자꾸 전파될 염려가 있음으로 이것을 탐지한 일부 사회에서는 그들 다수한 문둥병 환자를 그대로 방임하는 것은 전부민 보건상 실로 위험하기 짝이 없는 일대문제라 하여 일세의 여론으로써 그들의 구축을 협의하는 한편 이같은 중대 문제를 등한시하는 경성부 당국에 대한 비난도 자못 높여 가는 중에 있다.[54]

도시민들은 도시를 배회하며 구걸하는 부랑 나환자들을 도시에서 몰아내기를 원했다. 이를 위해 도시민들은 조선총독부에 나환자 단속 및 추방을 요구하는 진정서와 요청서를 제출했다. 무엇보다 사립병원이 자리한 대구, 부산, 광주의 시민들의 요구가 강했다. 앞서 살펴보았듯이 당시 대구, 부산, 광주 등에 있는 사립병원 인근에는 늘 300여 명 내외의 환자들이 장기 체류하고 있었다. 그들은 상조회를 만들어 함께 지내며 사립병원에 결원이 생기기를 기다렸다.[55] 그런데 이들이 구걸하며 생활하므로 사립병원 인근 주민들은 나병의 전염을 우려하며 당국에 그들을 추방하도록 요구했다. 직접 경찰과 면담해 나환자 단속과 추방을 요구하는 활동도 펼쳤다. 언론도 이에 가세해 조선총독부에 도시 위생을 위해 부랑 나환자 격리시설을 확충할 것을 압박했다.

> 나병은 원래 야만병이라는 칭호가 있는 병이니 문명한 사회에서는 상당히 노력만 하면 충분히 절멸할 수 있는 병이다. 금일에도 그 실례가 있다는 것은 이미 우리가 지적한 바와 같이 독일이 그것이다. 그와 같이 절멸할 수 있는 병을 그대로 만연되는 것을 두고 보는 것은 정치의 악이요 사회의 죄라고 아니할 수 없다. 조선에 있어서 이를 거의 치외불고하는 것은 당국자가 인명을 존중하지 아니하는 것과 사회적 무지의 소치라고 하더라도 결코 심한 말이 아니니 영국 등지에서도 그 수가 극히 적은 것으로 보아서 분명하다.[56]

54 〈경성전부민의 보건을 위협하는 나환자〉《매일신보》 1932년 1월 21일.

55 1923년경에 대구나병환자상조회, 1926년에 부산나환자상조회, 1930년에 여수에 조선나병원공제회가 결성되었다. 1933년에는 전조선나환자단체연합회가 발족했지만 별다른 성과없이 해체되었다(김재형, 앞의 글, 2019a, 198쪽).

하지만 조선총독부는 1920년대 중반까지 예산 부족을 운운하며 격리 시설 확충에 소극적이었다. 1925년 조선총독부는 나환자가 4,300여 명 정도라고 조사 결과를 발표하면서 실제로는 몇 배에 달할 것으로 예상했다. 하지만 수용시설을 늘리기는 어렵다는 입장을 취했다.[57] 이듬해인 1926년 조선총독부는 미수용나환자 수를 4,500여 명으로 추산했다. 하지만 나병 문제 전문가들은 2만여 명 정도라고 보았다. 당시 수용인원을 살펴보면, 소록도자혜병원에 250명, 대구나병원에 389명, 부산나병원에 472명, 광주나병원에 638명으로 총 1,749명이 수용시설에 격리되어 있었다.[58] 조선총독부의 추정치로 계산하면 나환자의 절반 정도가 수용시설에 격리되어 있는 셈이었다.

마침내 1920년대 후반에 이르러 조선총독부는 나환자 격리시설의 확대 정책을 수립했다. 1928년 조선총독부는 소록도자혜의원에 3년간 경비 약 4만 6,000원을 투자해 1927년 말 현재 250명인 수용인원을 지속적으로 늘려 750명까지 확대할 계획을 수립했다. 의사와 간호부의 숫자도 늘리고 설비도 확장하기로 했다.[59] 그 결과 1929년에 이르러 소록도자혜병원의 수용인원은 대구와 부산의 나병원보다 많아졌다. 그럼에도 1929년 조선총독부의 조사에 따르면 나환자 수는 오히려 늘어나 5,355명에 달했다.[60] 그들 중 소록도자혜병원에 735명, 여수나병원에 970명, 대구나병원에 475명, 부산나병원에 649명, 모두 2,829명의 나환자가 수용되어 있었

56 〈다시 나병자와 시설에 대하여〉《동아일보》 1935년 5월 24일.
57 〈총감훈시 수칙〉《동아일보》 1925년 5월 23일.
58 〈다년의 현안인 부랑 나환자 일소문제〉《조선일보》 1926년 11월 9일.
59 〈나병환사 추성예산 총독부가 예산 계상〉《조선신문》 1928년 5월 13일.
60 〈낭류 나병환자와 부족한 시료기관〉《동아일보》 1929년 7월 4일.

다. 도시를 배회하는 부랑 나환자의 수는 1,443명에 달하고 있는 것으로 조사되었다. 그러므로 조선총독부가 500명을 추가 격리하는 시설을 확충했지만 모든 부랑 나환자를 격리시키는 것은 불가능했다. 이로 인해 각 도시의 부랑 나환자 관리정책에서는 격리시설로의 이송만이 아니라 원적지로의 추방도 적지 않은 비중을 차지하고 있었다.

1930년대에 들어와 조선총독부의 부랑 나환자에 대한 격리정책은 강화되는 양상을 보였다. 일본에서는 1931년 〈나예방법〉의 개정으로 강제격리의 대상이 부랑 나환자에서 모든 나환자로 확대되었다. 1932년 조선총독부는 조선나병근절책연구회의 활동을 막는 대신에 스스로 나서 조선나예방협회를 설립했다. 우가키 총독, 이마이다 정무총감, 니시키 산케이[西龜三圭] 경무국 위생과장 등의 제안에 따라 1932년 12월 23일 정무총감, 경무국장, 학무국장, 위생과장, 등이 참석한 가운데 조선나예방협회 발기인대회가 열렸다. 12월 27일 설립인가를 받은 조선나예방협회는 조선총독부에 본부를 두고 각도에 지부를 설치했다. 회장은 정무총감이, 부회장은 경무국장이 맡았다. 조선총독부이 주도하는 관변단체의 성격을 띤 조선나예방협회의 창립 목적은 다음과 같다.

> 나예방 및 구료와 같은 사회적 대사업은 전 국민의 이해를 근저로 하여 민간에 유력한 단체의 담당자를 원조하거나 혹은 병원의 시설을 보조하여 관민일치 협력해야 하지만 그 목적을 달성하기 어려운 것이 세계 각지의 실정이다. 이 때문에 유력한 단체를 조직하여 국민의 동정에 호소, 널리 재원을 모으고 이에 국고 및 도비를 마련하여 수용기관을 확장을 꾀하고 구료예방시설의 실현을 촉진하고 이 병의 근절을 꾀하는 것이 가장 시급하다.[61]

즉 조선나예방협회의 목적은 나병환자 격리 시설의 확충에 필요한 재원을 모두 재정으로 충당하지 못하는 현실에서 회원의 회비와 국고, 지방비 보조, 기부금 등을 재원으로 나환자 격리 시설을 확충하여 각지를 부랑하거나 무산자로서 부랑의 염려가 있는 나환자를 격리하는 활동을 전개하는 데 있었다.[62] 이러한 활동을 위한 기반을 마련하기 위해 우선 조선나예방협회는 전국에 걸쳐 나환자의 실태를 조사했다. 이에 따르면 1933년 2월 28일 현재 나환자는 1만 2,242명에 달했다. 이는 1929년 조선총독부의 조사보다 2배 이상 늘어난 숫자였다. 이에 따르면 자생력을 갖고 있어 부랑할 가능성이 없는 나환자는 2,760명이었고 자생력이 없고 중증인 나환자는 3,338명에 달했다. 부랑 나환자는 2,461명이었고, 시설에 수용된 나환자는 2,610인이었다.[63]

이와 같은 조사를 바탕으로 조선나예방협회는 부랑 나환자 2,000명을 추가 수용할 수 있는 병원을 설립하고 경비 모금에 나섰다. 3개년 사업으로 1933년도부터 사업을 시작해 첫해 400명을 수용하고, 이듬해에 1,000명, 마지막 해에 600명을 추가 수용하고자 했다. 경비는 총 61만 원인데 국고보조와 도비를 제외하고 일반인 기부로 33만 원을 충당할 계획이었다.[64] 조선나예방협회는 이보다 더 많은 금액을 모금했다. 모금 기한을 두 달이나 남기고 일반인 기부 33만 원을 달성한 것이다. 사람들은 이 모금에 많은 관심을 보였고, 노동자, 여학생 등 다양한 사람들이 모금에 호응했다.[65] 조선총독부는 자발적인 호응에도 불구하고 관제 모금도 추진

61 조선총독부, 《시정 25년사》, 1935, 931쪽.
62 〈나병환자 위하여 예방협회를 조직〉 《조선일보》 1932년 11월 23일.
63 〈민족보건상 일협위, 2천여 나환자 유랑〉 《동아일보》 1933년 6월 16일.
64 〈정부의 보조와 함께 민간의 기부받아〉 《매일신보》 1932년 11월 23일.

했다. 관리 급료에서 일정액을 떼었고, 1만 원 이상 기부한 자에게 표창을 했으며 신문마다 기부 내역을 게재하도록 했다. 조선나예방협회는 각도마다 지부를 만들어 발기회를 개최했고 각 군의 발기자를 선발해 기부금 모집을 진행했다. 이러한 높은 관심 속에 조선총독부는 당초 계획한 수용 인원보다 1,000명을 늘려 총 3,000명을 더 수용하도록 시설을 확충하기로 계획을 수정했다. 이처럼 1933년부터 조선총독부가 소록도의 격리시설 확충에 나서고 사회 전반에서 모금 활동이 활발한 가운데 부랑 나환자들은 격리시설 수용을 요구하는 목소리를 높였다. 1934년 9월 10일에는 나환자 60여 명이 경기도 위생과에 몰려가 소록도로 보내달라고 요구하다가 한강 백사장으로 쫓겨나는 사건이 일어나기도 했다.[66] 이는 조선총독부는 소록도를 나병을 치료할 장소로 선전했고 신문과 잡지는 소록도를 낙원으로 소개하며 나환자들을 소록도로 유인하는 활동이 낳은 효과이기도 했다.[67]

소록도자혜의원은 세 차례에 걸친 확장공사 끝에 1940년 6,000명이 넘는 환자를 수용하는 대규모 격리시설이 되었다. 한편 1934년 9월 조선총독부는 지방관제에 속해 있던 소록도자혜의원은 조선총독부 직속으로 편제했다. 그리고 명칭을 소록도자혜의원에서 소록도갱생원으로 변경했다.

이처럼 조선나예방협회라는 관변단체를 통해 일반인으로부터 모금한 재원 등을 기반으로 나환자 격리시설을 확충하던 조선총독부는 1935년 4월 부랑 나환자만이 아니라 모든 나환자들을 강제격리 대상으로 삼는

65 〈나예방기부금 답지 예정액을 초과〉《동아일보》 1932년 12월 27일.

66 〈우리의 낙천지인 소록도로 보내주〉《조선중앙일보》 1934년 9월 11일.

67 김미정, 〈나환자에 대한 일반대중의 인식과 조선총독부의 나병정책〉《지방사와 지방문화》 15-1, 2012, 438~439쪽.

〈조선나예방령〉을 공포했다. 이 법은 1931년 일본에서 제정된 〈나예방법〉을 준용한 것으로 시설 내에서의 나환자의 통제가 가능하도록 소록도갱생원 원장에게 징계검속권을 부여했다. 그리고 〈조선나예방령〉에 의해 나환자의 모든 사회생활을 금지시키는 것이 가능해졌다. 나환자는 업무상 병독 전파의 우려가 있는 직업에 종사할 수 없게 되었다. 시장, 극장, 기타 다중의 집합장소에도 출입할 수 없었다. 또한 나환자들이 만지는 모든 물건의 매매 및 접수도 금하도록 했다. 즉 이 법에 의해 나환자는 경제생활을 할 수 없음은 물론이고 사람들이 모여 있는 장소에서 구걸할 수 없게 되었다. 결국 〈조선나예방령〉에 따라 나환자는 사회로부터 완전히 배제되어 격리 시설에서만 삶을 영위해야 하는 존재가 되었다. 나환자 격리 시설에서 살 것인가 아니면 평생을 돌봐줄 만큼 경제력을 갖춘 가족들의 보호를 받으며 숨어 지낼 것인가. 나환자에게 주어진 선택지는 이렇게 둘 뿐이었다. 이제 도시를 배회하는 나환자는 범법자로서 처벌 대상이 되어야 했다.[68]

1935년 조선총독부는 모든 나환자를 격리한다는 원칙에 따라 소록도갱생원의 나요양소를 4,000명을 수용할 수 있는 규모로 확장했다.[69] 1935년 8월 말 현재 전국에는 1만 3,740명의 나환자가 있었다. 이 중에 관립 혹은 사립 나병원에 수용된 사람은 1936년 5월 현재 1933년에 비해 두 배 이상 늘어났지만 5,840명에 불과했다.[70] 1936년 4월 1일 현재 소록도갱생원에 3,926명, 대구나병원, 부산나병원, 여수애양원(여수나병원)에 2,143명이 수용되어 있었다. 당시 조선총독부 경무국 위생과의 조사에 따르면 총환자 중 남자는 1만 65명, 여자는 3,675명이고 이 중 부랑 나환자는 남자가

68 김재형, 앞의 글, 2019a, 98쪽.

69 〈소록도갱생원 확장, 구다나환자 일소〉《조선일보》 1935년 2월 26일.

70 〈전남도내의 나환자 1635명〉《동아일보》 1936년 6월 26일.

1,998명, 여자가 729명으로 모두 2,727명이었다. 재산이 없어 자력으로 치료할 수 없는 환자도 3,353명에 달했다. 그러므로 나환자 전원의 격리 정책을 추진하는 조선총독부의 입장에서 보면 "치안상 또는 위생상 큰 문제"[71]를 해결하기 위해서는 지속적으로 시설 확충에 나서야 했다. 조선총독부는 1937년에 다시 소록도의 수용인원을 1,000명 더 늘려 총 수용인원을 5,000명으로 확대했다.[72] 그리고 제3차 확장공사가 완료된 1940년에는 6,136명의 나환자가 소록도에 수용되어 있었다.

그런데 1930년대 후반 소록도에서의 나시설의 확장과 격리환자의 증가는 소록도에 격리되어 있던 나환자들의 삶을 변화시켰다. 무엇보다 확장공사 기간에 나환자들은 강제노동에 시달려야 했고 수용 환경은 점차 악화되었다. 그러자 소록도를 탈출하는 나환자들이 생겨났다. 종전에 나환자들은 격리시설에 들어가는 것을 혜택으로 여겼지만 이제는 조선총독부의 무리한 격리정책에 반발해 다시 도망을 쳐서 경성을 비롯한 도시에서 다시 부랑하는 환자들이 생겨났던 것이다.[73]

71 〈조선전역의 나환자 1만3천여명 다수〉《조선일보》 1936년 6월 26일.

72 〈봄은 천형병자에도 미수용자 5천여명 중〉《조선일보》 1937년 1월 10일.

73 1930년대에 들어 조선총독부의 강제격리 정책의 강화와 함께 나환자에 대한 단종수술인 정관절제수술이 단행되었다. 나환자에 대한 단종수술은 일본에서 1915년에 처음 시작되었다. 조선에서는 1933년 여수나병원에서 처음으로 단종수술이 이뤄졌다. 소록도갱생원에서는 1935년 조선나예방령이 제정되고 이듬해인 1936년에 처음 단종수술을 이뤄졌다(김재형, 앞의 글, 2019a, 104쪽). 이처럼 조선총독부는 부랑 나환자를 포함한 모든 나환자를 격리하고 단종수술을 단행하는 방식으로 관리 정책을 추진했다. 이러한 극단적인 대응책은 해방 이후 나환자에 대한 인식과 관리에 커다란 후유증과 부작용을 남겼다.

4. 해방 직후 부랑 나환자의 서울 출현과 정치·사회적 대응

해방이 되자 소록도에 격리되었던 나환자들이 다시 도시에 나타났다. 그들이 도시에서 집단을 이뤄 생활하면서 부랑 나환자 문제가 다시 부상했다. 해방이 되자 소록도에서는 일본인 의사와 직원들의 장악력이 사라지면서 한국인 의사, 직원, 나환자 간에 갈등이 폭발하며 분규가 이어졌다. 이제 확장공사 등으로 강제노동에 시달리며 제대로 치료도 받지 못했던 나환자들에게 소록도는 더 이상 남아 있을 수 없는 공간이 되었다. 해방 직후 4개월 동안 약 1,700여 명의 환자가 소록도를 떠났다. 이들 중 고향으로 돌아간 환자도 있었지만, 대다수가 다시 도시에서 부랑했다.

그런데 해방 직후에도 나환자에 대한 사회의 시선은 여전히 싸늘했다. 곳곳에서 나환자에 대한 학살이 일어났다. 먼저 1945년 8월 20일 소록도에서는 직원들이 84명의 나환자를 학살하는 사건이 벌어졌다.[74] 1947년 6월에는 안동에서 나환자촌 인근에서 어린이가 실종되자 지역민들이 나환자촌을 습격하는 사건이 일어났다. 1949년 9월 14일에는 목포형무소에서 탈옥한 죄수들이 무안군에 위치한 나환자촌에 들어가 죄수복을 바꿔 입는 사건이 일어났다. 그런데 경찰들은 앞뒤를 가리지 않고 나환자촌에 무차별 총격을 가했다. 이 나환자촌에는 40여 명의 환자와 가족들이 거주했는데 모두 사망한 것으로 추정되었다. 6·25전쟁이 시작된 직후인 1950년 7월에는 경남 함안에 있던 나환자촌 환자들이 주민들에게 빨갱이로 몰리면서 국군에 의해 총살되는 사건이 발생하기도 했다.[75]

74 국가인권위원회, 《한센인인권실태조사》, 2005, 54~55쪽.

75 국가인권위원회, 앞의 책, 2005, 576~582쪽.

1945년 겨울 서울에도 부랑 나환자들이 나타났다.[76] 서울 시민들은 서울 거리에 나병환자가 재출현한 것은 소록도를 나온 나환자들 때문이라며 자신들을 돌보던 일본인들이 쫓겨나고 나서 "환자들이 제멋대로 풀려나게 됨은 해방解放이 아니라 해방害放이다"라며 경계했다.[77]

서울과 경기 지역에 나환자들이 무리지어 다니자 미군정은 1945년 11월 도시를 부랑하는 나환자들을 조사하고 등록한 후 다시 소록도로 보낼 계획을 수립했다. 그럼에도 부랑 나환자 수는 줄어들지 않았다. 임시 수용소나 소록도에서는 식량이 부족해 배고픔을 이기지 못한 나환자들의 탈출이 빈번히 일어났다. 이번에는 서울 시민들이 직접 해결에 나섰다. 서울 시내를 배회하는 소록도 나환자들을 향린원장 방수원 씨가 경기도 위생과와 협력하여 다시 소록도로 보내는 방법을 강구했다. 이와 관련된 비용은 삼양상회의 이종문 씨가 담당했다.[78] 1946년 4월에는 미군정 당국이 경기, 인천, 개성 지역에 출현한 부랑 나환자들을 "국민보건상 우려"된다며 종전에 마약중독자 수용소였던 신당정 230번지에 임시 수용했다가 소록도로 보내기도 했다.[79] 1947년 1월에는 서울시 보건위생국에서 300명의 환자를 소록도에 보낼 배가 인천에 도착하니 모든 환자를 신고하라는 발표를 했다. 이때 자진 신고한 나환자들은 다음 달인 2월 20일 인천까지는 기차로, 인천에서 소록도까지 배로 수송되었다.[80]

하지만 서울에서는 해가 갈수록 부랑 나환자가 늘어나 1947년 현재

76 〈방임된 나환자 소록도로 호송〉《동아일보》 1945년 12월 10일.

77 〈서울거리에 나병환자가 범람〉《동아일보》 1945년 12월 11일.

78 〈방임된 나환자 소록도로 호송〉《동아일보》 1945년 12월 10일.

79 〈문둥이 횡행〉《대동신문》 1946년 4월 2일.

80 〈시내의 나병환자를 소록도로 수송〉《독립신보》 1947년 2월 21일.

300여 명에 달했고[81] 이에 대한 해결을 요구하는 시민들의 목소리가 높아갔다.

> 수도 서울을 깨끗이 하기 위하여 한때 서울 시내 거지를 트럭에 실어 멀리 벽촌으로 보냈다고 하더니 이 거지들은 언제 돌아왔는지 아직도 시내에 와글와글하고 있거니와 그중에는 '문둥'병이 걸려 이지러진 무서운 얼굴에 원통 눈만을 반들거리며 가정으로 달려들어 부녀자의 비명을 사고 있다. 일반 시민은 관계 당국에 급속히 문둥병 환자만은 처치해 주기를 절실히 갈망하고 있다.[82]

미군정은 서울을 비롯한 도시에 몰리는 부랑 나환자에 대한 대책으로 1947년 11월 여수·대구·부산에 있는 나병원을 국영으로 전환하기로 결정했다. 보건후생부는 소록도 및 여수·대구·부산에 있는 나병원 외에 나환자를 수용할 나환자촌을 건설할 계획을 밝혔다. 1948년에는 경북 영천과 충북 청주에 나환자촌이 신설되었다. 그럼에도 부랑 나환자 문제는 해결되지 못했다. 또한 부랑 나환자의 증가는 서울 시민들에게 공포심을 불러일으켰다. 나환자가 음식점을 경영하다가 발각되는 사건도 일어났다.[83] 1948년 서울의 부랑 나환자 수가 500여 명으로 늘어났고 결국 서울시가 해결에 나섰다.

> 해방 후 사회 질서가 문란하여감에 따라 서울 거리에는 거지 떼와 더불어

81 〈물경 나병환자 삼백명 서울 시내를 배회〉《광명일보》 1947년 5월 11일.
82 〈문둥이들은 처치해주오〉《부인신보》 1947년 10월 4일.
83 〈문둥이가 음식점 경영 서울 거리에 전율할 문둥이 홍수〉《한성일보》 1948년 8월 27일.

가장 비위생적인 문둥환자가 나날이 늘고 있어 일반시민은 이들에 대한 당국의 대책이 있기를 요망하는 소리가 높아지고 있는데 이번 이 문둥병 환자를 서울 거리에서 일소하기로 되었다 한다. 현재 서울 시내에는 당국의 추산에 의하면 약 500명 내외의 문둥병 환자가 있다고 한다. 이들은 주로 돈암동 명륜동 등 뒷산에 집단적으로 웅거하면서 시내에 나와 빌어먹고 있는데 이번 돈암동에 있는 이들 대표가 자발적으로 자기들을 격리시켜 주기를 원하여 왔으므로 명부를 작성하였던 바 현재까지 280명이 등록되었다고 한다. 서울시에서는 이들을 안양에 격리시킬 방침을 정하였으며 하루 1인당 30원씩 지급하는 동시에 식량문제를 비롯하여 구호물자를 지급하고 의료문제도 전적으로 책임 해결지어 주기로 되었다 한다. 그리고 현재 등록되지 않은 환자는 환자끼리 자발적으로 수용하도록 할 방침이라고 하며 이대로만 간다면 서울 거리에서 문둥병 환자는 일소될 것이라 한다.[84]

그런데 서울의 부랑 나환자를 안양 부근에 격리하려고 했던 시책은 안양 지역 주민들의 반대로 실패했다.

돈암동에 나병환자가 집결하여 동민이 불안과 공포에 떨고 있다. 서울시 보건위생국 의무과에서 시내에 범람하는 문둥이를 격리시키고자 약 300명에 달하는 환자에게 식량의 약품을 공급하여 안양 부근에 이송한 바 있었는데 동네 주민들이 맹렬히 반대하여 하는 수없이 도로 싣고 와서 해산시켰다. 환자들은 결국 종래 살던 곳으로 돌아가 시내 각지에 퍼져 특히 돈

84 〈서울에 500여명, 문둥병환자 시서 일소코저 준비 중〉《한성일보》1948년 6월 6일.

암동 경동중학 옆에 270~280명이 문둥이가 운집하여 당국에서 배급받은 밀가루로 빵을 만들어 중간상인을 통해 항간에 방매하고 일반주민이 사용하는 우물을 사용하고 대소변을 여기저기 방출하여 동민의 보건을 위협함으로 참지 못한 동민들이 하루빨리 격리시켜 달라고 시당국에 연일 진정하고 있다.[85]

이에 서울시는 다시 여의도에 부랑 나환자를 격리시키려고 했으나 이번에는 미군 비행장이 있어 불가능하게 되었다.[86]

대한민국 정부가 수립된 직후인 1948년 10월 사회부에서는 "문둥병 방지에 관한 영구 대책"을 세우고 집단격리시설을 건립할 것임을 천명했다. 하지만 기존의 집단격리시설인 수용소 상황이 열악해 그곳에 머물던 나환자 중 다수가 탈출하여 다시 거리를 배회하는 일이 빈번했다. 1948년 9월 서울 외곽의 망우리에 만든 나환자 집단격리시설에는 약 300여 명의 환자가 있었는데 이곳의 운영은 정부의 예산지원 없이 지역 유지의 기부로 유지되어왔다. 서울시는 구호물자와 식량 정도를 지원하였으나 안정적인 예산이 수립되어 있지 않았기 때문에 이 수용소는 만들어진 지 약 4개월이 지난 1949년 1월경 심각한 예산난에 직면했고 나환자들이 다시 거리에 나오기 시작했다. 서울 시민들은 서울시 당국을 성토했다.

당국자 말에 의하면 곧 장안 문둥이는 없어질 모양 두 달은 더 있어야. 그런데 그들이 모여있는 임시수용소에서는 식량이 없어 굶어 죽겠다고 야단

85 〈보건에 큰 협위〉《조선일보》 1948년 8월 25일.

86 〈문둥이 격리〉《조선일보》 1948년 9월 4일.

법석. 보건부는 국립수용소와 같은 화려한 무대에 쓸 돈은 있지만 이런데 쓸 돈은 없고 시청은 시청대로 가난한 사람 사이에 흡족학 턱이 만무 성한 사람도 살기 어려운 때 문둥이한테 부족없이 해 바칠 수야 물론 없는 터, 그러나 기왕 수용했거든 할 일은 다해 놓고 없애느니 옮기느니 말씀 좀 해 주셨으면![87]

보건부는 1949년에 들어와 "나병 박멸"에 나설 것임을 공표했다. 그런데 보건부가 소록도갱생원 규모의 나환자 격리시설을 섬에 건설하겠다고 발표하자 나환자들이 저항했다.[88] 이에 보건부에서는 격리시설 신설 계획을 접고, 국비로 운영하는 5개의 국립나병환자수용소를 설치하는 방안을 내놓았다. 경북은 대구에, 경남은 부산에, 전북과 충남북은 전주에, 경기도와 강원도는 부평에, 전남은 소록도에 수용소를 설치해 1만 8,000명의 환자를 수용한다는 계획이었다. 그리고 실제로 나환자들을 국립나병환자수용소로 옮기는 작업이 시작되었고 이에 따라 서울 망우리에 수용되어 있던 200여 명의 환자들은 1950년 1월 부평으로 이송되었다.[89] 그런데 이송 직후 서울에서 이송한 나환자들과 본래 경기도를 배회하다가 수용된 나환자 간의 폭력 사태가 발생하기도 했다.[90] 5개의 국립나환자수용소 설치 계획 역시 설치 예정 지역민의 반발로 제대로 추진되지는 못했다.

이처럼 미군정과 대한민국 정부는 사회적 요구에 따라 나환자에 대

87 〈색연필〉《조선일보》 1949년 10월 7일.

88 〈기축년의 공수표(나병편)〉《동아일보》 1949년 12월 28일.

89 〈보건부, 서울시 니환자를 부평수용소로 이관〉《한성일보》 1950년 1월 7일; 〈망우리 나병환자 인천교외로 이백여 명을 이송〉《연합신문》 1950년 1월 13일.

90 〈색연필〉《조선일보》 1950년 1월 13일.

한 강제격리 정책을 추진하고자 했지만 재원이 부족했다. 그러자 일제강점기에 그랬듯이 민간인들이 단체를 결성하고 재원 마련에 나섰다. 유준 등은 1947년 9월 대한나예방협회를 조직했다. 그리고 가두모금 등으로 기금을 모아 부랑 나환자를 수용할 수 있는 집단부락을 설립하고자 했으나 모금은 지지부진했다.[91]

이듬해인 1950년 보건부는 대한나예방협회와 공동으로 '나병요양연차계획'을 수립하고 1950년부터 1952년까지 3개년 동안 나환자 전원을 요양원에 수용하고자 했다. 이 계획에는 나환자 부부의 자녀를 별도 시설인 국립미감아동수용소를 마련해 격리하는 방안도 포함되어 있었다.[92] 하지만 이 계획은 6·25전쟁의 발발로 무산되었고 나환자촌 및 나환자수용소가 상시적인 어려움에 빠지면서 많은 나환자들이 탈출하는 현상이 반복되어 일어났다.

이처럼 해방 직후 미군정부터 6·25전쟁기까지 대한민국 정부의 나환자 관리정책은 조선총독부의 그것을 계승한 것이었다.[93] 민간 재원을 동원해서라도 나예방법을 만들어 모든 나환자를 격리 수용해 도시를 배회하는 부랑 나환자 존재를 발본색원하고자 했던 조선총독부의 방침을 그대로 따랐다. 또한 수도 서울은 경성 시절과 마찬가지로 부랑 나환자에게 두 개의 선택지가 되었다. 격리시설 수용의 가능성이 높은 곳인 동시에 수용소를 탈출한 나환자들이 익명성을 기반으로 모여드는 도시가 된 것이었다.

91 김재형, 앞의 글, 2019a, 126쪽.

92 〈오만 나환을 수용 3개년 계획을 수립〉《동아일보》 1950년 5월 16일.

93 송정현, 〈미군정기 '낙인, 격리, 혐오'의 재소환과 차별 관리〉《인문사회21》 12-6, 2021, 1027쪽.

5. 맺음말

1916년 소록도 자혜의원 설립과 같은 해 조선총독부의 〈나환자수용에 관한 건〉에 근거해 1917년부터 당국은 "노상이나 시장 등에서 배회하는 병독 전파의 우려가 있는 부랑 나환자"를 수용하기 시작했다. 1935년에는 〈조선나예방령〉이 공포되어 모든 나환자들이 강제격리 대상이 되었다. 한편 도시민들은 부랑 나환자 문제를 사회문제화하면서 조선총독부에 해결을 요구했고, 그들에 대한 공포와 혐오에 입각한 배제 논리를 내면화했다. 역설적이지만 부랑 나환자에 대한 낙인은 더 많은 부랑 나환자들이 발생하고 이들의 부랑 지역이 일제강점 조선 전역으로 확장되는 결과를 낳았다. 조선총독부의 나병관리정책을 미군정과 대한민국 정부가 그대로 계승했듯이, 부랑 나환자에 대한 낙인과 배제는 해방 이후에도 변함없이 지속되었다.

일제강점기의 제일의 도시 경성, 미군정과 대한민국의 수도였던 서울은 나환자들이 수용과 그에 기반한 치료의 기대를 갖고 부랑하던 도시였다. 나병원이 존재하는 지방 도시에서도 부랑 나환자를 도시 밖으로 밀어내려는 도시민의 압력이 거셌지만 일제강점기에 민간인들이 나서 부랑 나환자 모두를 나병원에 입원시키고 해방 이후에도 나환자촌에 있는 나환자 전원을 수용소로 이전하는 등의 일은 경성·서울에서만 일어났다. 경성과 서울은 또한 수용의 혜택에 배반을 느낀 나환자들이 도주해 다시 부랑 나환자로서의 삶을 영위하는 도시이기도 했다.

제3장

일제강점기 경성의 철거반대운동과 불량주택 주민의 정치문화

이명학(한국교원대학교 한국근대교육사연구센터 전임연구원)

1. 머리말

자본의 시대는 곧 빈곤의 시대였다. 사회의 지배 법칙으로 등장한 자본의 논리는 전례 없는 빈곤을 양산했다. 압축적 성장이 지상과제로 설정된 시공간에서 빈부의 격차는 법률적 외피를 쓴 사회적 합의에 의해 자본의 가치 증식이 억제될 때까지 확대가 되었다. 식민지 자본주의가 구축된 조선, 그중에서도 인구와 자본이 집중된 경성[1]은 '빈부의 시대'를 대표하는 장소였다. 한쪽에서는 '찬란한' 문명의 빛이 발산되고 다른 한쪽에서는 '비참한' 삶의 어둠이 짙어지는 세계가 바로 경성이었다.

> 문화도시 서울! (중략) 거리에는 하늘도 찌를 듯한 커다란 빌딩이 빽빽이 들어서고 근대 건축의 정화를 다한 호화스러운 문화주택이 洞里마다 이채를 자랑하여 현대 도시의 면목을 여실히 보여주고 있다. (중략) 반면에는 문화주택이란 어느 나라 말인지도 모르고 작대기 기둥에 양철 벽, 그렇지 않으면 땅을 파고서 헌 거적을 걸치고 사는 土幕民의 떼가 적지 않음을 잊어서는 안 된다.[2]

1 여기서 사용하는 경성의 공간적 범위는 5개 경찰서의 관할구역이다. 구체적으로 경성부를 비롯한 고양군의 독도면, 숭인면, 한지면, 은평면, 연희면, 용강면 일대가 해당된다(〈警務部及警察署ノ名稱, 位置中改正〉, 조선총독부령 제8호, 1920년 1월 29일).

2 〈豪華京城·土窟悲話, '文化住宅'이란? 어느 나라 말인가(一)〉《매일신보》 1936년 5월 22일.

〈그림 1〉 경성의 문화주택(좌)과 불량주택(우)

출처: 〈새해도 가지가지! 文化住宅과 貧民窟〉《조선중앙일보》 1936년 1월 3일.

위의 인용문과 〈그림 1〉에 등장하는 대조적인 주거 양식은 자본주의적 도시화의 민낯이 단적으로 드러나는 본보기였다. 모던한 문화주택이 문명의 정수였다면, 원시시대에나 있을 법한 불량주택[3]은 빈곤의 상징이었다. 경성이 선진 도시로 발돋움할수록 불량주택은 오히려 급증했다. 토굴·토막에서 조악한 판잣집으로 구조가 개선된 불량주택은 도시의 '기생충'이라는 혐오적인 시선, 조선총독부와 지주의 부단한 제거 노력에도 불구하고 사회의 두터운 층을 형성했다. 더 정확히는 경성을 에워쌌다.

불량주택은 살길을 찾아 경성으로 이주한 가난한 농민과 시장 경쟁에서 도태된 원주민의 마지막 희망이었다. 날로 심화되는 주거문제[4] 속에

3 지주의 허락을 받지 않고 지어진 주거공간은 대개 두 가지 형태가 있었다. 하나는 지면을 파서 토벽을 세우고 지붕을 올린 토막이었고 다른 하나는 보안·위생적인 측면에서 거주하기에 부적합한 판잣집 모양의 불량주택이었다(厚生局, 〈土幕及不良住宅調〉《調査月報》 13-3, 1942, 28쪽). 초반에 다수를 차지한 토막은 차츰 자취를 감추었고 불량주택이 그 자리를 대신했다. 여기서는 양자를 포괄하는 개념으로 불량주택을 사용한다.

4 사회의 고질적인 병폐로 자리매김한 경성의 주거 실태와 시기별 주거정책의 특징에 대해서는 다음의 연구 성과가 참조된다. 손정목, 〈IV. 都市住宅事情과 그 對策〉《日帝强占期 都市社會相硏究》, 일지사, 1996; 이선민, 〈1930년대 도시 노동자의 주거난과 주거 양태의 변화〉, 가톨릭대학교 국사학과 석사학위논문, 2001; 유승희, 〈1920~1930년대

서 조선인 하층민이 생계 수준에 적합한 주거공간을 마련하기란 여간 어려운 일이 아니었다. 주거비를 지불해서는 가계의 재생산이 불가능한 그들은 하는 수 없이 빈터에 보금자리를 폈다. 그러나 토지 소유주의 생각은 달랐다. 불량주택은 경성을 화려한 공간으로 재편성하려는 조선총독부와 최대한의 이익을 회수하려는 지주에게는 단지 눈엣가시에 지나지 않았다. 이들은 법과 시장의 논리를 앞세우면서 재산권의 행사를 가로막고 있는 방애물의 제거에 적극적으로 나섰다.

불량주택을 둘러싼 이해 당사자의 인식 차이는 결국 극한 대립을 낳았다. 현재 머무는 곳에서 쫓겨나면 거리에 나앉게 되는 거주민은 철거 작업에 필사적으로 저항했다. 반대로 최소한의 비용 지출과 신속한 공사 집행을 추구하는 사업주는 갈등의 평화적인 해결보다는 불량주택의 파괴를 밀어붙였다. 살아가려는 집단과 개발하려는 집단의 물리적 충돌은 근대성의 전시장으로 도약하는 경성의 성장과 맞물려 점점 격렬해졌다.

그렇다면 사회·경제적으로 소외된 가난한 조선인이 주도한 집단행동으로서 경성의 대표적인 사회운동이라 할 만한 철거반대운동[5]은 언제, 어디서, 어떻게 이루어졌을까. 과연 불량주택 주민이 지닌 관념체계와 불만의 지점은 무엇이었을까. 이에 대한 응답은 날품팔이, 지게꾼, 토건 인

경성부 주택문제의 전개와 대책〉《아태연구》 19-2, 2012; 이승일, 〈1930~40년대 경성 거주 급여 생활자의 주거 생활〉《한국민족문화》 58, 2016; 이명학, 〈총동원체제기(1938~1945) 주택정책의 변화와 주택지경영사업의 전개-평양을 중심으로〉《한국문화》 89, 2020; 이명학, 〈1920년대 조선총독부의 주택정책과 공영주택의 관사 전용〉《한국사학보》 83, 2021a; 이명학, 〈1920년대 후반~1930년대 중반 조선총독부의 주택 공급 조성과 자가 확대의 이면-경성 지역을 중심으로〉《역사문제연구》 26-2, 2022a.

5 집단행동을 통해 불량주택 주민이 추구한 일차 목표는 현상 유지였다. 그러므로 여기서는 불량주택 주민이 주도한 집단적인 행위를 철거반대운동으로 규정한다.

부, 행상과 같은 '뿌리 뽑힌 자'들의 주체성을 이해하는 효과적인 작업이라고 할 수 있다.[6] 그러나 지금까지 이 부분을 전문적으로 검토한 연구는 전무하다. 새로운 민중사를 재구성하는 연구에서건, 광범위한 주거 영역을 다루는 연구에서건, 철거반대운동은 주된 관심 주제가 아니었다. 기존 연구는 불량주택의 형성과 주민의 비참한 생활상을 묘사하고[7] 슬럼의 확대재생산으로 귀결된 빈민주거대책의 모순을 강조하며,[8] 통치성에 희석되는 방향으로 빈민의 생존권을 취급한 민족주의적 정치 기획의 한계를 지적하고[9] 전국을 무대로 한 철거반대운동의 외형적 특징을 파악하는 데에 주력했다.[10]

이 글은 경성에서 발생한 철거반대운동을 총체적으로 분석하고자 한다. 표본은 〈부표〉로 정리한 54건이다. 이를 기반으로 제2장 제1절에서는

6 생활에 기초한 즉자적인 저항에 주목하는 방법론은 행위자의 독특한 습성과 사고체계, 즉 지배계급의 이데올로기에 규정을 당하면서도 그 틈을 비집고 나오는 하위 주체의 독자적인 세계관 속으로 파고드는 데에 대단히 유용하다(강옥초, 〈그람시와 '서발턴' 개념〉《역사교육》 82, 2002; 조경달 저, 정다운 역, 〈서론〉·〈식민지 근대성론 비판〉《식민지기 조선의 지식인과 민중》, 선인, 2012).

7 김경일, 〈20세기 전반기 도시 빈민층의 형성-경성부의 이른바 토막민을 중심으로〉《한국 근대 노동사와 노동운동》, 문학과 지성사, 2004; 강만길, 〈제3장 土幕民의 生活〉《일제시대 貧民生活史 연구》, 창작과 비평사, 2013.

8 정경운, 〈일제강점기 광주읍 '궁민(窮民) 연구-천정(泉町) 궁민가옥 철거사건을 중심으로〉《호남문화연구》 53, 2013; 염복규, 〈도시계획의 두 얼굴, 빈민의 구제와 배제〉《서울의 기원, 경성의 탄생》, 이데아, 2016; 김윤희, 〈빈민 관리의 정치성〉《근대 한국의 소수와 외부, 정치성의 역사》, 역락, 2017a; 윤현석, 〈일제강점기 빈민 주거 문제에 있어서 광주의 조선인 지도층 대처에 관한 연구-광주 갱생지구의 조성과 운영 과정을 중심으로〉《도시연구》 22, 2019; 이명학, 〈1920~30년대 불량주택지구 개선사업의 구상과 변질〉《민족문화연구》 82, 2019.

9 김윤희, 〈문란과 빈곤 그리고 사회적 생산성 제고〉, 앞의 책, 2017b,

10 이명학, 〈일제시기 철거반대운동의 추이와 조직화 양상〉《한국독립운동사연구》 74, 2021b.

불량주택이 늘어나는 동시에 동부 지역에 집중되는 현상을 살펴본다. 제2절에서는 1940년대까지 지속된 철거반대운동의 시기별 변화상과 주요 원인을 검토한다. 제3장에서는 철거반대운동을 세 층위로 나누어 분석한다. 제1절에서는 고립된 공동체가 결사체로 거듭나는 과정을, 제2절에서는 철거를 부당하다고 인식한 불량주택 주민의 의식세계를, 제3절에서는 최소한의 생존(주거)권을 쟁취하기 위해 펼쳐진 활동의 양상을 고찰한다.

2. 불량주택의 형성과 철거반대운동의 추이

1) 불량주택의 확산과 동부 집중

1920년대 초반까지 불량주택은 경성에서 낯선 존재였다. 걸인이 겨울의 한기를 견디기 위해 성벽 근처에 임시로 지은 움막을 제외하고 다수의 인원이 항시적으로 모여 사는 부락의 형태는 드물었다. 청계천 준설 작업으로 만들어진 종로5정목 모래언덕의 '조산부락', 합동 개천가 언덕 위의 빈민굴이 눈에 띄는 정도였다.[11] 그러나 1920년대 중반을 기점으로 불량주택은 급증하기 시작했다. 시내와 근교에 우후죽순처럼 들어선 불량주택은 이례적인 현상을 넘어 중요한 사회문제로 자리를 잡았다.

원인은 네 가지였다. 첫 번째는 주택 수급의 불균형에서 기인한 임대가격의 추세적인 상승이었다. 인구가 집중되는 경성의 주거공간은 수요

11 〈齋藤總督의 南正洞 訪問: 自治的의 模範村〉《매일신보》 1922년 12월 15일; 〈死線에 接한 生活: 春夏秋冬의 區別도 업시 토굴 중에 생활하는 합동천변〉《동아일보》 1923년 5월 10일; 〈이런 것이 생기기는 十年前부터〉《조선일보》 1925년 4월 3일; 古賀國太郎, 〈土幕生活者の實情〉《朝鮮社會事業》 6-10, 1928, 21쪽.

에 비해 공급이 모자랐다.[12] 사회적 이동이 가속화되는 1930~1940년대에는 더욱 그러했다. 1926년 5.77%를 기록한 경성의 주택부족율은 1936년 22.11%를 거쳐 1944년 40.25%로 상승했다.[13] 조선인이 거주하는 임대주택의 가격은 "방 1칸이면 5원 이상, 2칸이면 10원 이상"을 부른다는 지적[14]과 같이 가파르게 치솟았다. 특히 주택 경기가 침체 국면에 들어서는 1938년 경성의 가임家賃은 1936년 때보다 월세가 13%, 전세가 38% 등귀했다. 1941년 9월 관공리와 회사원이 거주하는 온돌방의 임대가격은 중일전쟁 이전과 비교하여 평균 36% 상승했다.[15] 그 결과 경성으로 이주한 사람들의 대부분을 차지하는 동시에 하루 일당에서 식비, 의복비, 연료비를 제외하면 손에 남는 것이 없는 하층민의 시장 편입은 날이 갈수록 어려워졌다.[16]

두 번째는 부족한 사회주택의 편향적인 공급이었다. 일반적으로 빈민용 임대주택의 공급은 지방자치단체와 자선단체의 몫이었다. 두 기관은 정부의 지원과 사회의 기부를 받아 저렴하고 위생적인 임대주택을 지

12 1914년 말 5만 5,419호, 24만 8,260명을 기록한 경성부 인구는 1935년 말 8만 2,822호, 40만 4,202명으로 급증했다. 또한 행정구역이 확장된 1936년 말 13만 8,583호, 67만 7,241명이었던 경성부 인구는 1942년 말에 이르러 19만 3,610호, 111만 4,004명으로 더욱 늘었다(朝鮮總督府, 《朝鮮總督府統計年報》, 각 연도판).

13 京城日報社·每日申報社, 《朝鮮年鑑》, 각 연도판.

14 北岳生, 〈都市의 住宅難과 其對策〉《新東亞》 2-10, 1932, 32쪽.

15 〈淸津府府營住宅新營費起債ノ件〉《淸津府一般經濟關係綴》, CJA0003449(국가기록원 소장), 1939, 493~495쪽 ; 岩佐政利, 〈收入額より見た京城在住給料生活者の借家賃に就いて〉《朝鮮社會事業》 20-3, 1942, 13쪽.

16 本誌記者, 〈土幕民は何處へ行く〉《朝鮮及滿洲》 373, 1938, 67쪽 ; 長鄕衛二, 〈土幕民と其處置に就いて(一)〉《同胞愛》 17-1, 1939a, 41~43쪽; 長鄕衛二, 〈土幕民の話(二)〉《朝鮮新聞》 1939년 5월 11일(1939b).

었다.[17] 그러나 경성의 사회주택은 존재감이 미약했다. 부영주택府營住宅은 1921년 경성부가 신축한 128호와 1928년 조선인 유력자가 기부한 80호가 전부였다. 자선단체가 운영하는 임대주택은 보린회保隣會 소유의 75호가 유일했다.[18] 문제는 여기서 끝나지 않았다. 부영주택 가운데 상당수는 빈민과 무관한 시설이었다. 제일 먼저 공급된 128호의 성격은 대용 관사였다. 1925년 한강·삼판통에는 일본인 리원吏員을, 봉래·황금정에는 조선인 고원雇員·용인傭人을 입주시키기로 부영주택의 운영 원칙이 변경되었기 때문이다.[19] 결국 일제강점기를 통틀어 사회주택에 입주할 수 있는 세민細民은 전체의 2.12%에 불과했다.[20]

세 번째는 재해의 엄습이었다. 인생의 몰락은 뜻밖의 곳에서도 찾아왔다. 부실한 제방과 하수시설에 겹쳐진 기록적인 폭우는 평범한 사람을 하루아침에 회복 불능의 상태로 만들었다. 을축년乙丑年 대홍수가 대표적이었다. 1925년 전대미문의 폭우로 한강 제방이 무너지면서 경성의 서남부에는 물난리가 발생했다. 유실 448호(조선인 392호), 도괴倒壞 425호(367호), 반파半破 488호(391호)라는 다대한 물적 피해가 속출했다.[21] 한순간에 빈민으로 전락한 이재민은 새로운 터전을 구하러 길을 나섰다. 여기저기를 방황하

17 제국주의 국가에서 시행된 사회주택의 '대중화' 과정에 대해서는 本間義人,《産業の昭和社會史 5-住宅》, 東京: 日本經濟評論社, 1987; 小玉徹·大場茂明·檜谷美惠子·平山洋介,《歐米の住宅政策》, 京都: ミネルヴァ書房, 1999 참조.

18 朝鮮總督府 內務局,《朝鮮社會事業要覽》, 1929년도판; 朝鮮總督府 遞信局, 《朝鮮に於ける社會公共事業に關する諸調査(其一)》, 1934, 271쪽.

19 이명학, 앞의 글, 2021a, 288~289쪽.

20 기준 연도는 1934년이다. 이때 경성부에 거주하는 세민은 7,317호였다(〈激增하는 京城 細民 一年에 六千 增加〉《동아일보》 1934년 7월 7일).

21 朝鮮總督府 內務局 社會課,《大正十四年朝鮮水害誌》, 1925, 1~31쪽; 〈府內の水害總勘定〉《京城日報》 1925년 9월 4일; 朝鮮總督府,《朝鮮の災害》, 1928, 115쪽.

던 그들은 마침내 최소 비용으로 주거공간의 확보가 가능한 삶을 선택했다. "그 전에는 상당한 재산을 갖고 있었는데, 을축년 장마 통에 집을 떠내려 보내고 겨우 목숨만 살아서 이리저리 돌아다니다가 지금 이곳에 와서 지낸다."는 신당리 주민처럼 1925년 당시의 이재민은 공터에다 불량주택을 신축했다.[22]

네 번째는 행랑방의 소멸이었다. 노비가 사라지는 시대 변화 속에서 등장한 행랑살이는 1920년대까지 경제력이 열악한 하층민과 전통적인 생활 방식에서 벗어나지 못한 중·상류층의 이해가 맞아떨어지면서 경성의 중요한 주거 형태로 뿌리를 내렸다.[23] 주거비를 낼 여력이 부족한 하층민은 행랑살이를 자처했고 중·상류층은 이들에게 대문간에 면한 단칸방을 내주고 집안일과 개인 용무를 처리했다.[24] 그러나 노동력 제공을 매개로 한 행랑살이는 1920년대 후반부터 점차 자취를 감추었다. 중·상류층은 더 이상 문지기를 고용하지 않고 비어 있는 방을 사글셋방으로 돌렸다. 주택의 공급 부족이 심화되면서 단칸방의 경제적 가치가 높아졌던 까닭이다.[25] 이에 행랑살이를 하다가 갑자기 퇴거를 당한 하층민은 아무데나 불량주택을 지을 수밖에 없었다.[26]

---

22 〈世波에 咀呪받은 風窓破壁의 土幕〉《조선일보》 1932년 12월 31일. 1925년 7월부터 1926년 1월까지 경성부에는 6~7개소의 불량주택지구가 조성되고 1,600명의 거주민이 증가했는데, 결정적인 계기가 바로 수해였다(〈窮民 增加 千六百名, 수해 이후로 경성부내에〉《시대일보》 1926년 1월 24일).

23 정확한 통계라고 단정할 수 없지만, 1920년대 초 鮮于全은 경성에 사는 조선인의 약 23%가 행랑에 거주하고 이 수치는 현실과 큰 차이가 없다고 주장했다(鮮于全, 〈朝鮮人 生活問題의 硏究 其二〉《開闢》 21, 1922, 14~16쪽).

24 이아리, 〈日帝下 '家事使用人'의 등장과 그 존재 양상〉《한국사론》 60, 2014, 610~611쪽.

25 〈府內に巢喰ふ土幕民〉《京城日報》 1928년 7월 29일.

26 〈京城行進曲(9), 殘飯의 市場, 가련한 빈민들의 생애〉《매일신보》 1928년 10월 1일.

지속적으로 상승하는 임대가격, 빈민에게 '그림의 떡'인 사회주택, 빈발하는 재해, 행랑방의 소멸이라는 네 가지 요소가 복합적으로 작동한 결과 불량주택은 경성을 상징하는 '명물'로 자리매김했다. 먼저 양적인 추이를 살펴보면, 불량주택은 1940년대까지 급증세를 연출했다.

〈표 1〉 1925~1942년 경성 불량주택의 추이

연도	호수		인구		연도	호수		인구	
	수치	지수	수치	지수		수치	지수	수치	지수
1925	632	100	2,620	100	1937	3,248	514	14,993	572
1928	1,143	181	4,802	183	1939	4,160	658	20,136	769
1931	1,538	243	5,092	194	1940	7,303	1,156	34,316	1,310
1933	2,870	454	12,478	476	1941	6,460	1,022	32,684	1,247
1934	2,902	459	14,179	541	1942	7,426	1,175	37,020	1,413
1935	3,576	566	17,320	661					

출처: 〈움집生活 三千名, 늘어가는 빈민을 어떻게〉《조선일보》 1925년 7월 9일; 〈京城府管內土幕所在地調〉《京城彙報》 123, 1931.12, 24~26쪽; 京城帝國大學 衛生調査部,《土幕民の生活·衛生》, 東京: 岩波書店, 1942, 62쪽 ; 市木孝嗣, 〈激增する土幕〉《京城彙報》 255, 1943, 29쪽.

〈표 1〉에 의하면, 1925년 632호를 기록한 불량주택은 1931년 1,538호로 2.43배, 1933년 2,870호로 4.54배, 1935년 3,576호로 5.66배 증가했다. 그러다가 1937년에 들어서는 3,258호로 증가 추세가 한풀 꺾였는데, 이는 부외주의府外主義에 입각하여 시내에 산재한 불량주택을 외진 곳에 위치한 세민지구로 집결시키는 제1~2차 강제이주사업이 대대적으로 실시된 결과였다.[27] 그러나 이러한 감소세는 일시적인 현상에 지나지 않았다. 1939년 불

27 〈復命書〉《國有林野要存解除ニ關スル書類》, CJA0011215(국가기록원 소장), 1934, 418~420·436~442쪽; 〈土幕民整理施設計劃竝收支計算書〉《國有林野要存解除ニ關スル書

량주택은 다시 증가세로 돌아섰고 남부 지방의 한해 이재민이 몰린 1940년 7,303호로 11.56배 늘어났다. 마지막 통계가 공표되는 1942년에는 노동력 동원정책의 일환으로 다수의 주민이 일본의 토목건설공사장으로 '추방'되었음에도 불구하고[28] 불량주택은 7,426호로 사상 최고치에 도달했다.

다음으로 질적인 변화상을 들여다보면, 동부 방면을 중심으로 불량주택의 집약성이 강화되었다. 초창기 불량주택은 어느 한 지역에 특별히 몰려 있지 않고 도처에 산재했다(표 2). 1925년 시점에서 전체 불량주택의 50% 이상을 점유한 지역은 전무했다. 경성의 대표적인 불량주택지구인 남정동과 동정동[29]이 존재하는 동대문서 비중이 37.5%(237호)로 제1위였고 '3대 빈민굴' 중의 하나인 훈련원과 동·사헌정의 성벽 지대를 담당하는 본정서가 26.27%(166호)로 다음이었다. 나머지는 동·서부이촌동의 한강변[30]을 관할하는 용산서가 16.61%, 서소문 밖 공동묘지인 봉래정4정목[31]을 포괄하는 서대문서가 11.23%였고 종로서는 8.39%의 비중을 차지했다.

그러나 1930년대가 되면 불량주택은 〈그림 2〉와 같이 동부 일대로

類》, CJA0011215(국가기록원 소장), 1935, 378~382쪽. 경성부는 관·공유지나 사유지를 무단으로 점거한 주거공간만 불량주택에 포함했다. 따라서 경성부가 변두리에 조성한 세민지구에 들어간 이들은 통계에서 제외가 되었다(京城帝國大學 衛生調查部, 앞의 책, 63쪽).

28 〈土幕民들 內地에 産業戰士로써 甦生〉《매일신보》 1942년 2월 14일; 〈土幕民 甦生, 産業戰士로 北海道에〉《매일신보》 1942년 2월 26일; 〈土幕民 六百名 第二次로 北海道에 移送〉《매일신보》 1942년 3월 12일; 〈土幕民도 建設戰에, 北海道로 또 千名 輸送〉《매일신보》 1942년 6월 10일.

29 기진, 〈京城의 貧民-貧民의 京城〉《開闢》 48, 1924, 104쪽.

30 〈龍山署管內도 八百餘土幕民〉《조선일보》 1929년 3월 17일.

31 赤間騎風 저·서호철 역, 《대지大地를 보라》, 아모르문디, 2016, 155쪽.

〈표 2〉 1925~1936년 경성 불량주택의 경찰서별 분포

연도	1925년		1935년	
	호수	비중(%)	호수	비중(%)
본정경찰서	166	26.27	6	0.17
종로경찰서	53	8.39	38	1.06
동대문경찰서	237	37.5	2,906	80.79
서대문경찰서	71	11.23	175	4.87
용산경찰서	105	16.61	445	12.37
영등포경찰서			27	0.75
합계	632	100	3,597	100

출처: 〈움집生活 三千名〉《조선일보》 1925년 7월 9일; 〈豪華京城 · 土窟悲話, 光明은 暗黑에서 待望되는 將來(15), 貞陵里篇〉《매일신보》 1936년 6월 7일.
비고: 소수점 셋째 자리에서 반올림(이하 동일).

〈그림 2〉 1940년 경성 불량주택의 분포도

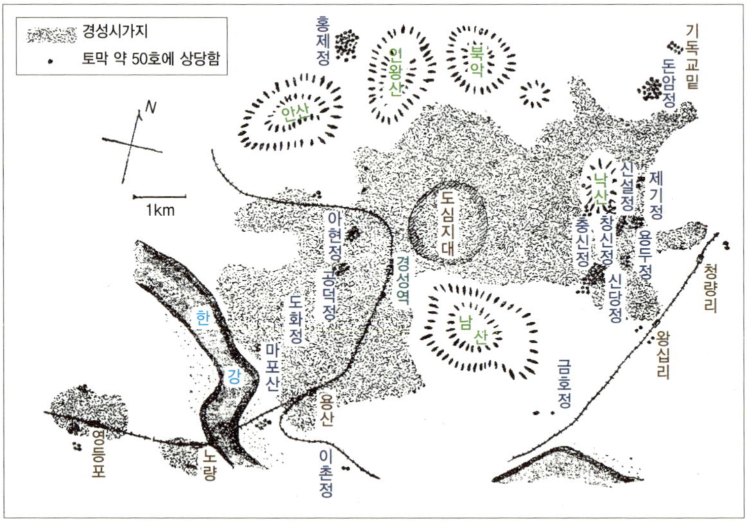

출처: 경성제국대학 위생조사부 편, 박현숙 역, 《토막민의 생활과 위생》, 민속원, 2010, 104쪽.

모이기 시작했다. 1925~1935년 불량주택이 5배 이상 증가했음에도 불구하고 본정서와 종로서에 존재하는 불량주택은 160호와 15호가 줄어들었다. 두 곳의 비중은 0.17%와 1.06%로 급감했다. 서대문서와 용산서는 양적으로 104호와 340호가 늘어났지만, 비중은 오히려 11.23%에서 4.87%로, 16.61%에서 12.37%로 하락했다. 반면에 동대문서는 신당리(1,727호), 신설리(697호), 용두리(147호), 안암리(128호) 등을 필두로 불량주택이 12.26배 폭증했다. 전체에서 차지하는 비중 역시 37.5%에서 80.79%로 상승했다.

경성의 불량주택은 '전부' 동부 지역에 있다고 해도 과언이 아닌 상황이 연출된 원인은 두 가지였다. 하나는 생계를 유지하기가 수월했다는 사실이다. 3대 노동시장이라 일컬어지는 조선은행 앞, 화원정 파출소 앞, 약초정 사거리에 접근하기가 편리한 동부 방면은 일용직에 종사하는 불량주택 주민이 일자리를 구하기가 쉬웠다.[32] 또한 이 일대에는 10여 개의 크고 작은 공장과 경원선이 출발하는 청량리역이 있었고 1920년대 후반부터는 문화주택단지 개발이 본격화되었으며, 1933년에는 전차선로의 복선 공사가 시행되었다.[33] 그 밖에 오물처분장은 고정된 밥벌이와 고물을 내다 팔 수 있는 기회를 제공했고 4,583단보段步에서 재배되는 채소는 행상의 원천이 되었다.[34]

32 〈春風등지고 彷徨하는 純日稼勞動者群〉《동아일보》 1928년 4월 1일. 이곳에 모이는 대부분은 광희문, 동대문, 동소문 방면에 거주했다(〈府內勞動市場に於ける日稼勞動者概況〉《京城彙報》 79, 1928. 4, 23쪽).

33 〈淸凉里電車路線 復線敷設 確定〉《매일신보》 1933년 10월 29일; 〈자라나는 明日의 京城, 大都市計劃과 그 理想(7), 農村의 氣風은 어디로, 紅鹿萬丈의 城東〉《매일신보》 1934년 3월 31일; 이경아 · 전봉희, 〈1920~30년대 경성부의 문화주택지개발에 대한 연구〉《대한건축학회 논문집-계획계》 22-3, 2006, 193쪽.

34 〈墓地에 貧民窟, 悲風慘雨에 白骨의 亂舞〉《매일신보》 1926년 7월 1일; 〈豪華京城 · 土窟悲話, '文化住宅'이란? 어느 나라 말인가(一)〉《매일신보》 1936년 5월 22일; 〈豪華京

다른 하나는 주거의 안정성이 상대적으로 높았다는 점이다. 동부 방면의 하천 일대는 다른 곳에 비해 개발이 지체된 공간이었다. 성북천과 정릉천 주변은 1930년대 후반 시가지계획이 시행되기까지 방치가 되었다. 그러므로 장마철의 호우를 제외하면 하천을 따라 형성된 방축防築과 모래사장은 불량주택을 신축하기에 적절한 장소였고 실제로 신설정, 용두정, 안암정의 불량주택은 '까치방축'에 위치했다.[35] 더불어 일찍부터 불량주택지구가 조성된 신당정은 빈민이 몸을 의탁하기에 최적의 조건을 갖추고 있었다. 최대 규모에서 나오는 내적 역량을 바탕으로 행정당국도 함부로 손을 쓸 수 없을 만큼 주민의 단결력이 뛰어났을 뿐만 아니라[36] 광범위한 토지(신당리 162번지)가 소유권 분쟁을 겪고 있는 상황이라 그것이 마무리될 때까지는 한동안 철거를 걱정할 필요가 없었기 때문이다.

2) 개발의 바람과 반발의 증폭

불량주택은 하층민의 마지막 남은 안식처였지만, 결코 평화로운 공간은 아니었다. "관유지에 있으므로 혹시 관청에서 쫓아내지 않을까?"[37]라는 주민의 불안은 단순한 기우가 아니었다. 경성역 근처의 철도용지에 기

城 · 土窟悲話, 낮에는 白案行商, 밤에는 글읽기(12), 安岩町篇〉《매일신보》 1936년 6월 4일 ; 三島重雄, 〈伸びゆく大京城〉, 《京城彙報》 262, 1943, 41쪽; 유승희, 〈식민지기 경성부 동부 교외지역의 실태와 도시개발-고양군 숭인면에서 편입된 지역을 중심으로〉 《역사와 경계》 86, 2013, 115쪽.

35 〈豪華京城·土窟悲話, 움속에도 教育熱, 寡居母親 至誠(十), 新設町篇〉《매일신보》 1936년 6월 1일; 〈東部京城繁榮記, 土幕民整理보다 競馬場 移轉急務〉《조선일보》 1938년 5월 4일.

36 京城帝國大學 衛生調査部, 앞의 책, 1942, 138쪽.

37 〈飢餓와 恐慌, 첫째에 주리고 둘째에 무서워〉《매일신보》 1925년 4월 3일.

거하던 40여 명이 철도국으로부터 느닷없이 퇴거 명령을 받는 사례[38]와 같이 그들은 철거의 공포 속에서 하루하루를 보냈다.

아무런 대책 없이 진행되는 철거는 경성이 화려한 문명으로 도색된 대도시로 거듭날수록 심화가 되었다. 오랫동안 방치되었던 토지는 사회·경제적 환경의 변화와 함께 어느새 황금알을 낳는 거위로 변모했다. 지주는 개발 사업을 방해하는 장애물의 제거에 열성적으로 나섰다. 대지 위에 건축물이 존재할 때보다 그렇지 않은 경우에 시장가격이 더욱 가파르게 상승한다는 점[39]에 착안한 지주 역시 교환가치의 극대화를 위해 불량주택의 파괴 작업에 동참했다.

그러나 지주의 재산권 행사는 순조롭게 진행되지 않았다. 동대문경찰서장이 "5호나 10호가 있다면 파괴할 수 있지만, 수가 많으면 어찌할 도리가 없다."고 소회하고 관헌의 퇴거 명령을 완강히 거부하면서 "죽어도 저항한다는 강력한 의지"를 보인다고 세간이 평가[40]할 정도로 불량주택 주민은 모든 수단을 총동원하여 철거 작업에 끝까지 저항했다.[41] 〈표 3〉과 〈표 4〉는 주로 신문을 통해 사회에 알려진 경성의 철거반대운동(이하 운동)을 정리한 것이다.

38 〈움집도 못 있게 退去命令, 방황하는 빈민들〉《동아일보》 1924년 10월 3일.

39 〈借地人 借家人 對 惡地主間의 軋轢은 去益激化〉《조선중앙일보》 1934년 11월 30일.

40 三田鄕花, 〈土幕民哀話-大京城の裏面に蠢くどん底生活者の群〉《朝鮮時論》 1-2, 1926, 74쪽; 古賀國太郎, 앞의 글, 1928, 25쪽.

41 〈土地熱에 등단 地主 土幕 撤毁를 强迫〉《동아일보》 1935년 2월 9일. 비용을 고려할 수밖에 없는 지주가 불량주택 주민의 물리력을 압도하는 인부를 고용하기란 사실상 불가능했다. 따라서 지주는 남성이 일하러 나가고 없는 시간에 철거를 시도했다. 일례로 영천토지경영합자회사는 오후 2시경 인부를 보내 행촌동과 현저동의 불량주택 파괴에 들어갔고 손쉽게 목적을 달성했다(〈六十名에 退去 要求, 土幕 四戶를 破壞!〉《조선일보》 1931년 1월 23일).

〈표 3〉 1923~1941년 경성 철거반대운동의 지역별 건수 (단위: 건)

연도	본정 경찰서	종로 경찰서	동대문 경찰서	서대문 경찰서	용산 경찰서	영등포 경찰서	합계
1923		1					1
1925			1		1		2
1926			1				1
1927			1				1
1928				1	1		2
1929			1	1	1		3
1930			2	1			3
1931			2	3	2		7
1932			1	1			2
1933			5		1	1	7
1934			1				1
1935		1	3		3	1	8
1936			1	1	1		3
1937					2	1	3
1938			2		2		4
1939			2				2
1940			1				1
1941			1		2		3
합계	0	2	25	8	16	3	54
비중(%)	0	3.7	46.3	14.81	29.63	5.56	100

출처: 〈부표〉

먼저 경찰서 관할구역을 기준으로 한 지역별 분포를 들여다보면, 1923년부터 1941년까지 2만 5,153명이 참여한 54건의 집단행동은 불량주택의 규모에 비례하는 양상을 보였다. 운동이 가장 활발했던 지역은 불량주.택북부 지역에서는 8건(14.81%)이, 서남부 쪽에서는 3건(5.56%)이 발생했다.

〈표 4〉 1923~1941년 경성 철거반대운동의 지역별 인원 (단위: 명)

연도	본정 경찰서	종로 경찰서	동대문 경찰서	서대문 경찰서	용산 경찰서	영등포 경찰서	합계
1923		160					160
1925			300		540		840
1926			300				300
1927			240				240
1928				200	250		450
1929			150	80	65		295
1930			1,300	850			2,150
1931			350	1,285	140		1,775
1932			100	250			350
1933			6,867		100	200	7,167
1934			60				60
1935		100	900		570	100	1,670
1936			1,000	450	150		1,600
1937					305	506	811
1938			2,400		360		2,760
1939			2,800				2,800
1940			400				400
1941			1,000		325		1,325
합계	0	260	18,167	3,115	2,805	806	25,153
비중(%)	0	1.03	72.23	12.38	11.15	3.2	100

출처: 〈부표〉
비고: 1호는 5명으로 계산했고 사료마다 인원이 다른 경우에는 최저와 최고를 평균했다.

불량주택이 적었던 북부 일원에서는 2건(3.70%)이 분출되는 데에 그쳤고 중부 방면에서는 사회적으로 문제시된 운동이 전무했다. 이러한 경향은 참가자를 척도로 했을 때 보다 두드러졌다. 2,000명 이상이 거주하는 불량주택지구의 철거가 여러 차례 추진된 동부 지역은 전체의 72.23%(1만 8,167명)라는 압도적인 비중을 점유했다. 나머지는 서북부 12.38%(3,115명), 남부 11.15%(2,805명), 서남부 3.2%(806명), 북부 1.03%(260명), 도합 27.77%(6,986명)의 비중에 머물렀다.

다음으로 시기별 추이를 살펴보면, 대체적인 흐름은 〈표 3〉과 〈표 4〉를 통해 파악이 가능하다. 문제는 변곡점의 설정인데, 여기서는 운동이 외부의 압력에 좌우되는 수동적인 현상이라는 점을 고려하여 1930년과 1938년에 주목한다. 1930년을 설정한 이유는 이 시점부터 불량주택이 모여 있는 곳을 대상으로 한 문화주택단지 조성이 중요한 갈등 요인으로 부상했기 때문이다. 1938년을 선택한 이유는 토지구획정리사업이라는 새로운 개발 방식이 도입되는 동시에 빈민주거대책의 성격이 전환되었기 때문이다. 이 방식에 따라 시기를 구분하면 아래의 〈표 5〉와 같다.

〈표 5〉 1923~1941년 경성 철거반대운동의 시기별 건수와 인원

구분	1923~1929년		1930~1937년		1938~1941년	
	건수	인원	건수	인원	건수	인원
수치	10	2,285	34	15,583	10	7,285
기간 비중(%)	18.52	9.08	62.96	61.95	18.52	28.96

출처: 〈부표〉

먼저 첫 번째 시기(1923~1929년)에는 소규모의 운동이 산발적으로 전개되었다. 불량주택 주민의 집단행동은 1924년을 제외하고 매년 최소 1건, 최대 3건이 일어났고 6년 동안 전체 기간의 18.52%를 차지하는 10건이 터져 나왔다. 참여 인원은 동대문운동장 건설지에 살고 있는 주민과 총독 관저의 미관을 훼손하는 존재로 규정된 수청거리水清巨里의 이재민 구축이 실시[42]된 1925년(840명)을 정점으로 2,285명(9.08%)이 관계되었다.

다음으로 두번째 시기(1930~1937년)에는 앞선 때보다 건수(3.4배)와 인원(6.82배)이 대폭적으로 증가하면서 운동이 활성화되었다. 불량주택 주민이 일으킨 저항은 1935년의 8건을 필두로 1931 · 1933년에 각각 7건이 발생한 결과 전체 기간의 62.96%에 해당하는 34건이 나타났다. 참가자는 측후소 이전지로 결정된 송월동 산1-2번지의 800명, 문화주택단지 개발이 예정된 신당리 236번지의 1,200명을 포함[43]한 대규모의 퇴거 명령을 계기로 1만 5,583명(61.95%)이 관련되었다. 특히 1933년 일본인 자산가에게 부유지府有地가 매각된 일에서 파생된 분쟁이 1942년까지 지속된 신당리 162번지 사건[44]은 5,000명이 엮인, 이 시기 참여자 급증의 결정적인 요인이었다.

그렇다면 1930년대 들어 운동이 폭발적으로 늘어난 원인은 무엇일까. 이유는 두 가지였다. 하나는 교외에 내 집을 마련하려는 수요가 왕성했다는 점이다. 1920년대 후반 경성에서 삶을 영위하는 임차인의 불만은 점점 커져 갔다. "경성의 주택은 대부분 불량주택이다."는 말이 나돌 정도로 비싼 가임에 비해 주거환경이 열악했던 탓이다.[45] 관공리, 회사원, 숙련노동자 등은 더 이상 참지 않고 조선총독부가 도입한 주택금융을 이용하여 내 집 마련의 결심을 실천에 옮겼고 부동산업자는 쾌적한 주거환경을 갖춘 교외의 구릉지에 택지를 조성하는 사업을 적극적으로 시행했다.[46] 이

42 〈記念運動場建設に關聯し, 三百餘名の死活問題〉《朝鮮新聞》 1925년 3월 22일; 〈總督官邸 近處라고 百餘戶에 退去命令〉《시대일보》 1925년 10월 11일.

43 〈官有土地立退で問題, 府に嘆願書出る〉《朝鮮新聞》 1931년 10월 10일; 〈買收準備中의 新堂里 土幕差押, 土幕民들은 極憤慨〉《조선일보》 1933년 12월 17일.

44 京畿道 警察部長, 〈新堂里一六二番地土地問題ニ關スル件〉, 1935(김경일 편, 《日帝下 社會運動史資料集》 3권, 한국학술정보, 2002, 260~265쪽); 京城城東警察署長, 〈敷地分讓問題ニ伴フ部民ノ動靜ニ關スル件〉, 1942.

45 早田伊三, 〈不良住宅問題-家主の反省を求む〉《朝鮮社會事業》 6-8, 1928, 42쪽; 〈鐵道局從業員の定賃調〉《朝鮮と建築》 10-12, 1931. 12, 43~44쪽.

에 경성에서는 "주택지 개척의 선구자"로서 "최적의 지점을 점령하고"[47] 있는 불량주택 주민 대 중·상류층용 주거단지를 만들려는 부동산업자의 토지 '쟁탈전'이 치열하게 전개되었다. 신당리에 들어선 시마 도쿠조[島德藏]의 무학원舞鶴園, 조선도시경영주식회사의 사쿠라가오카[櫻ヶ丘], 죽첨정의 금화장金華莊에서 발발한 운동이 전형적인 사례였다.

다른 하나는 당사자의 형편을 무시한 빈민주거대책이 실시되었다는 점이다. 종전까지 불량주택을 사실상 방치했던 조선총독부는 1929년 빈민에게 위생적이고 저렴한 임대주택을 보급하는 불량주택지구 개선사업을 도입했다. 그러나 이 사업은 성과를 보기도 전에 정책결정권자가 변경되면서 중단이 되었고 1931년부터 불량주택을 변두리(세민지구)에 한데 모으는 강제이주사업으로 변질이 되었다.[48] 문제는 경성부가 세민지구로 지정한 아현리·정릉리·홍제정이 노동시장과 격리된 외딴섬일 뿐만 아니라 이주에 필요한 물질적인 지원이 없었다는 사실이다. 만약 행정당국이 시키는 대로 세민지구로 거처를 옮기면 불량주택 주민은 철거의 불안에서 해방될 수 있었지만, 당장의 먹고사는 일이 곤란해졌다. 따라서 현주지를 중심으로 생계를 유지해 나가는 그들은 "품을 팔아먹을 수 없으니" 떠날

46 1920~1930년대 조선총독부가 도입한 월부상환방식의 주택금융과 경성을 사례로 한 문화주택단지 개발사업의 전개 과정에 대해서는 김주야, 〈1920~1930년대에 개발된 金華莊주택지의 형성과 근대주택에 관한 연구〉《서울학연구》 32, 2008a; 〈조선도시경영회사의 주거지계획과 문화주택에 관한 연구〉《주거환경》 6-1, 2008b; 김경민, 《건축왕, 경성을 만들다》, 이마, 2017; 이경아, 《경성의 주택지》, 집, 2019; 이명학, 앞의 글, 2022a; 이명학, 〈1930년대 조선총독부의 주택금융 도입과 도시금융조합의 자금 운용〉《한국사연구》 198, 2022b 참조.

47 〈ルンペン層を行く (F) 宅地開拓の先覺者, 家を持つ土幕民〉《京城日報》 1931년 12월 3일.

48 빈민주거대책의 변질 과정과 성격에 대해서는 염복규, 앞의 글, 2016; 이명학, 앞의 글, 2019 참조.

수 없다, "이사하는 동안과 집 짓는 동안 무엇을 먹고 삽니까?"라는 주장[49]과 같이 세민지구로의 이주를 거부했다.

마지막으로 세 번째 시기(1938~1941년)에는 이전보다 건수, 인원이 모두 줄어들면서 운동 자체가 차츰 소강상태로 접어들었다. 불량주택 주민의 집단행동은 1938년의 4건을 정점으로 동부 6건, 남부 4건, 도합 10건(18.52%)이 분출되었다. 참여 인원은 토지구획정리사업이 계획된 돈암정 1번지(부유지)에 살고 있는 2,500명과 정릉천에 기거하고 있는 300명의 퇴거가 단행된 1939년 이후 감소세를 연출하는 가운데 전체 기간의 28.96%를 차지하는 7,285명이 관계되었다.

1930년대 후반에 나타난 이러한 변화는 두 가지 요소에 기인한 것이었다. 첫 번째는 토지구획정리사업의 지연이었다. 영등포·돈암·대현지구의 사례[50]가 상징하듯이 토지구획정리사업은 불량주택의 운명을 좌우하는 결정적인 사안이었다. 대규모 토지 개발이 계획대로 진척될수록 주민의 반발은 거세질 수밖에 없었다. 그런데 경성부가 기획한 대단위 토지구획정리사업은 시간이 지날수록 자재, 인력, 자본의 부족 속에서 추진 동력을 잃어 갔다. 제1차로 진행된 영등포·돈암지구를 제외하고 차후에 시행된 나머지 지구는 대부분 공사가 지체되었다. 1943년 말 토지구획정리사업의 공정률을 살펴보면, 번대·한남지구가 80%, 용두지구가 40%, 청량리·신당지구가 30%, 공덕지구가 10%였다.[51]

49 〈土幕民撤去問題로 住民代表等 陳情〉《조선중앙일보》 1935년 11월 12일; 〈垈地를 提供해도 家屋建築이 問題〉《조선중앙일보》 1936년 4월 14일; 〈西署管內의 土幕 卅餘戶 弘濟里에〉《동아일보》 1936년 7월 2일.

50 1939년 경성부는 토지구획정리사업의 원활한 진행을 위해 세 지구에 위치한 1,000여 호의 불량주택을 정리했다(〈土幕 請負 夜間 橫行, 警察署 取締難으로 頭痛 中〉《동아일보》 1939년 6월 11일).

두 번째는 빈민주거대책의 중단이었다. 주민의 강한 저항에 부딪혀 강제이주사업이 기대한 효과를 내지 못하고 계속해서 불량주택이 늘어나자, 경성부는 새로운 방식을 준비했다. 1940년에는 중랑천 연안의 전농정, 휘경정, 답십리정 일대에 주택지를 만들고 세민주택을 지어 빈민을 전부 집결시키는 방안이, 1942년에는 동부와 서부 지역에 '하급노무자 수용지'를 설정하고 하층민에게 대지를 대부하는 계획이 수립되었다.[52] 그러나 경성부의 기획은 전부 수포로 돌아갔다. 조선총독부가 빈민주거대책을 불필요한 사회정책으로 취급하여 예산 지출을 허락하지 않았기 때문이다.[53] 이로써 불량주택 주민의 의사와 무관하게 진행되는 강제이주사업이 막을 내리게 되었다.

3. 불량주택 주민의 결집과 저항의 문법

1) 조직: 사회적 고립과 공동운명체의 자생적 결속

불량주택 주민은 사회가 요구하는 최소한의 역할을 묵묵히 수행했다. 그들은 구장區長이 지시하는 대로 부자 동네의 안전을 지키는 야경 활동에 앞장섰고 마을 운영에 필요한 정회비町會費도 제때 납부했다.[54] 특히 불량

51 朝鮮總督府, 〈昭和18年第84回帝國議會說明竝答辯資料〉, 1943(민족문제연구소 편, 《日帝下 戰時體制期 政策史料叢書》 21, 한국학술정보, 2000, 263쪽).

52 〈大京城 建設 裏面에 土幕, 不良住宅 激增〉《동아일보》 1938년 12월 26일; 京城府, 《都市計劃要覽》, 京城府, 1939, 35쪽; 〈典農, 徽慶, 踏十里町에 細窮民地區를 特設〉《매일신보》 1940년 6월 4일; 〈土幕民을 整理하여 勞力報國운동〉《매일신보》 1942년 1월 23일.

53 염복규, 〈일제말 京城지역의 빈민주거문제와 '시가지계획'〉《역사문제연구》 8, 2002, 144~150쪽.

주택 주민은 "자나 깨나 주린 배를 채워 갈 희망밖에 없는 자기주의"[55]를 품고 있다는 냉소적 평가에도 불구하고 민족의 형성 과정에 함께했다. 그들은 1931년 어려운 처지에 놓인 재만 동포를 위해, 1934년 남부 지방의 수해 이재민을 돕고자 현금과 의복을 기부했다.[56]

그러나 불량주택을 대하는 사회의 반응은 부정적이었다. 미관을 훼손하는 미개한 존재, 재산권을 침해하는 위법한 실재, 범죄와 질병을 양산하는 유해한 생활양식으로 낙인[57]이 찍힌 불량주택은 공공의 이해라는 관점에서 '기생충'과 같은 취급을 받았다. 빈민의 생존보다 개발 이익과 여타의 가치를 중시한 도시민은 불량주택과의 공존을 거부했다. 때로는 행정당국에 민원을 제기하여 불량주택의 제거를 선제적으로 요구하기도 했다. 아래의 두 가지 예는 이러한 사회적 분위기를 상징적으로 보여준다.

먼저 불량주택을 지역 발전의 걸림돌로 인식하는 경우이다. 1934년 시가지계획과 관련하여 경성의 성장 방향을 자세히 조망한 《매일신보》는 서부 방면의 "크나큰 암"으로 아현리의 세민지구를 지목하고 "미관상, 아동의 교육상, 주민의 위생상"에 악영향을 미치는 세민지구의 이전을 주장했다. 쌍룡원雙龍園에 거주하는 어느 주민도 "룸펜부락"의 확장으로 주택

54 〈嚴冬雪寒압두고 土窟訪問(二), 徹天怨讐는 서울! 悲慘한 自由의 樂天地〉《동아일보》 1928년 11월 23일; 〈"당장 어떻게 사나?" 强制 撤毁 當한 龍頭町 土幕民 千餘名 代表團〉《조선일보》 1940년 7월 30일.

55 〈飢餓와 恐慌, 첫째에 주리고 둘째에 무서워〉《매일신보》 1925년 4월 3일.

56 〈艱難中에 金品收合 新堂里 土幕民 壯擧〉《조선일보》 1931년 11월 9일; 〈新堂里民 奮起, 現金과 衣類를 募托〉《조선일보》 1934년 8월 15일.

57 예를 들어 경성의 경찰서는 범인 색출을 위해 각 가정의 탐문 조사가 필요하면 제일 먼저 불량주택을 방문했고 악성 전염병이 발생하면 불량주택 주민의 검역을 우선적으로 개시했다(〈33年の待望(7), 土幕民にも自力更生の叫び〉《京城日報》 1932년 12월 18일).

지가 망가졌다고 경성부를 신랄하게 비판했다.[58] 마찬가지로 1938년 신설 숭인정회는 지역의 발전을 위해 안암천에 형성된 대단위 불량주택지구의 정리가 필요하다고 역설하는 가운데 인정상 "토막민을 보고 당장에 집을 헐어가지고 나가라" 할 수 없으니 "의가 상하지 않도록" 행정당국이 알아서 처리해달라는 입장을 전달했다.[59]

다음으로 불량주택의 철거를 직접적으로 진정하는 경우이다. 1932년 기업인이자 언론인으로서 3·1운동의 전파에 공헌한 앨버트 테일러Albert Wilder Taylor는 행촌동 1번지의 산에 살고 있는 5~6호의 주민이 버리는 배설물로 본인의 후원이 더러워지고 통행로 확장에 방해가 된다는 구실을 내세워 불량주택의 정리를 서대문경찰서에 요청했다.[60] 또한 1936년 제2차 강제이주사업의 대상지로 정릉리가 선정되자, 인근 주민은 경성부의 결정에 불만을 가지고 세민지구의 조성을 강하게 반대했다. 그들의 불결한 생활로 인하여 아름다운 경관이 손상되고 수도설비가 없는 이곳의 유일한 음료수인 우물이 오염되며, 전염병이 창궐하기 쉽고 아이들의 교육에 좋지 않은 영향을 끼친다는 이유에서였다.[61]

불량주택에 대한 냉담한 자세는 사회·경제적 약자의 이해를 대변하는 정치적 세력이라고 해서 별반 다르지 않았다. 그들은 같은 시기 경성에

58 〈자라나는 明日의 京城, 大都市計劃과 그 理想(16), 西部京城發展에 癌, 刑務所와 土幕村〉《매일신보》 1934년 4월 13일; 〈住宅地を損ふ府當局の反省を促す〉《朝鮮新聞》 1934년 5월 16일.

59 〈土幕民의 整理와 競馬場移轉問題〉《조선일보》 1938년 11월 9일.

60 〈더럽다는 理由로 土幕 五戶 撤去令〉《조선일보》 1932년 5월 8일.

61 〈貞陵集團村 建設에 隣接 各町民 總反對〉《조선일보》 1936년 5월 21일; 〈土幕民 郊外移住에 地元民의 反對 猛烈〉《매일신보》 1936년 6월 5일; 〈貞陵里 新部落 衛生施設을 考慮〉《조선일보》 1937년 5월 11일.

서 일어난 두 층위의 주거권운동에 상반된 입장을 취했다. 차지·차가인에 관계된 불공정한 임대차계약과 불량주택 주민이 대면하는 강제 철거 가운데 조선인 사회단체가 관심을 보인 쪽은 합법적인 영역에 속하는 문제로서 광범위한 공감대의 획득이 가능하고 폭넓은 계층을 포섭할 수 있는 전자였다.

> 집세문제에 관하여 우리 신간지회는 벌써 전부터 연구하며 어떤 대책을 강구했는데 (중략) 이에 대하여 우리 지회는 따로 차가인동맹위원회를 두고 전문적으로 그 방면의 조사와 연구를 하겠는데, 근일 중에 또 다시 어떤 회합을 열고 선후책을 세우겠지요.[62]

예를 들어 신간회 경성지회는 위에 제시한 조병옥趙炳玉 지회장의 인터뷰와 같이 높은 수준을 유지하는 가임, 임차인과 임대인의 불합리한 계약 조건을 중대한 사회문제로 인식했다. 연장선상에서 경성지회는 다른 사회단체와 함께 차가인동맹의 조직 과정에 주도적으로 참여했고 26일 열린 상무집행위원회에서는 다음과 같은 사항을 결정했다. ①경성의 임대주택시장을 철저히 조사한 후에 연설회를 개최하여 여론을 환기한다. ②결성 중에 있는 차가인동맹을 적극적으로 지지한다.[63]

반대로 정치적 세력은 빈민이 처한 현실 타개에 소극적이었다. 민족주의 세력은 식민 지배를 비판하는 소재로 불량주택 주민의 비참한 생활

62 〈新幹支會에서도 先後策 講究〉《중외일보》 1929년 11월 16일.

63 〈與論을 具體化하여 漸次 實行에 着手〉《중외일보》 1929년 11월 16일; 〈新幹會서도 討議〉《중외일보》 1929년 11월 19일; 〈新幹委員會와 兩日의 議案〉《중외일보》 1929년 11월 23일; 〈新幹京城支會 卄六日 委員會〉《조선일보》 1929년 11월 27일.

상을 이용했지만, 결국 그들의 정치적 기획은 빈민의 생존권을 옹호하는 방향으로 나아가지 않고 개발에 우선권을 부여하는 통치성에 희석되어 갔다.[64] 사회주의 세력은 노동자의 선도 아래 "농민, 도시 빈민, 혁명적 지식 분자들의 투쟁적 결합에 의해서만" 민족 해방이 실현될 수 있다는 강령을 내걸었다. 그러나 실질적으로 그들은 '생존주의'가 강고한 탓에 계급의식이 부재하고 집단화가 곤란하다고 규정[65]된 빈민의 저항에 무관심했다.[66]

따라서 경성에서 전개된 54건은 전부 사회로부터 고립된 채 당사자의 자생적인 결속의 형태로 태동이 되었다.[67] 이 흐름을 추적해보면, 운동이 분출되기 이전부터 불량주택지구는 일종의 결사체와 유사했다.[68] 사회로부터 "누더기 동물 인간"[69]의 취급을 받은 불량주택 주민의 응집력은 상

64 김윤희, 〈문란과 빈곤 그리고 사회적 생산성제고〉·〈빈민 관리의 정치성〉, 앞의 책, 2017 참조.

65 김예림, 〈빈민의 생계윤리 혹은 탁월성에 관하여〉《한국학연구》 36, 2015, 53~54쪽.

66 1928년 '12월 테제' 이후 사회주의 세력은 (비)합법 공간을 활용한 선전·교육활동과 혁명적 노동·농민조합운동에 방점을 찍었고 코민테른 제7차 대회 이후에는 친목회, 독서회 등의 합법적 단체를 통한 노동자·농민·학생의 지도와 反帝운동에 주력했다(최규진, 〈조선 사회주의자들의 운동 노선과 합법공간 진출(1929~1945년)〉《대동문화연구》 56, 2006, 253~288쪽).

67 1930년 송월동 경성중학교 소유지에서 철거문제가 발생하자 신간회 경성지회는 관심을 표명하면서 진상 조사에 착수했다(〈京中 巡視가 土幕民에 行悖, 新幹會서 調査 着手〉《중외일보》 1930년 5월 1일). 그러나 이 시점은 이미 철거가 상당 부분 완료되어 불량주택 주민이 흩어진 때였다. 이후 이 사건이 사회문제로 비화되지 않고 그대로 마무리된 상황을 고려하면, 신간회 경성지회의 활동은 흐지부지된 것으로 보인다.

68 일반적으로 고립된 장소에서 살아가는 빈민은 외부 세계를 배척하는 동시에 내부를 지향한다. 사회의 차별과 배제가 지속되는 한 공동체의 응집력은 강고해진다(조현미, 〈사회적 최하층계급의 거주지분리와 공동체의식의 변화: 大阪府 八尾市의 동화지구를 사례로〉《한국지역지리학회지》 15-6, 2009, 803~806쪽).

69 〈太陽을 등진 土幕民, 大京城 집웅 밑의 暗影〉《동아일보》 1937년 12월 5일.

상 이상이었다. 일을 마치고 집으로 돌아온 그들은 '공동집합소'로 지정된 장소에 옹기종기 둘러앉아 삶의 고단함을 이야기하면서 일체감과 위안을 느끼고 가난한 형편에도 불구하고 굶고 있는 이웃을 챙겼다.[70] 나아가 불량주택 주민은 공동체의 단합을 와해시키려는 목적 아래 선별적인 폭력이 행사되면, 강 건너 불구경하듯 모른 척하지 않고 전체 구성원이 힘을 모아 대항했다.[71] 이들의 연대감은 다음의 세평처럼 각박한 세상과 대비되는 '별세계'로 비춰질 정도였다.

> 사교로는 일반 보통 사람과는 교제가 적되, 자기네들끼리는 경애상문과 환란상구의 아름다운 풍속으로 서로 위안을 주어 간다. / 그들에게 제일 본 받을 만한 것은 상호부조의 굳센 정신이다. (중략) 그들의 친목은 그 만큼 굳세다고 한다. / 매일 한 사람의 생활비는 5전 이상 10전, 20전, 30전에 불과하다. 그들의 인정미는 잘 살고 잘 먹는 사람보다 우수한 점이 있다.[72]

불량주택 주민의 긴밀한 유대 관계는 동질적인 인생을 살았기에 가능한 일이었다. 먼저 의식적인 측면에서 그들은 현재의 참담한 처지에서

70 〈'여물'을 만들어서 간신히 연명은 하여 간다〉《동아일보》 1923년 5월 12일; 〈文明을 등지고, 土窟에 生活〉《매일신보》 1925년 4월 3일; 〈嚴冬雪寒 압두고 土窟訪問(二), 徹天怨讐는 서울! 悲慘한 自由의 樂天地〉《동아일보》 1928년 11월 23일; 〈豪華京城 · 土窟悲話, 高臺廣室 좋은 집도 而今엔 一場 春夢(二), 新堂町 · 茂堂洞篇〉《매일신보》 1936년 5월 23일.

71 〈執行 나온 執達吏와 全洞民이 對峙中〉《동아일보》 1933년 12월 17일; 京畿道 警察部長, 〈新堂里一六二番地土地問題ニ關スル件〉, 1935(김경일 편, 앞의 책, 2004, 250쪽).

72 〈飢餓와 恐慌, 첫째에 주리고 둘째에 무서워〉《매일신보》 1925년 4월 3일; 〈炎天에 움집살이 同胞 京城에 近三千名〉《시대일보》 1925년 7월 9일; 〈貧民의 人情味는 자별하다〉《조선일보》 1925년 7월 9일.

기인한 동일한 감정을 지녔다. 세상을 등지고 음습한 산속과 하천부지 등에서 생활하는 그들의 마음 한편에는 몰락한 인생에서 발현되는 자괴감을 비롯하여 한량없는 "공황과 비애"가 자리하고 있었고 다른 한편에는 자신을 깔보고 업신여기는 유산계급에 대한 반감이 놓여 있었다.[73] "왜 행랑살이나 하지, 이게 무슨 짓이요?"라는 기자의 질문에 "상전 없이 사는 게 굴 밑도 편하지요."라고 대답하는 노인과 행랑아범으로 지내던 시절에 겪은 집주인의 학대를 이야기하면서 "두 눈썹이 꿋꿋하여 지고 오히려 분함을 참지" 못한 어느 불량주택 주민은 하나의 본보기였다.[74]

다음으로 물질적인 차원에서 불량주택 주민은 밥벌이를 공유했다. 자신의 신체적 능력에 의존할 수밖에 없는 그들의 노동 형태는 집단별로 동일했다. 가령 이런 식이었다. 광희문 밖 공동묘지에서 살아가는 이들은 남녀노소 할 것 없이 근처의 쓰레기매립장에 가서 유리, 양털, 넝마를 수집하여 고물상에 내다 팔았고 숭인정 산어귀에 기거하는 주민은 전부 주변 채석장에 출근하여 돌을 깨트렸다. 신당리에서 생활하는 주민은 정거장 등지로 나가 지게로 짐을 나르거나, 인근 토건 현장에서 인부로 일했다. 동·서부이촌동에 운집한 이들은 단체로 한강인도교공사장에 가서 땀을 흘렸고 도화동에 자리를 잡은 주민의 대부분은 채소와 생선 행상에 종사했다.[75]

73 〈文明을 등지고, 土窟에 生活, 東門管內만 六百名〉《매일신보》 1925년 4월 3일; 〈飢餓와 恐慌, 첫째에 주리고 둘째에 무서워〉《매일신보》 1925년 4월 3일.

74 〈墳墓中에 人家!〉《조선일보》 1924년 12월 26일; 〈嚴冬雪寒 압두고 土窟訪問(二), 徹天怨讐는 서울! 悲慘한 自由의 樂天地〉《동아일보》 1928년 11월 23일.

75 〈墓地에 貧民窟, 悲風慘雨에 白骨의 亂舞〉《매일신보》 1926년 7월 1일; 〈愁雲疊疊의 一洞, 눈물과 한숨으로 날을 보내〉《조선일보》 1926년 7월 17일; 〈年來로 問題되어온 東西部二村洞民, 수해 때면 번번히 위협 받는 龍山署 管內 土幕民〉《매일신보》 1928년 9

〈그림 3〉 신당리 주민대회의 모습

출처: 〈撤去命바든 二百四十戶 住民大會를 開催〉《조선중앙일보》 1933년 11월 11일.

그러기에 퇴거 명령에 뒤이어 철거가 예고되면, 불량주택 주민은 자연스럽게 공동운명체로 변신했다. 이때 그들은 재빨리 공론을 모으는 작업에 들어갔다. 주민대회, 동민총회 등의 이름으로 눈앞에 닥친 공동체의 현안을 토의하는 의사결정기구가 만들어지면, 문제에 관심을 가진 주민은 너 나 할 것 없이 회합 장소에 참석하여 의견을 제시했다(〈그림 3〉). 미리 준비한 안건을 중심으로 향후 방향성에 대한 논의가 종료되면 참석자들은 결의를 다진 후에 확정된 대책과 각자의 역할에 따라서 일사불란하게 행동했다. 전체 모임에서 대표자로 선발된 이들은 권한을 위임받아 교섭에 착수했고 협상 내용을 매번 공동체의 구성원에게 낱낱이 보고했다. 아

월 21일; 〈33年の待望(7), 土幕民にも自力更生の叫び〉《京城日報》 1932년 12월 18일; 〈桃花洞 土幕民 二百五十名 府에 따한 事情 陳情〉《조선일보》 1935년 11월 12일; 〈豪華京城 · 土窟悲話, 和暢한 봄날새에 凄凉한 鳴咽聲(三), 崇仁町篇〉《매일신보》 1936년 5월 24일.

래의 두 가지 사례를 통해 불량주택 주민의 조직화 양상을 구체적으로 살펴보자.

첫 번째는 상설기관의 설치로 발전한 송월동 주민의 조직화이다. 1931년 10월 5일 토지 소유주인 경성중학교로부터 10일까지 떠나지 않으면 강제로 철거하겠다는 통보를 받은 산1-2번지의 불량주택 주민은 곧바로 6일 아침 수백 명이 경성중학교를 찾아가 퇴거 연기를 진정했다. 지주의 강경한 태도를 접한 이들은 9일 회의를 개최하여 대표자를 선정하고 경성중학교, 경성부, 경기도청을 방문하여 구구절절 사정을 호소하고 이주지 제공을 요청했다. 10일부터 시범적으로 철거가 단행되자, 불량주택 주민은 11일 주민대회를 열어 기존 활동의 한계를 검토하고 나서 앞으로는 통일된 의사를 지속적으로 대변할 상설기관이 필요하다는 데에 의견 일치를 보았고 즉시 송월동 이주지 진정위원 사무소를 설치했다. 아현리에 만들어진 세민지구로 이주가 확정된 1932년 행정당국이 노동력과 이사비용을 지원해주겠다는 당초 약속을 지키지 않고 막무가내로 퇴거만을 명령하자, 그들은 상설기관을 중심으로 다시 한 번 뭉쳐 활동을 전개했다.[76]

두 번째는 사태가 일단락될 때까지 의사결정기구가 연달아 가동된 신당리 236번지 주민의 조직화이다. 1933년 10월 24일 경성부로부터 매

76 〈秋霜 나린 松月洞土幕 八百住民 將安之〉《동아일보》 1931년 10월 6일; 〈松月洞 八百土幕民, 撤去延期를 陳情〉《조선일보》 1931년 10월 7일; 〈住家を追はれる七百のルンペン群〉《京城日報》 1931년 10월 10일; 〈松月洞 百七十住宅 最後 運命日 決定〉《동아일보》 1931년 10월 11일; 〈松月洞 土幕民 陳情委員 選任〉《동아일보》 1931년 10월 13일; 〈松月洞 土幕民 移住地 指定〉《매일신보》 1932년 2월 20일; 〈所向無處의 土幕民 關係當局에 嘆願〉《중앙일보》 1932년 3월 23일; 〈松月洞民 六百名 自手로 土幕 撤毁〉《조선일보》 1932년 4월 30일.

입한 토지를 문화주택단지로 개발하려는 일본인 지주로부터 11월 10일까지 전부 퇴거하라는 명령을 접한 불량주택 주민은 11월 9일 제1회 주민대회를 개최했다. 이 자리에 모인 300여 명은 교섭위원 선정의 건, 기지 매입 방법의 건 등을 순서대로 논의한 뒤 대지 매입을 협상할 9명의 위원을 선정하고 끝으로 만약 지주가 무리한 매매가격을 요구하면 합심하여 마지막까지 대항하자는 결의를 다졌다.

11월 20일 지주와의 교섭이 교착상태에 빠지자, 불량주택 주민은 재차 주민대회를 열어 조직을 재정비하고 대지 매입에 필요한 최소한의 비용을 징수하여 은행에 예치하기로 결정했다. 이어서 12월 9일에는 제3회 주민대회가 개최되어 지금까지의 협상 과정이 상세히 보고되었고 계약금 마련을 위한 회비를 종전의 2배로 올리자는 안건이 통과되었다. 16일 지주의 갑작스러운 철거 작업을 막아 낸 이들은 17일 제4회 주민대회를 열어 매매가격을 조정하고 문제의 조속한 해결을 추진했다. 결국 다음날인 18일 평당 15원으로 대지를 매매한다는 합의가 도출되었다.[77]

2) 논리: 관습과 인정仁政의 당위성

시간의 흐름과 더불어 불량주택의 대세를 이룬 형태는 판잣집이었다. 1936년 10월 판잣집은 경성의 불량주택 가운데 81.42%를 차지했다.[78]

77 〈撤去命 받은 二百四十戶 住民大會를 開催〉《조선중앙일보》 1933년 11월 11일; 〈嚴寒압두고 撤去 要求, 三千住民은 어디로〉《매일신보》 1933년 11월 11일; 〈撤去 要求는 斷然 不應, 土地 買受를 決議〉《매일신보》 1933년 11월 11일; 〈新堂里 土地問題 基地買收期成會 組織〉《조선중앙일보》 1933년 11월 26일; 〈土幕墓地買入期成會 活動〉《동아일보》 1933년 12월 15일; 〈新堂里 三百住民大會 最後的 對策을 決議〉《동아일보》 1933년 12월 18일; 〈新堂里 土地紛糾 遂解決〉《매일신보》 1933년 12월 20일.

78 〈府內の土幕及不良住宅居住者狀況〉《京城彙報》 183, 1936.12, 37쪽.

1930년대 경성에서 판잣집을 신축하려면 대략 50~100원이 필요했다. 시장에서 거래되는 불량주택의 가격은 최고 200~300원에 달했다.[79] 목돈이 있을 리가 만무한 빈민은 고금리로 타인에게 돈을 빌리거나, 아니면 대금업자를 이용하여 자금을 마련했다.[80] 따라서 퇴거 명령은 불량주택 주민을 부채의 나락에서 헤어나지 못하게 만들고 궁극적으로는 가정을 파탄에 이르게 하는 길이었다.

그런데 공리주의적 관점만으로 운동의 행위성을 온전히 파악하기는 어렵다. 생존 기회의 불평등한 분배에서 도출된 이해는 이론적으로 저항의 충분조건에 불과하고 현실적으로 사회의 구조적인 모순이 곧바로 투쟁을 촉발시키지 않기 때문이다. 저항의 내적 논리를 이해하기 위해서는 톰슨E. F. Thompson과 호네트Axel Honneth가 주장했듯이 분노의 발화 지점에 주목할 필요가 있다. 공동체의 규범이 훼손되면서 발생하는 불만의 맥락, 혹은 지배자와 피지배자 사이에 형성된 권리와 의무의 배분을 비공식적으로 규율하는 관습이 허물어지는 과정이 중요하다.[81] 그렇다면 불량주택 주민이 철거를 부당하다고 인식한 지점은 무엇인가.

첫 번째는 토지 사용과 관련된 관습의 무시이다. 조선시대에는 세수

79 本誌記者, 〈京城の土幕民を探る(下)〉《朝鮮及滿洲》 339, 1936 82쪽; 〈三坂通 撤家問題는 住民에 抑鬱케 解決〉《동아일보》 1936년 5월 19일.

80 〈土窟民五十人死活の陳情, 西大門署へ泣き込む〉《朝鮮新聞》 1929년 3월 5일; 京城帝國大學 衛生調査部 編, 앞의 책, 129~133쪽.

81 조오지 뤼데 저, 박영신 · 황창순 역, 《이데올로기와 민중의 저항》, 현상과 인식, 1993, 170~171쪽(George Rudé, "*Ideology and popular protest*", London: Lawrence and Wishart, 1980); 악셀 호네트 저, 문성훈 · 이현재 역, 《인정투쟁, 사회적 갈등의 도덕적 형식론》, 동녘, 1996, 272~275쪽(Axel Honneth, "*Kampf um Anerkennung. Zum moralischen Grammatik sozialer Konflikte*", Frankfurt/M: Suhrkamp, 1992); 박윤덕, 〈혁명적 군중과 거리의 정치〉《서양사연구》 53, 2015, 45쪽.

확대와 이재민의 구제를 위해 토지 이용의 활성화가 중시되었다. 방치된 토지를 누군가가 개간하면 그에게 소유권이 부여되었다. 나대지도 동일했다. 한양에 주택을 건축하려는 사람의 요청이 있을 때 한성부는 빈터를 제공할 의무가 있었다. 그 결과 놀고 있는 토지를 개간한 사람에게 그 땅의 소유권이 돌아간다는 관습이 형성되었다.[82] 더하여 아래와 같이 대지가 주택의 부속물로 취급되는 가운데 주택을 매매하면 대지의 소유권까지 넘어가는 것이 상식으로 자리를 잡았다.[83]

> 한국에서 대지는 가옥에 종속한다. 한국인에게서 집을 1채 사들이면 토지의 소유권은 명확한 약조가 없어도 가옥의 소유권과 함께 매수자에게 넘어간다. 비단 토지만이 아니다. 거기에 붙은 밭이나 공지까지 가옥을 매수하면 동시에 이전된다. 그러므로 대지나 가옥의 분리 매매는 그 예가 극히 드물다.[84]

이러한 규범은 타인 소유의 공터에 주택을 건설하는 상황에 그대로 적용이 되었다. 어떤 사람이 주거공간의 확보를 위해 비어 있는 땅의 대여나 매도를 요구할 경우 지주는 어쩔 수 없는 사정 이외에 이 요청을 거절할 수 없었다. 지주의 승낙을 받지 않고 주택을 건설할 때에도 마찬가지였다. 지주는 이미 완성된 주택의 철거를 강요할 수 없었고 대신 차지료를

82 조선시대 개간·산림정책과 관련해서는 김선경, 〈조선후기 山訟과 山林 所有權의 실태〉《동방학지》 77-79, 1993 ; 임상혁, 〈조선시대 무주지 개간을 통한 소유권 취득〉《토지법학》 31-1, 2015 참조.

83 왕현종, 〈대한제국기 한성부의 토지·가옥조사와 외국인 토지침탈 대책〉《서울학연구》 10, 1998, 18쪽.

84 信夫淳平, 《韓半島》, 東京: 東京堂書店, 1901, 40~41쪽.

청구할 뿐이었다.[85]

토지 활용과 거주의 권리를 중요시하는 사회적 규범은 식민지까지 이어졌다. "종전에 가옥 건설을 위해 전답田畓과 같은 공지의 대여 · 매도를 요구하면 지주는 거절할 수 없었는데, 아직까지 이 관습이 남아 있는가?"라는 경성지방법원의 질문에 대해 정무총감은 "그러한 관례는 없어졌다."고 답하면서[86] 앞서 언급한 관습의 현재성을 법률적으로 부인했지만, 시장의 질서는 일상의 영역까지 확실하게 뿌리를 내리지 못했다. 1930년대 후반 경성부 공영부장이 토지의 소유권을 심각하게 고려하지 않는 인습이 여전히 사회의 근저에 깔려 있다고 평가[87]한 것처럼 조선인 하층민은 자본주의 질서를 체득하기보다는 '낡은' 규범에 의거하여 세상을 바라봤다. "조선의 관습에는 토지 위에 가옥을 건설할 경우 기간의 유무, 장단에도 불구하고 철거하지 못한다."는 논리를 내세우면서 지주의 건물철거소송에 대항하여 복심법원에 공소를 제기한 어느 조선인의 모습이 대표적이었다.[88]

더욱이 행정당국의 조치는 습속 규범의 재생산을 이끌었다. 경성을 관할하는 경찰서는 빈터에 무단으로 거주하는 빈민을 특별한 문제가 생기기 전까지 모른 체했다.[89] 경성부는 지주로부터 철거비용을 얻어내고자 불량주택 주민의 점유권과 토지가격 상승에 대한 그들의 기여를 자의적

85 朝鮮總督府 中樞院,《民事慣習回答彙集》, 1933, 23~25쪽.

86 朝鮮總督府 中樞院, 앞의 책, 1933, 361~362쪽.

87 〈土幕民の話(三)〉《朝鮮新聞》1939년 5월 12일.

88 〈建物撤去訴訟과 被告 申甲均氏의 不服〉《중외일보》1927년 2월 8일.

89 〈兩處民 仍存 陳情〉《동아일보》1927년 6월 24일; 〈新桃花洞 住民 七戶 府에서 撤去를 嚴命〉《중외일보》1928년 5월 16일; 〈市街美觀上 不得已한 處分〉《중외일보》1929년 3월 5일.

으로 인정했다. “토막민이 아무리 지주의 허락을 받지 않고 집을 지었다 해도 오랫동안 집을 짓고 사는 동안 자연히 점유관계”가 생겼다, “토지의 소유권만 가지고 지상의 가옥을 마음대로 강제 철회를 시킬 수” 없으며, 지주는 “지가 앙등으로 거대한 이익을” 얻었고, 따라서 “그동안 땅에 생활의 근거를 붙였던 사람”의 철거에 필요한 다소의 보조 요구는 결코 무리가 아니라는 이유에서 였다.[90] 심지어 경성부는 불량주택의 등기를 인정하고 세금까지 거두었다. 1939년 그 비율은 전체의 26%에 이르렀다.[91]

> ①신당리: 무인 터에 집 좀 짓고 사는 게 무슨 죄야 아니 되겠다는 생각으로. / 창신동: 국유지라도 반드시 대부를 신청하여 허가를 받아야 집을 짓는 줄을 알지 못하고 오직 산비탈이니 지어도 관계없겠다.[92]
>
> ②송월동: 7년 전부터 해당 토지에 거주했고 인제 경성중학교에 사용권이 간지도 모른다고 한다. 그리하여 그들은 아직 국유지인 줄만 알고 경비만으로 가옥만 지으면 철거는 안 하리라 믿고 현재의 가옥을 지었다는 바.[93]
>
> ③신설정: 우리 희망은 함학진에게 대부한 것을 취소하고 연고자인 우리에게 대부하여 우리들로 하여금 대경성의 면목에 손상이 없도록 새로운 가옥을 건축하게 해 달라는 것입니다.[94]

90 〈失職의 魔影에 눌려 土幕民의 移轉難〉《조선일보》 1936년 4월 18일.

91 長鄉衛二, 앞의 글, 1939b, 9쪽.

92 〈束手無策, 굶기가 예사라고 住民 朴某談〉《조선일보》 1926년 7월 17일; 〈三十餘戶 住宅에 家屋撤毁를 嚴命〉《매일신보》 1927년 6월 21일.

93 〈土幕民에 撤去命令, 當局의 濟度가 必要〉《동아일보》 1931년 10월 10일.

94 〈緣故者에게 貸付가 妥當, 住民代表談〉《동아일보》 1938년 4월 22일.

④신설(안암)리: 3~4년 이래 아무리 국유지라 할지라도 어려운 사람들이 토막이나마 지어놓고 살아왔는데 돌연히 철거하라고 하니 청천에 벽력과 같습니다.[95]

그러므로 공터에 주거공간을 마련하는 일은 가난한 이들에게 주어진 일종의 '권리', 또는 지극히 자연스러운 '살길'로 여겨졌다. 본인의 행동을 중대한 불법 행위로 인식하지 않은 빈민은 어느 누구도 관심이 없는 산비탈에 집을 지으면 행정당국도 관대하게 용인해줄 것으로 믿었을 뿐만 아니라 한 발 더 나아가 오랜 시간이 흐르면서 거주지에 대한 연고권을 취득했다고 판단했다(①·②·③). 그러기에 퇴거 명령은 불량주택 주민의 의식체계로 보았을 때 도저히 납득하기 어려운 마른하늘에 날벼락이자, "나무에 올라가라 하고 흔드는 격"[96]이었다(④). 피지배자의 깨져버린 기대감은 분한 감정을 유발할 수밖에 없었다.

두 번째는 비인도적 행태이다. 조선시대에는 유교에 기초한 인정仁政의 합의체계가 작동했다. 왕에게는 백성의 어버이로서 민의 항산恒産에 관심을 가지고 하층민이 죽음에 이르지 않도록 최소한의 구호대책을 시행할 책무가 있었다. 반대로 민은 충성의 반대급부로 왕의 보살핌을 고대했고 만약 그 기능이 제대로 작동하지 않으면 직접 행동을 통해 어그러진 질서의 회복을 추구했다. 구본신참舊本新參을 정치이념으로 삼은 고종이 흉년에 기민饑民을 돕고 평상시에 무의무탁자無依無托者를 진휼하기 위해 만든 혜민원과 폭력 행사도 불사하는 주체의식의 발로였던 동학농민운동은 하

95 〈新設里 土幕에 撤去를 命令〉《동아일보》 1932년 11월 20일.

96 〈雇主에 빚 얻어 僅僅히 세운 집이오〉《중외일보》 1928년 5월 16일.

나의 본보기였다.[97]

물론 일제강점기에는 인정체계가 와해되었다. 조선총독부는 조선인의 발언·행동권을 철저히 억압했다. 그러나 질서가 무너졌다고 해서 지배자는 빈민을 죽음으로 내몰지 않아야 하고 그들이 목숨을 이어갈 수 있도록 조치를 취해야 한다는 사회적인 요구와 바람까지 소멸된 것은 아니었다. 오히려 지배체제는 이러한 관념의 재생산에 일조했다. 정치적인 권리로부터 배제된 '손님'을 국민으로 포섭하고 분리된 정치와 사회의 영역을 매개하며, 황실의 권위를 극대화시키는 기제인 천황제 자혜주의[98]가 일시동인一視同仁의 핵심 요소로 시행되었던 까닭이다. 조선총독부는 강제 병합 당시 천황이 제공한 3,000만 원 공채를 각종 사회정책의 기금으로 사용하고 메이지明治천황과 황후의 사망 시에 제공된 자금으로 은사이재구조기금을 설치하여 천황의 '시혜'를 적극적으로 선전했다.[99] 특히 재해가

97 조선시대 인정체계와 맞물려 형성된 정치문화를 다룬 주요 연구에는 愼蒼宇,《植民地朝鮮の警察と民衆世界 1894~1919-'近代'を'傳統'をめぐる政治文化》, 東京: 有志舍, 2008; 배항섭, 〈19세기 지배질서의 변화와 정치문화의 변용-仁政 願望의 향방을 중심으로〉《한국사학보》 39, 2010; 김성희, 〈조선후기 민중의 유교윤리 전유와 사회의식 성장〉《사학연구》 106, 2012; 남슬기, 〈대한제국기 惠民院의 설치와 운영〉, 이화여자대학교 사학과 석사학위논문, 2012; 趙景達 저, 정다운 역, 〈민중의 폭력과 공론〉, 앞의 책, 2012; 김윤희, 〈근대 빈민구제와 시민의 공공성〉, 앞의 책, 2017 등이 있다.

98 일본에서는 국가의 균형자이자, 갈등의 조정자인 천황의 仁德이 발현되는 형식으로 사회의 구제가 시행되고 이를 바탕으로 국민 통합이 추구되었다. 천황은 하층민에게 하사금을 제공하고 황실은 救貧을 목적으로 하는 공익단체에 주도적으로 참여했으며, 정부는 이러한 활동에 적합한 형태의 제도를 만들고 운영했다. 메이지유신 이후 일본의 중요한 통치 기제로 작동한 천황제 자혜주의의 운영 과정에 대해서는 安田浩,《天皇の政治史-睦仁·嘉仁·裕仁の時代》, 東京: 青木書店, 1998; 牧原憲夫,《客分と國民のあいだ》, 東京: 吉川弘文館, 2002; 遠藤興一,《天皇制慈惠主義の成立》, 東京: 學文社, 2010 참조.

99 〈六 慈惠及救恤〉《朝鮮彙報》 9월호, 1915.9, 40쪽.

발생할 때마다 천황은 조선인을 보살피는 존재로서 구휼금을 지원했고 이 돈은 군청과 면사무소의 '성지전달식'을 거쳐 이재민에게 교부가 되었다.[100]

따라서 경성부 "당국의 인정 있는 처치를 바란다.", "도청이나 군청도 백성들을 죽으라고 할리는 없는 즉, 무슨 다른 도리를 차려 줄로 믿는다."는 발언[101]이 상징하듯이, 불량주택 주민이 생계유지에 필요한 최소한의 지원과 인간적 조치를 기대하는 일은 어찌 보면 당대까지 지속되는 규범적인 차원이었다고 할 수 있다. 그러나 현실에서 전개되는 철거 작업은 주민의 의식 속에 각인된 상식과 반대로 나아갔다. 사업주는 인간의 생명보다 해빙기에 시작되는 토건사업의 원활한 진행을 우선시했다. 그들은 불량주택이 사라지면, 한동안 노숙생활을 할 수밖에 없는 주민의 처지를 경시한 채 막무가내로 겨울철에 퇴거를 명령했다.[102] 더불어 생계가 막막해진 철거민에 대한 지원책은 전무하다시피 했다. 민간업자는 물론이고 비용 절감을 중시하고 제도가 부재한 상황을 내세우는 행정당국의 예산서에 철거민 이주와 관련된 보상비가 들어설 자리는 애당초 없었다.[103]

••••••••••••••••••

100 〈客年中に於ける水害及救濟の槪況〉《朝鮮彙報》 4월호, 1915.4, 65~67쪽.

101 〈旣定方針-毁撤未免〉《조선일보》 1925년 3월 21일; 〈束手無策, 굶기가 예사라고 住民朴某談〉《조선일보》 1926년 7월 17일.

102 〈土幕立退問題, 一時的保留〉《朝鮮新聞》 1930년 1월 8일; 〈六十名에 退去要求, 土幕四戶를 破壞!〉《조선일보》 1931년 1월 23일; 〈新設里 土幕에 撤去를 命令, 국유지에 집을 지었다고〉《동아일보》 1932년 11월 20일.

103 "법규상 할 수 없습니다. 먼저 부의 승낙 없이 지은 집이니 아무리 사정이 딱해도 부득이 한 일이지요.", "퇴거비 지급은 장래에 나쁜 선례를 남기는 것"이라는 발언에서 나타나듯이, 행정당국은 규정상 보상할 필요가 없는 불법 건축물에 예산을 지출하기 시작하면 잘못된 관행이 만들어진다고 판단했다. 그러므로 행정당국은 불량주택 주민의 저항이 사회문제로 확대되기 전까지 그들의 보상 요구를 먼저 받아들이지 않았다(〈立退料要求に府當局も驚く, 東門市場の私設二十三戶〉《朝鮮民報》 1932년 3월

①황금정: 극히 가난하여 먹을 것조차 변변하지 못한 터에 어리고 있는 집 칸까지 내어 놓으라 하면 실로 생명을 빼앗기는 것이나 다름이 없습니다. / 송월동: 지금 별안간 가라고 하니 삼동이 당박한 오늘날 어떻게 합니까? … 이 급박한 사정을 사회에도 하소연합니다.[104]

②창신동: 집을 헐어버리라고 경찰서에서 강요하면 이것은 우리를 죽으라 함과 다름이 없는 즉, 기왕 죽을 바에는 경찰서 유치장에서 죽더라도 살던 집을 헐 수 없다. / 죽첨정: 가라고 아무리 쫓아낸들 갈 곳이 있어야 아니합니까. 죽어도 이 산에서 죽을 수밖에 없지요. / 행촌(현저)동: 갑자기 이사하자니 10원 돈은 있어야 할 터인데 어디 있습니까? 더욱이 지금 쫓겨나면 이 추운 겨울에 어디로 갑니까? 모두 길가에서 얼어 죽을 모양입니다. 그러므로 파출소에 가서 우리는 차라리 유치장에 보내주던지 그렇지 않으면 해춘할 때까지 기다려 달라고 했습니다.[105]

③신설정: 이주할 적당한 장소와 적당한 대가를 지불해 달라는 것입니다. 이것이 용납되지 못할 때는 여하한 경우에 이르게 될지 예측하기 어려우니, 대경성부의 아량이 있기를 바랄 따름이외다.[106]

결국 인간의 생명을 헌신짝처럼 여기는 세태는 불량주택 주민의 공분을 자아냈다. 그들은 가난한 탓에 쉽게 다른 곳으로 이주하지 못하는 구

23일; 〈淸津都市에 赤信號! 土幕民에 退去命令〉《동아일보》 1937년 6월 9일).

104 〈家屋建築은 當局도 認定〉《조선일보》 1925년 3월 21일; 〈"七年前부터 住接, 只今 와서 撤毁라니"〉《동아일보》 1931년 10월 9일.

105 〈去處가 없으니 警察署 留置場에, 兩處 住民 警察에 陳情〉《동아일보》 1927년 6월 25일; 〈老幼는 生病, 죽어도 이곳! 目不忍見의 悲慘狀〉《동아일보》 1928년 5월 12일; 〈그냥 두넌 增加 威脅으로 한 일〉《조선일보》 1931년 1월 23일.

106 〈緣故者에게 貸付가 妥當, 住民代表談〉《동아일보》 1938년 4월 22일.

조적인 조건[107]과 혹독한 추위라는 계절적 요인을 고려하지 않은 채 무작정 진행되는 철거는 생존권을 삭탈하는 행위이자 인도적인 측면에서 도저히 있을 수 없는 언어도단의 조치라고 비판했다(①). 특히 감정이 격앙된 불량주택 주민은 퇴거를 명령한 경찰서를 찾아가 추운 날 길가에서 죽을 바에야 차라리 유치장에 가두어 달라고 청원하거나, 현재 살고 있는 곳에서 생을 마감하겠다는 분노를 극단적으로 표출했다(②). 심지어 그들은 빈민 구제의 본분을 망각하고 무책임한 행동을 고수하면 상황이 어떻게 전개될지 모르니 처신을 잘 하라고 행정당국을 다그치기도 했다(③). '뿌리 뽑힌' 자에게 원망願望과 원망怨望은 동전의 양면이었던 것이다.

3) 활동: 무시-대항-진정의 지구전

불량주택 주민은 퇴거 명령을 자발적으로 수용할 의사가 없었다. 그들은 본인이 정당하다고 생각하는 요구를 쟁취하기 위해 다양한 활동을 펼쳤다. 이 지난한 지구전은 지주의 철거 절차에 의거하여 크게 세 층위에서 이루어졌다.

첫 번째는 보편적인 방법으로 사용된 무시였다. 개발 계획을 수립한 지주는 추가 비용이 들지 않는 자진 퇴거를 유도하고자 혹은 다음 절차로 넘어가기 위한 충분조건으로 여러 차례 이주를 종용했다. 그러나 불량주택 주민은 "길가에서 방황할망정 부청의 요구대로 이전할 계획이 없다."고 주장하면서 퇴거명령서를 별일 아니라는 듯이 치부했고 처벌이 예상

107 1931년 퇴거 명령을 받은 송월동 주민은 "우리로 하여금 이와 같이 잘못되는 일을 하게 한 것은 오직 빈곤이 그렇게 했습니다."라고 주장하면서 철거문제를 둘러싼 근본적인 모순의 중요성을 지적했다(〈"七年前부터 住接, 只今 와서 撤毁라니"〉《동아일보》 1931년 10월 9일).

되는 경찰의 강요 역시 어물쩍어물쩍 넘겨 버렸다.[108] 퇴거명령서를 받고 스스로 물러선 사례는 전무했다.

압박과 무시의 반복은 본격적인 철거 작업이 시작될 때까지 계속해서 나타났다. 심한 경우에는 지주와 주민의 대치가 2년 이상 지속되기도 했다. 호구지책이 막막한 현실을 내세우면서 십여 차례에 걸친 일본인 지주의 퇴거 명령에 끝까지 불응한 청엽정 산비탈의 30여 호가 여기에 해당한다.[109] 뿐만 아니라 지속적인 압박에 지친 불량주택 주민 가운데 일부는 이 방식에서 한 걸음 더 나아간 진화된 전술을 사용했다. 그들은 지주, 경찰과 언제까지 이주하기로 약속하여 시간적인 여유를 획득한 후에 그 기간이 도래하면 합의를 깨뜨리고 떠나지 않았다. 1934년 12월 말까지 물러나겠다고 용산경찰서와 약속한 다음 9개월이 지난 1935년 9월까지 그대로 남아 있던 청엽정 효창공원 부근의 70명을 비롯하여 1차로 1936년 말, 2차로 1937년 5월 말까지 홍제정 세민지구로 이주하겠다고 용산경찰서와 합의했지만, 이를 어기고 9월 현재에도 토지를 점유하고 있던 삼판통 44번지의 21호가 대표적이었다.[110]

두 번째는 선택적인 방법으로 활용된 대항이었다. 위협이 효과를 내지 못할 경우 지주는 법원에 소송을 제기하여 철거할 수 있는 권리를 확보한 뒤 마지막으로 철거통지서를 발송했다. 만약 통보한 기한 이후에도 불량주택이 잔존하고 있으면 지주는 물리력을 동원하여 정리 작업에 착

108 〈幕天席地할 二百貧民 運命, 桃花洞 土窟撤去問題〉《동아일보》 1928년 7월 28일; 〈彌生町 土幕民 警察에 拘留〉《매일신보》 1931년 11월 1일.

109 〈靑葉町 卅餘 土幕에 移住費 支給 決定〉《동아일보》 1937년 10월 19일.

110 〈撤退命令 받고 七十名 焦慮, 孝昌園 土幕民 情景〉《동아일보》 1935년 9월 28일; 〈三坂通 土幕村에 强制撤去 通告, 嚴冬 앞둔 住民의 去就가 問題〉《동아일보》 1937년 9월 29일.

수했다. 이때 대부분의 주민은 실질적인 위협의 해결책으로 후술할 최후의 방법으로 곧장 나아갔다. 그러나 일부는 그에 앞서 공동체의 여건에 맞는 두 가지 전술을 사용하여 맞닥뜨린 폭력에 직접적으로 맞섰다.

하나는 대규모 부락에서 나타나는 항거였다. 이 방식이 처음으로 등장한 곳은 1923년 도염동 105번지였다. 당시 종로5정목의 '조산부락'과 함께 대단위 불량주택지구라 할 만한 이곳에는 160명이 살고 있었는데, 주민은 토지를 소유한 양정고등보통학교의 퇴거 명령을 전혀 듣지 않았다. 그러자 지주는 소송을 거쳐 철거의 권리를 획득하고 1925년 6월 11일 불량주택의 파괴에 나섰다. 이를 본 100여 명은 인부를 에워싸고 사방에서 돌팔매질을 개시했다. 결국 사태의 심각성을 깨달은 경찰은 작업을 중지시켰다.[111]

이것을 시발점으로 불량주택 주민의 항거는 대단위 지구의 철거 때마다 연례행사와 같이 일어났다. 1933년과 1935년 신당리 236번지와 162번지에서는 지주가 부락민 가운데 일부를 대상으로 소송을 제기한 후에 대리인의 사무원이 피고인의 집에 들어가 무작정 세간을 끌어내려고 시도했다. 주민은 지주의 행동이 분열공작임을 알아채고 우세한 힘을 활용하여 사무원의 행동을 저지했다. 마찬가지로 1938년 신설정에서는 토지를 빌린 임대업자가 인부를 보내 불량주택의 철거를 감행했는데, 극도로 분개한 200여 명의 궐기로 험악한 분위기가 연출되었고 급히 출동한 경관의 제지로 겨우 사건이 일단락되었다.[112]

111 〈움집을 헐으라, 양정학교의 청구〉《동아일보》 1923년 12월 11일; 〈養正校基地 家屋撤回로 執達吏와 住民 衝突〉《조선일보》 1925년 6월 13일.

112 〈執行 나온 執達吏와 全洞民이 對峙中, 新堂里 土幕民 情景〉《동아일보》 1933년 12월 17일; 〈新堂里垈地系爭公判 被告, 暴行을 否認, 檢事는 各各體刑求刑〉《조선일보》

나머지 하나는 농성이었다. 공사의 착공과 경관의 '미화'가 시급한 곳에서는 계획된 일정대로 불량주택의 정리가 일사천리로 단행되었다. 때문에 불량주택 주민은 주거공간이 사라지는 광경을 무기력하게 바라볼 수밖에 없었지만, 그렇다고 마냥 가만히 있지만은 않았다. 그들은 최소한의 지원을 얻기까지 다른 곳으로 떠나지 않고 시위에 들어갔다. 예를 들어 1935년 조선도시경영주식회사의 문화주택단지가 조성되는 신당리에서는 경찰의 중재로 철거문제가 원만히 해결되었다. 불량주택 주민은 회사가 제공한 부지로 이사를 준비했다. 그런데 선발대가 사전에 답사한 이주지는 도저히 판잣집을 지을 수 없는 환경이었다. 개울가 근처의 습지인 데다가 장마철에는 개울물이 넘쳐 침수될 가능성이 높았던 탓이다. 자신들을 '사지'로 내쫓은 회사의 행태에 분노한 철거민은 원주지로 다시 돌아왔다. 그들은 우물이 이미 폐쇄되고 한쪽에서는 정지공사가 진행되는 상황임에도 불구하고 한동안 자리를 고수했다.[113]

세 번째는 최종적인 방법인 진정이었다. 사실 불량주택 주민의 무시와 대항이 지주의 개발 욕망을 압도하기란 불가능에 가까웠다. 정당한 절차를 밟았거나, 경찰의 지원을 등에 업은 지주는 철거를 끝까지 밀어붙였다. 막다른 길에 들어선 불량주택 주민은 그제야 방향 전환의 필요성을 인식하고 살길을 찾아 나섰다. 그들은 문제 해결의 열쇠를 쥐고 있는 조선총독부를 찾아가 대책을 요구했다.

1935년 6월 13일; 〈新設町五 百餘 土幕村에 遂! 强制撤毁의 騷動〉《동아일보》 1938년 4월 22일.

113 〈貧民 逐出의 怪手段, 井戸를 메워버려〉《조선일보》 1935년 9월 24일.

〈표 6〉 경성 불량주택 주민의 진정 사항

구분	기한 연기	보상		토지 불하	계
		토지	비용		
수치	22	5	3	6	36
비중(%)	61.11	13.89	8.33	16.67	100

출처: 〈부표〉
비고: ① 정확한 요구 사항을 확인할 수 없는 경우를 제외했다. ② 건축 자재 요청은 보상의 비용 항목에 집계했다. ③ 토지 불하는 매매와 더불어 임차까지 포함시켰다. ④ 하나의 사건에서 진정 사항이 여러 개이면 중복으로 표기했다.

먼저 불량주택 주민이 가장 소망한 바는 현상 유지였다. 〈표 6〉을 보면 전체 36건 중에 원주지에 그대로 머물게 해달라는 기한 연기가 22건(61.11%)이었다. 이와 동일한 성격으로 거주지의 불하(임대)와 관련된 사항이 6건(16.67%)이었다. 이어서 토지 보상이 5건(13.89%), 이전비용 지원이 3건(8.33%)이었다. 그렇다면 불량주택 주민은 왜 이주보다 현주現住를 우선시했는가.

주된 원인은 새로운 삶을 설계할 여유가 없었던 까닭이다. 다른 곳에 정착하려면 주거공간을 마련할 시간과 비용이 필요했다. 그러나 "푼돈이 없이 하루 벌어 하루 먹는" 불량주택 주민은 이주로 인하여 발생하는 수입의 공백을 버티기 어려운 처지였다.[114] 세민지구에 입주하는 조건으로 대지 15평과 지원비 10여 원을 받는다 한들 "이사하는 동안과 집 짓는 동안 무엇을 먹고"[115] 살 것인가. 더욱이 도시 외곽에 위치한 곳으로 거처를 옮기는 행위는 불량주택 주민에게 수입원의 상실을 의미했다. 주로 도심의 노동시장을 중심으로 생계를 꾸려 나가는 동부 지역, 영등포 공장지대를 비롯하여 부근의 토건 공사장에서 품을 팔아 먹고사는 남부 방면 등의

114 〈집은 헐리고 갈 길이 망연한 三坂通 土幕民들〉《매일신보》 1931년 7월 31일.

115 〈垈地를 提供해도 家屋建築이 問題, 移住할 동안 生途가 漠然하여〉《조선중앙일보》 1936년 4월 14일.

주민이 이주를 사활이 걸린 문제로 인식한 이유가 바로 여기에 있다.[116]

부차적으로는 불량주택 주민이 학습 효과를 통해 이주의 유해성을 체득했다는 사실이다. 세민지구를 제외하고 그들에게 제공된 이주지는 안전한 장소가 아니었다. 행정당국은 사태를 무마하는 차원에서 변두리의 황무지를 제공하고 다시 그곳이 개발되면 다른 황무지로 대체하는 돌려막기 방식을 사용했다. 청계천변에 살던 이들과 신당리 225번지의 23호에게 광희문 밖 공동묘지 터를, 경성부 운동장 뒤에 기거하던 57호에게 상왕십리의 부유지를 제공한 뒤에 그 땅을 개발업자에게 매각하여 재차 분란을 야기한 과정이 전형적이었다.[117] 게다가 보상으로 지급되는 이전 비용은 판잣집을 짓기에 턱없이 모자랐다. "토막과 같은 집을 짓는다 할지라도 100원 이내 돈은 가져야 할 것인데, 이사비용으로 10여 원의 금전을 가지고는 도저히 토막이라도 지어 살아갈 수 없는" 상황임에도 불구하고[118] 지주는 적정 수준의 보상비를 지급하지 않았다. 그 결과 다른 방법을 통해 돈을 조달한 불량주택 주민은 다시금 부채의 굴레에 빠져들었다. 현실의 변화에 따라서 언제든지 쫓겨날 위험이 다분한 공간으로, 그것도 빚을 짊어져야 하는 이주지로 떠날 사람이 과연 얼마나 있겠는가.

다음으로 불량주택 주민은 두 가지 논법을 진정의 무기로 활용했

116 〈靑葉町 土幕民 十九戶, 秋霜! 移轉費 五圓式주어 弘濟院으로〉《조선일보》 1937년 9월 7일; 〈東部京城繁榮記, 土幕民整理보다 競馬場 移轉急務〉《조선일보》 1938년 5월 4일.

117 〈同情에 甦生한 土窟民〉《매일신보》 1927년 7월 18일; 〈土幕民移轉〉《朝鮮新聞》 1931년 5월 13일; 〈垈地를 內田元治郎氏 個人에 賣卻 갈 곳 없는 五十七戶〉《동아일보》 1933년 9월 16일; 京畿道 警察部長, 〈新堂里一六二番地土地問題ニ關スル件〉, 1935 (김경일 편, 앞의 책, 2002, 261~265쪽 재인용)

118 〈强制로 撤家 三坂通 土幕民 受難, 地主와 住民들이 衝突까지 되어〉《동아일보》 1936년 5월 13일.

다.[119] 하나는 비참한 처지를 강조하는 궁박窮迫이었다. 아래 ①의 송월동 주민은 단칸방조차 빌릴 수 없는, 생활난에 쪼들리는 가난한 현실 속에서 불량주택이나마 지을 수 있어서 그동안 목숨을 부지했다는 사실을 진솔하게 써 내려갔다. 그러면서 철거와 과도한 차지료의 요구는 여전히 기아에 허덕이는 우리들을 사지로 내모는 행위이므로 빈민의 사정을 헤아려 방침을 철회해달라고 하소연했다. 덧붙여 송월동 주민은 지주인 경성중학교가 불쾌하게 생각하는 주거환경과 생활양식을 시정하겠다고 다짐했다.[120]

①경성 송월동 주민의 애원서[121]

우리들은 생활난에 쪼들려 그날그날을 살아 갈 힘이 없을 뿐만 아니라 몸을 담아 둘 1칸 斗屋조차 없어 늙은 부모와 처자를 이끌고 길거리로 돌아다니다가 … 움을 묻은 후 있는 사람들의 고루거각 그것이나 다름없이 기뻐하며 살아오던 중 … 귀서에서 집을 헐러가지고 가라 하시나 … 우리들의 갈 곳은 지금 우리가 사는 토굴밖에 없사오니 그대로 살도록 하여 주심을

119 경성의 불량주택 주민이 제출한 진정서 가운데 그 내용을 온전히 파악할 수 있는 경우는 2건에 불과하다. 양적인 측면에서 보자면 2건은 어떠한 흐름을 분석하기에 부족한 숫자이다. 그러나 각종 언론에 등장하는 압축적인 진정서 내용이나 불량주택 주민의 인터뷰와 대조해보면 여기서 다루는 2건이 진정서의 보편적인 형태임을 확인할 수 있다. 그러므로 2건을 통해 일정한 경향성을 파악하는 작업이 무리한 일은 아니라고 여겨진다.

120 송월동 주민이 약속한 사항은 네 가지였다. ① 성벽의 파괴를 방지하고 극력 이것의 보존에 최선을 다하겠다. ② 土石을 파서 요철이 생긴 장소는 반드시 원상 복구하겠다. ③ 경성중학교 소유 임야의 낙엽을 채취하거나 수목을 베는 행위를 절대로 하지 않겠다. ④ 적어도 경성중학교를 방해하거나 미혹하게 만드는 일을 하지 않겠다(〈土窟民五十人死活の陳情, 西大門署へ泣き込む〉《朝鮮新聞》 1929년 3월 5일).

121 〈天地는 넓으나 갈 곳은 없다, 松月洞 土堀民 陳情〉《매일신보》 1929년 3월 5일.

바라고 연명으로 애원함.

②고양군 한지면 신당리 주민의 진정서[122]

1932년 5월 산림과로부터 철거 명령을 받았다. 그러나 이전할 여력이 없으므로 1933년 3월까지 유예해달라고 하면서 오늘에 이르렀다. 이번 달 17일 재차 8월 2일까지 전부 철거하라는 명령을 받았는데, 도저히 이전할 여력이 없다. 1933년 3월경부터 이전비용을 마련할 목적으로 친목회를 만들어 매월 50전을 저축하고 있다. 내년 5월까지 이주가 가능하다고 사료된다. 그때까지 철거를 유예시켜 달라.

다른 하나는 스스로의 힘으로 살아가겠다는 자활自活이었다. 보안림으로 지정된 장소에 거주하는 신당리 주민(②)은 그날 벌어 생활하는 관계상 이주할 여력이 전무하다는 사실을 전제하고 지금까지 경기도 산림과의 명령을 부득이하게 거스를 수밖에 없었던 사정을 솔직하게 털어놓았다. 그러나 ①과 달리 신당리 주민은 퇴거 명령의 재고를 직접적으로 요구하지 않았다. 그들은 이주의 필요성을 인식하여 친목회를 만들고 매월 50전을 저축하고 있으니 1934년 5월까지 기다려달라는 입장을 드러냈다.

마지막으로 불량주택 주민은 진정 효과의 극대화를 위해 공동체의 전체 인원이 참여하는 스펙터클한 광경을 연출했다. 약자가 강자에게 자신의 형편을 최대한 공손하고 조용하게 하소연하여 문제를 해결하는 진정은 대체로 남성 유력자로 구성된 대표단에게 맡겨졌다. 그런데 불량주

122 〈保安林中ノ土幕撤去ニ關スル件〉《保安林編入關係書類》, CJA0011578(국가기록원 소장), 1933, 460~462쪽.

〈그림 4〉 경성 동·서부이촌동(좌)와 용두정(우) 불량주택 주민의 진정

출처: 〈便法을 講究하여 無緣墓를 處分〉《매일신보》 1930년 9월 3일; 〈家屋 流失한 土幕民 百二十餘名 今日 京城府에 陳情〉《매일신보》 1940년 7월 24일.

택 주민의 진정에는 다른 모습이 나타났다. 그들은 유력 인사(지식인)라고 할 만한 사람을 찾을 수 없는 공동체의 인적 구성, 생계를 책임지는 남성의 대부분이 일용직에 종사하는 직업 특성, 모든 가구의 생존과 직결된 문제의 성격 등에 기인하여 공동체 구성원이 모두 조선총독부를 방문하는 대규모 '시위대'를 조직했다.

〈그림 4〉를 보면 동·서부이촌동과 용두정 주민의 진정단에는 다양한 인원이 참여했다. 그날 일거리를 얻지 못한 남성, 일터에 나간 가장을 대신하여 어린 아이를 업고 나온 여성, 앳돼 보이는 남녀 어린이와 노인 등이 한데 뭉쳐 경성부청을 찾아갔고 대표로 선발된 사람이 당국자를 면담하는 동안 그 자리를 지켰다. 이외에도 1927년 오간수교五間水橋 동쪽 하천부지에 거주하는 불량주택 주민의 진정단 가운데 어린 아이와 함께 따라온 부인은 돈을 벌기 위해 남성이 돌아간 뒤에도 오랫동안 경찰서 앞에서서 일종의 침묵 '시위'를 이어갔다.[123]

123 〈"陳情書는 接受不能" 東大門署의 加藤署長談〉《중외일보》 1927년 6월 25일.

대도시에서 자주 접할 수 없는 낯선 모습은 한 집단에 국한된 철거 사태의 사회문제화에 어느 정도 기여했다. 적게는 수십 명, 많게는 수백 명에 이르는, "영양부족으로 얼굴이 누렇게"[124] 뜬 남녀노소의 소란스러운 행진과 농성은 사회의 시선을 끌기에 충분했다. 특히 조선인 언론은 파괴된 불량주택과 주민의 진정 모습을 사진과 함께 경쟁적으로 보도했다. 가난한 조선인의 비극은 일본인 중심의 개발과 식민지의 냉혹한 현실을 비판하는 자신들의 전략에 적합한 소재였기 때문이다. 따라서 불량주택 주민이 의도했건, 의도하지 않았건 빈민, 여성, 어린이, 노인으로 구성된 진정단은 민족주의 세력의 정치적 기획과 만나 사회적인 관심과 동정을 얻는 데에 효과를 발휘할 수 있었다.

4. 맺음말

경성의 어둠을 상징하는 불량주택은 임대가격의 추세적 상승, 부족한 사회주택의 편향적 공급, 재해의 엄습, 행랑방의 소멸을 배경으로 간과할 수 없는 중요한 사회문제로 자리를 잡았다. 먼저 양적인 흐름을 살펴보면, 불량주택은 1940년대까지 급증했다. 1925년 632호였던 불량주택은 1942년 7,426호로 11.75배 늘어났다. 다음으로 질적인 변화상을 들여다보면, 동부 일대를 중심으로 한 불량주택의 집단화 현상이 나타났다. 1925년 전체의 37.5%를 차지한 동대문경찰서의 비중은 1935년 80.79%로 상승했다. 다른 지역에 비해 동부 방면이 일자리를 구하기가 편리하고 주거의 안

124 〈去處가 없으니 警察署 留置場에, 兩處 住民 警察에 陳情〉《동아일보》1927년 6월 25일.

정성이 높았기 때문이다.

불량주택은 빈민에게 남은 마지막 쉼터였다. 그러나 평화로운 공간은 아니었다. 이윤 획득과 공공의 이해를 중시하는 지주는 불량주택을 재산권의 정당한 행사를 방해하는 불법적인 가건물로 여겼다. 그들은 아무런 대책 없이 장애물의 제거와 주민의 구축을 밀어붙였다. 살아가려는 자와 개발하려는 자의 갈등은 경성이 문명으로 도색된 대도시로 성장할수록 격렬해졌다. 불량주택 주민은 모든 수단을 총동원하여 철거 작업에 끝까지 저항했다. 이에 1923~1941년 경성에서는 2만 5,153명이 참가한 54건의 운동이 벌어졌다.

이를 두 층위로 나누어 정리하면 첫째, 지역적으로는 불량주택의 규모에 비례하는 양상이 나타났다. 운동은 동부 방면에서 제일 활발히 이루어졌다. 건수 기준으로 25건(46.3%)이 이곳에서 표출되었다. 특히 이 경향은 인원을 기준으로 했을 때 보다 돋보였는데, 1만 8,167명이 관계된 동부 지역은 총수의 72.23%를 점유했다. 둘째, 시기별 추이는 1930년대 후반을 기점으로 확대된 반발이 소강상태로 접어드는 흐름을 보였다. 개별적인 차원에서 불량주택이 문제시되는 첫 번째 시기(1923~1929년)에는 2,285명이 관여한 10건이 산발적으로 터져 나왔다. 교외에 내 집을 확보하려는 수요가 왕성해지고 당사자의 형편을 무시한 빈민주거대책이 본격화되는 두 번째 시기(1930~1937년)에는 1만 5,583명이 참여한 34건이 다양한 장소에서 분출되면서 저항이 활성화되었다. 토지구획정리사업의 지연과 강제이주사업의 중단이 동시에 이루어지는 세 번째 시기(1938~1941년)에는 7,285명이 관계된 10건이 발생하면서 운동이 잠잠해졌다.

그럼 불량주택 주민의 집단행동은 구체적으로 어떻게 전개가 되었을까. 먼저 사회적으로 소외된 이들의 조직화는 자생적인 결속의 형태를 띠었다. 개발에 우선권을 부여한 민족주의 세력이나, 일반적인 계급론에 의거한 사회주의 세력이 철거문제에 직접적으로 개입한 경우는 한 건도 없었다. 54건 모두 각박한 세상과 대비되는 고립된 '별세계'에서 동일한 감정과 밥벌이를 공유하는 불량주택 주민이 지닌 강고한 유대감과 연대의식에 기초하여 공동운명체로 나아갔다. 이때 사건에 관계된 누구나 자유롭게 참석하여 의견을 제시하고 열띤 토론을 거쳐 향후 방향성을 결정하는 의사결정기구의 가동과 공론의 창출은 조직의 응집력을 높이는 데 기여했다.

다음으로 오래된 관념체계 속에서 살아가는 불량주택 주민은 두 가지 측면에서 철거를 부당하다고 인식했다. 하나는 토지 사용과 관련된 관습의 무시였다. 지주의 허락을 받지 않고 지어진 주택에 대해 철거를 강요할 수 없다는 사회적 규범은 식민지까지 이어졌다. 불량주택 주민은 토지 활용과 거주의 권리를 중요시하는 상식을 통해 세상을 바라봤다. 특히 필요에 따라 불량주택의 점유권을 인정한 행정당국의 조치는 습속 규범의 재생산에 일조했다. 그러므로 막무가내로 진행되는 철거는 불량주택 주민에게 청천벽력과 같은 일이었고 그들의 산산조각이 난 기대감은 분한 감정을 일으켰다. 다른 하나는 비인도적 행태였다. 유교에서 파생된 인정체계는 일제강점기에 들어와 와해가 되었지만, 왕은 하층민을 보살펴야 한다는 관념은 소멸되지 않았다. 천황제 자혜주의가 일시동인의 핵심 기제로 실시되었던 까닭이다. 이에 생계유지에 필요한 최소한의 지원이나 인간적인 조치가 결여된 무규범적인 철거는 불량주택 주민의 분노를 자아냈다.

마지막으로 불량주택 주민은 자신들의 요구를 쟁취할 때까지 지구전을 펼쳤다. 방식은 크게 세 단계로 이루어졌다. 첫 번째는 보편적으로 사용된 무시였다. 지주로부터 퇴거 명령을 받은 불량주택 주민이 자진하여 물러선 사례는 전무했다. 심지어 그들은 이주를 약속한 후 기간이 도래하면 다시 합의를 깨뜨리는 진화된 전술을 동원하기도 했다. 두 번째는 선택적으로 활용된 대항이었다. 대규모 부락에서는 강제적인 철거 작업을 물리력으로 막아내는 항거가 연례행사처럼 연출되었다. 반면에 수적 열세 속에서 이미 불량주택이 파괴된 지구에서는 다른 곳으로 곧바로 떠나지 않고 그 자리를 한동안 지키는 농성이 전개되었다. 세 번째는 최종적인 방법으로 이용된 진정이었다. 막다른 지경에 이른 불량주택 주민은 여타의 사회운동에서 나타나는 모습과 달리 남녀노소가 한데 뭉쳐 행정당국을 찾아가 비참한 처지와 자활의 의지를 강조하면서 진정서를 전달했다. 요지는 입에 풀칠이나마 할 수 있는 현주지에서 계속 머물게 해달라는 것이었다.

경성에서 일어난 철거반대운동은 대표적인 사회운동 가운데 하나였다. 단칸방조차 얻을 여력이 없는 하층민은 일차적으로 불량주택의 존속을, 이차적으로 적절한 보상을 요구하면서 식민지 자본주의 체제와 통치성에 이의를 제기했다. 종국적으로 그들은 생존이라는 문제를 화두로 던졌다. 오늘날 불량주택 주민의 집단행동을 주목해야 할 이유가 바로 여기에 있다. 과연 지금 인간의 기본권은 개발(소유권)보다 우선시되고 있는가, 나아가 주거 빈민은 구시대의 낡은 유물이 되었는가. 일제강점기 삶의 현장에서 불량주택 주민이 써 내려간 자기 해방의 역사는 오래된 미래의 한 장면이었다.

〈부표〉 1923~1941년 경성 불량주택 주민의 철거반대운동 연표

지역	소유주	거주 인원	퇴거 원인	진정 기관
도염동	사유	160명	교사 신축	양정고보
동정동	국유	300명	운동장과 공원 신축	경찰서, 경성부
동부이촌동	국유	108호	미관 훼손	경성부
신당리	국유	60호	학교·주택 신축	
창신·숭인동	국유 사유	28호 20호	미관 훼손 하천 정리	경찰서, 경성부
죽첨정	사유	200명	주택지 조성	
도화동	국유	250명	조림사업 방해	
송월동	국유	80명	미관 훼손	경찰서, 경성중학교
신당리	국유	30호	무허가 건축	
금정	국유	13호	미관 훼손	경찰서
안암리	사유	50호	무허가 건축	
신당리	사유	1,000명	주택지 조성	경찰서, 경기도
송월동	국유	170명	무허가 건축	경성부, 경기도
행촌·현저동	사유	45호	주택지 조성	경찰서
신당리	국유	150명	재산 관리 방해	경성부
신당리	국유	200명	재산 관리 방해	경성부
삼판통	사유	9호	주택지 조성	
봉래정	국유	260명	불명	경찰서, 경성부
송월동	국유	800명	측후소 건축	경성중학교, 경찰서 경성부, 경기도

내용	출처
누차 퇴거 명령 무시, 소송에서 소유주 승리 주민이 철거에 대항, 소유주에 진정	《동》 1923년 12월 11일 《조》 1925년 6월 13일
이전비용 마련할 때까지 유예 요청 경성부에서 이전비용 지급	《朝》 1925년 3월 22일 《매》 1925년 3월 25일
누차 퇴거 명령 무시, 여러 차례 주민 회합 이주지 제공 요청	《시》 1925년 10월 11일
누차 퇴거 명령 무시	《朝》 1926년 7월 5일
1921년부터 퇴거 명령 무시, 경찰의 최후 명령 퇴거 유예 요청, 국유지는 이주지 제공 사유지는 지주가 토지 사용을 허락	《매》 1927년 6월 21일 《동》 1927년 6월 24일 《매》 1927년 7월 18일
철거 이후 그 자리에서 농성	《동》 1928년 5월 12일
누차 퇴거 명령 무시 주택 신축이 불가능한 이주지로 가기를 거부	《매》 1928년 5월 25일 《동》 1928년 7월 28일
10개월 전부터 퇴거 명령 무시, 퇴거 유예 요청 경찰은 최후 퇴거 명령	《매》 1929년 3월 5일 《중》 1929년 3월 5일
퇴거 명령 무시, 일부 주택 철거	《조》 1929년 6월 26일
내년 봄까지 퇴거 유예 요청	《동》 1929년 9월 27일
엄동설한의 퇴거 명령에 주민이 극도로 분개 경찰이 중재하여 봄까지 퇴거 유예 합의	《朝》 1930년 1월 8일
누차 퇴거 명령 무시, 지주가 정지공사 시작 이주지 확보 이후 지주에게 이전비용 지급 요청 그러나 지주 거부, 협상을 통해 주민이 토지 매입	《매》 1930년 3월 25일 《동》 1930년 3월 28일 《朝》 1931년 4월 25일
경찰이 출동하여 철거, 주민 연행 주민은 억울한 사정 호소, 신간회 경성지회 조사	《조》 1930년 4월 23일 《중》 1930년 5월 1일
작년부터 퇴거 명령 무시, 철거 진행 퇴거 유예 요청, 철거 장소에서 농성	《조》 1931년 1월 23일 《동》 1931년 6월 6일
철거 진행, 억울한 사정 호소, 이주지 제공	《동》 1931년 5월 10일
철거 진행, 보상 요구	《朝》 1931년 5월 11일
1개월 기한의 퇴거 명령 무시 철거 진행	《매》 1931년 7월 19일 《매》 1931년 7월 31일
내년 봄까지 퇴거 유예 요청	《동》 1931년 9월 22일
누차 퇴거 명령 무시, 내년 봄까지 퇴거 유예 요청 대규모 철거로 사회문제화, 세민지구 조성사업 시작 철거 진행	《조》 1931년 10월 7일 《朝》 1931년 10월 10일 《동》 1931년 10월 11일

지역	소유주	거주 인원	퇴거 원인	진정 기관
미생정	국유, 사유	19호	무허가 건축	
행촌동	국유	250명	불명	경찰서
신설·안암리	국유	100명	불명	경찰서, 고양군, 경기도
영등포읍	국유	40호	무허가 건축	시흥군
창신동	국유	10명	무허가 거눅	경찰서
신당리	사유	5,000명	불명	경찰서, 경성부 경기도, 경성지방법원
신당리	사유	372명	무허가 건축	경기도
상왕십리	사유	57호	불명	경기도
신당리	사유	240호	주택지 조성	
도화동	국유	20호	불명	경성부
신당리	국유	12호	공설세탁장 신축	경성부
영등포읍	국유	20호	재산 관리 방해	
신당리	사유		주택지 조성	
신당리	사유	100호	주택지 조성	
청엽정	사유	70명	미관 훼손	
누상동	사유	20명	불명	경찰서
신당리	국유	80호	불명	경찰서, 경성부
도화동	국유	300명	세민지구 집결	경성부
염리	국유	40호	공동묘지 훼손	
냉천·정동정	국유	90호	세민지구 집결	

내용	출처
퇴거 명령과 건축 금지 명령 무시 경찰서에서 호주를 구류 처분	《朝》1931년 10월 31일 《동》1931년 11월 1일
퇴거 유예 요청	《조》1932년 5월 5일
내년 봄까지 퇴거 유예와 이주지 지급을 요청	《동》1932년 11월 20일
쓰라린 사정을 호소	《매》1933년 5월 7일
경찰에 퇴거 유예 요청	《동》1933년 5월 31일
경성부는 주민의 토지 불하 요청을 거절 지주는 주민에게 차지료 납부, 혹은 퇴거 요구 주민은 계약조건을 이유로 지주에게 토지 매도 요구 지주 거부, 결국 주민은 소송을 제기 재판소가 토지 매매를 중재했지만, 실패로 끝남	《조》1933년 8월 5일 《조중》1934년 3월 21일 《조중》1934년 12월 8일 《매》1935년 7월 17일 《조》1939년 3월 18일
누차 퇴거 명령 무시 이전비용 마련 중, 내년 봄까지 퇴거 유예 요청	《조》1933년 8월 23일
경성부의 알선으로 상왕십리 524번지로 이주 토지를 매입한 일본인 지주의 퇴거 명령 경기도지사에게 진정서 제출	《동》1933년 9월 16일
지주의 퇴거 명령에 주민은 토지 매입을 결의 단체를 조직하고 자체 기금 마련 지주가 요구한 가격에 매매 성립	《조중》1933년 11월 11일 《조중》1933년 11월 26일 《조》1933년 12월 20일
퇴거 명령과 기한 무시, 내년 봄까지 퇴거 유예 요청 철거 진행	《조중》1933년 11월 14일
이전비의 증액을 요청	《동》1934년 10월 28일
수개월 전부터 퇴거 명령 무시	《조》1935년 4월 7일
주민은 퇴거 요구에 대응하기 위한 회의 진행 경찰은 주동자를 연행	《동》1935년 4월 14일
지주가 제공한 이주지는 거주에 부적합 분개한 주민은 다시 예전 거주지로 돌아와 농성	《조》1935년 9월 24일
합의한 퇴거 기한을 무시하고 그대로 거주	《동》1935년 9월 28일
추위와 기아를 구제해달라고 호소	《朝》1935년 10월 25일
개인에게 토지를 불하한다는 소문이 돌자 주민이 먼저 나서서 토지 불하를 요청	《동》1935년 11월 9일 《동》1935년 11월 10일
세민지구로 이전할 경우 생계유지가 불가능 내년 봄까지 퇴거 유예와 이전비용 지급 요청 토지를 불하할 계획이라면 우선권 요구	《조중》1935년 11월 12일
퇴거 명령 무시	《조》1935년 11월 30일
주민은 경찰의 세민지구 이전 명령을 거부	《조중》1936년 4월 14일

지역	소유주	거주 인원	퇴거 원인	진정 기관
삼판통	사유	30호	세민지구 집결	
신당정	국유	200호	세민지구 집결	경찰서
영등포정	국유, 사유	506명	무허가 건축	경찰서
삼판통	사유	21호	세민지구 집결	경찰서
청엽정	사유	200명	주택지 조성	경찰서
염리정	사유	300명	주택지 조성	경찰서
신당정	사유	400명	주택지 조성	
신설정	국유	2,000명	시가지계획 방해	경성부, 경기도
아현정	불명	12호	무허가 건축	경찰서
돈암정	국유	500호	시가지계획 방해	경기도
제기정	국유	300명	제방 훼손	경성부
용두정	국유	80호	제방 훼손	경성부
안암정	국유	200호	시가지계획 방해	경성부
한강인도교	국유	4~50세대	제방·미관 훼손	
미생정	국유	20세대	미관 훼손	

내용	출처
철거에 대항, 경찰이 이전비용 지급을 중재 주민은 이전비용이 적으므로 이전비용을 마련할 때까지 퇴거 유예 요청	《동》 1936년 5월 13일
이전비용 지급 요청	《동》 1936년 7월 28일
누차 퇴거 명령과 합의한 퇴거 기한 무시 내년 봄까지 퇴거 유예 요청	《조》 1937년 3월 29일
누차 퇴거 명령과 합의한 퇴거 기한 무시 내년 봄까지 퇴거 유예 요청	《동》 1937년 8월 12일 《동》 1937년 9월 29일
작년부터 퇴거 명령 무시, 일차로 퇴거 유예 요청 그러나 경찰 거절, 주민은 그대로 거주 다시 구차한 사정을 호소, 지주가 이전비용 지급	《동》 1937년 7월 6일 《조》 1937년 9월 7일 《동》 1937년 9월 15일
누차 퇴거 명령 무시, 당분간 퇴거 유예 요청	《동》 1938년 1월 15일
지주가 관청인 것처럼 속여 철거 진행 주민은 그 자리에서 농성할 예정	《조》 1938년 4월 9일
경성부는 개인에게 토지를 불 주민은 철거에 대항, 토지 대부 요청	《매》 1938년 4월 19일 《동》 1938년 4월 22일
경찰이 퇴거 명령, 진정단을 꾸려 울면서 호소	《京》 1938년 6월 28일
누차 퇴거 명령 무시 퇴거 유예와 이주지 제공 요청	《조》 1939년 7월 6일
철거 진행, 이주지 제공 요청	《조》 1939년 9월 7일
철거 진행, 구제 호소, 함북지방 광산노동자 제의	《조》 1940년 7월 30일
철거 진행, 구제 호소, 함북지방 광산노동자 제의	《매》 1941년 7월 18일
누차 퇴거 명령 무시, 철거 진행과 귀향 권유	《매》 1941년 8월 28일
누차 퇴거 명령 무시, 철거 진행과 귀향 권유	《매》 1941년 8월 28일

비고: ① 보도된 갈등 가운데 불량주택 주민의 대응 방침을 확인할 수 있거나, 혹은 전개 과정이 구체적으로 드러나는 활동만 운동에 포함했다. ② 지면 관계상 사건과 관계된 중요 기사만 출처에 기재했다. ③ 《京》은 《京城日報》, 《동》은 《동아일보》, 《매》는 《매일신보》, 《시》는 《시대일보》, 《朝》는 《朝鮮新聞》, 《조》는 《조선일보》, 《조중》은 《조선중앙일보》, 《중》은 《중외일보》를 지칭한다.

제4장

해방 이후~1970년대 서울지역 농인의 삶과 '농 공동체'

소현숙(동아대학교 젠더·어펙트연구소 조교수)

1. 머리말

1955년 10월 12일자 《동아일보》에는 〈벙어리 천재 '조'군 도미渡美 유학 시험에 '파스'〉라는 제목의 기사가 실렸다. 종로구 중학동에 거주하는 26세의 조경건이라는 청년이 "벙어리"임에도 불구하고 국문 해득은 물론 영문 실력이 상당하여 미국 유학을 위한 학과 시험에서 당당히 일반인들을 제치고 통과했다는 내용이다. 이미 미군 부대에서 번역관으로 근무한 경험이 있는 조경건은 농아인 단체인 한국농아협회 본부의 이사로도 활동했는데, 특수교육학을 전공하고자 도미 유학에 나서게 된 것이었다.[1] 농아협회는 유학하는 조경건을 위해 그가 유학하는 5년간 연구보조금을 지급하기로 결의하였다.[2] 전쟁 직후의 궁핍한 상황이었지만 미래의 농인 교육을 담당할 인재를 키우겠다는 희망 속에서 농아협회가 재정지원에 나선 것이다. 장애인의 삶에 대한 국가와 사회의 전반적인 무관심과 냉대가 팽배했던 시기였지만, 농인들은 스스로 공동체를 이루고 연대하며 미래의 새로운 삶을 모색해 나가고 있었음을 이 기사는 보여준다.

흔히 청각장애는 고쳐야 할 질병으로 간주되어 왔으며, 농인의 삶은 얼마만큼 청인 중심의 사회에 잘 적응했는가 하는 동화주의의 관점에서 평가되곤 하였다. 그러나 최근에는 농인들의 독자적인 문화와 공동체에 주목하면서 청력 상실을 부정적으로 보는 시각에서 벗어나 이를 사회문

1 〈벙어리 천재 〈조〉군 도미유학시험에 〈파스〉〉《동아일보》 1955년 10월 12일.

2 한국농아인협회, 《농아인과 사회》, 한국농아인협회, 1999, 243쪽.

화적 현상으로 간주하고 농인을 수어를 모국어로 사용하며 고유한 농문화를 발전시키는 문화적·언어적 소수집단으로 이해하려는 시각이 대두하고 있다.[3] 전자가 농인을 결여된 존재로서 '정상'의 틀 속에 편입시킬 대상으로 인식하는 것에 반해, 후자는 인간의 다양성에 근거하여 농인의 독특한 문화를 인정하고 그 주체성에 주목하려는 입장이라 하겠다.

역사적으로 볼 때 이러한 농인에 대한 이러한 두 가지 시각은 순차적이기보다는 동시적으로 공존해 온 것으로 보인다. 국가와 사회가 농인을 끊임없이 '결여된 존재'로서 '정상적 삶'의 주변부로 편입시키고자 노력해 왔다면, 농인들은 이러한 압력에 대응하면서 한편으로는 정상성을 추구하며 사회 속에서 소외되지 않도록 노력하면서도 다른 한편으로는 그들 자신만의 독특한 언어와 주체성, 가치관을 지닌 소수집단으로 결집하고 연대해 왔다. 따라서 과거 농인들의 삶과 역사를 제대로 이해하기 위해서는 주류집단에의 동화와 농문화를 중심으로 한 이화라는 서로 다른 두 힘의 상호작용을 염두에 둘 것이 요청된다.

본 연구에서는 해방 직후에서 1970년대까지 서울지역을 중심으로 농인[4]들의 생활 실태와 다양한 조직화 과정을 통하여 농인 공동체가 형성

3 Ladd, P. 2003 Understanding Deaf culture: in search of deaf hood, Disability & Society, 18(7); 장윤영·정호영, 〈농인의 삶에 관한 질적 연구: 소리 세계의 이방인에서 수화로 소통하는 소수집단의 주체로 가능성 찾기〉《특수교육저널: 이론과 실천》 11-4, 2010, 516~517쪽.

4 본 연구에서는 청각장애인이라는 용어 대신 '농인'이라는 용어를 사용한다. 농인은 청각에 장애가 있어 소리를 듣지 못하는 사람으로 주로 수어로 의사소통을 하는 사람들을 지칭한다. 최근에는 농인을 장애인이 아닌 수어로 소통하는 소수집단으로 보는 시각도 나타나고 있는 한편, 인공와우가 발전한 오늘날 청각장애인이라 하더라도 수어가 아닌 구어를 사용하는 경우도 증가하고 있다. 이 글에서는 청각장애인이라는 용어 대신 농인이라는 용어를 사용하기로 한다.

된 맥락 그리고 농인들 자신의 정체성 형성 과정을 살펴보고자 한다. 해방 직후에서 1970년대까지는 장애인에 대한 국가정책이 거의 부재하다시피 한 시기였다. 1979년 〈특수교육진흥법〉이 시행되고, 1981년 유엔 '세계장애인의 해'를 맞이하여 〈심신장애자복지법〉이 제정·공포됨으로써, 비로소 한국 사회에서 장애인의 인권을 보장하기 위한 다양한 정책과 제도들이 마련되기 시작했다. 그렇다면 이러한 정책적 전환이 일어나기 전인 국가정책의 공백기에는 농인들은 어떻게 생활하고 스스로를 규정하고 있었을까? 본 연구는 국가정책의 부재 속에서도 스스로의 삶을 지켜내기 위해 다양하게 모색하며 집단으로 결속해 나간 농인들의 발자취에 주목하고자 한다. 한편, 본 연구에서 서울이라는 지역에 주목하는 것은 서울이 대표적인 도시로서 '농인'이라는 집단적 정체성이 가시화되는 주요한 장소로 기능했기 때문이다. 농촌의 농인들이 친족이나 마을 공동체 속에서 개별적으로 살아갔다면, 도시의 농인들은 농학교와 교회, 농인 결사체 등을 비롯한 다양한 조직 활동을 통해 서로 교류하며 농인이라는 집단적 정체성을 확인하고 결속해 나갔다. 어떤 면에서 농인으로서의 결속과 집단화된 거주 자체가 도시화의 산물이라고도 할 수 있다.

이처럼 시기적·공간적 맥락에 주목하면서 본 연구는 해방 직후부터 1970년대까지 서울지역 농인들의 삶의 실태와 공동체로의 결속, 농인으로서의 독자적 정체성을 획득해 간 과정을 살펴보고자 한다. 자료로는 신문과 잡지, 각종 통계자료, 회고록 외에 영락농인교회 소장자료, 그리고 데프미디어에서 제작한 한국농역사 1~16편[5]을 활용할 것이다. 장애인의

5 데프미디어의 한국농역사는 농인들의 구술사로 수어를 자막화하여 유튜브에서 제공하고 있다(www.youtube.com/@Koreadeafmedia).

삶과 관련해서는 시각장애인을 비롯하여 조금씩 연구가 진척되고 있지만,[6] 아직 많은 부분이 미지의 영역으로 남아 있다. 청각장애인과 관련해서도 특수교육이나 장애인 복지와 관련한 교육학·사회복지학의 영역에서 접근되어 왔을 뿐,[7] 역사학적 접근은 부족했다. 본 연구는 이러한 연구상의 공백을 메우며 역사적 관점과 방법론을 통해 장애의 역사를 새롭게 이해하려는 시도이다.

2. 장애인 대책 및 사회적 인식

1) 장애인 대책

근대 이전에도 장애인을 비롯한 노약자들을 위한 구휼제도가 존재했다. "농아와 건벽(앉은뱅이) 등을 두루 찾아서 동서활인원에서 후히 구휼하되"라는 조선시대의 기록을 통해 이를 알 수 있다. 그러나 점복 교육이 실

6 주윤정, 《보이지 않는 역사, 한국 시각장애인들의 저항과 연대》, 들녘, 2020; 소현숙, 〈학교의 문턱: 의무교육제도의 도입과 장애아교육: 해방 직후~1960년대를 중심으로〉 《역사문제연구》 41, 2019; 〈우생학의 재림과 '정상/비정상'의 폭력-가족계획사업과 장애인 강제불임수술〉 《역사비평》 132, 2020; 〈신체에 각인된 전쟁의 상처와 치유: 한국전쟁기 노근리 피해자 구술에서 나타난 장애와 젠더〉 《동방학지》 197, 2021; 문민기, 〈1980년대 한국 장애인운동의 '새로운 흐름' 형성: 장애인문제연구회 울림터 활동을 중심으로〉 《구술사연구》 12-1, 2021 등.

7 대한특수교육학회 편, 《한국특수교육백년사》, 특수교육, 1995; 이성규, 《한국장애인복지발달사》, 집문당, 2011; 안영회, 〈한국 농인사회의 역사적 변천에 관한 탐색적 연구〉 나사렛대학교 재활복지대학원 석사학위논문, 2004; 김병하, 《청각장애교육이 변천, 한국청각장애교육 100년사》, 한국청각장애교육100주년기념사업회, 2009; 한국농아인협회, 《한국농아인협회 70년사》, 2016.

시되거나 관현맹인제도가 있어 궁중 음악가로 나설 기회가 제공되었던 맹인과 달리, 의사소통에 곤란을 느끼는 농인은 특별한 교육 대상이 되었다는 기록은 찾기 어렵다.[8] 근대 이전에는 농인들끼리 모여 집단을 이루거나 이를 통해 표준 수어를 발전시키며 독자적인 농문화를 형성하기는 어려운 조건이었다.

농인으로서의 집단적 결집과 농문화의 형성에서 중요한 역할을 한 것은 학교 교육이었다. 농교육을 통해 농인들이 집단으로 결집하는 경험을 하고 서로 소통할 기회를 획득했기 때문이다. 한국에서 농인에 대한 교육은 근대 이후 비로소 시작되었는데, 미국감리교선교사 로제타 셔우드 홀이 1909년 이미 운영 중이던 평양맹학교 안에 농학교를 개설한 것이 그 시초이다. 이후 조선총독부가 1913년 서울에 맹·농인을 위한 특수교육기관을 설립하였고, 1935년 이창호 목사가 평양에서 평양광명맹아학교를 설립하면서 농인교육이 점차 발전하기 시작했다.[9]

이처럼 특수교육이 발달하면서 수화를 통해 농인들이 서로 소통할 수 있는 환경이 조성되었고 이는 농인들의 결사체가 형성되는 배경이 되었다. 1920년 조선맹아협회와 1935년 일본농아협회 조선부회가 설립된 것은 이를 보여준다. 그러나 맹아협회와 농아협회 조선부회는 모두 식민지 치하에서 일본인들이 주도하여 설립한 단체로서 조선인 농인을 대변한 단체라 볼 수 있을지 의문이다. 초기에는 농인들을 위한 취업알선이나 기예품 전람회 등을 개최하였으나[10] 이후 일제말기에는 황민 사상의 고취

8 김병하, 앞의 책, 2009.

9 계기훈, 〈한국농사회의 역사〉《농아인과 사회》, 한국농아인협회, 1999, 229~231쪽.

10 〈농아기예품 전람회〉《매일신보》 1920년 9월 12일; 〈아자(啞者)를 위하야〉《동아일보》 1920년 4월 25일.

와 군국주의 사상의 주입을 위해 활동하였다고 한다.[11] 농아협회 조선부회와 관련해서는 추후 그 활동이나 성격에 대한 면밀한 검토가 필요하다.

농교육이 태동하고 농인 조직이 형성되기 시작했지만, 식민 지배라는 조건 속에서 사회복지체계가 순조롭게 발전하기를 기대하기는 어려웠다. 농인을 위한 국가 시책은 제생원 맹아부의 설립 외에는 이렇다 할만한 것이 없었다. 더욱이 일제 시기 새롭게 도입된 근대법은 농인을 정신박약, 맹인과 더불어 법적 준금치산자로 규정하였다. 농인들이 법적인 권리행사를 하기 위해서는 후견인 등의 동의와 보호를 받도록 규정함으로써 농인들은 개인으로서 법적 능력을 제한받기에 이른다.[12]

1945년 해방과 1948년 정부의 수립은 모든 국민의 인권과 생활을 보장하는 새로운 국가에 대한 기대를 품게 했다. 이에 부응하여 몇 가지 법적인 변화가 나타났다. 우선 1948년 제정된 〈헌법〉은 제16조에 "모든 국민은 균등하게 교육을 받을 권리가 있으며 적어도 초등교육은 의무적이며 무상으로 한다."고 규정하여 모든 국민의 교육받을 권리와 의무교육을 규정하였다. 나아가 1949년 제정된 〈교육법〉은 제81조에 "모든 국민으로 하여금 신앙, 성별, 사회적 신분, 경제적 지위 등에 의한 차별이 없이 그 능력에 따라 균등하게 교육을 받게 하기 위하여" 일반학교와 더불어 "특수학교"를 설치하도록 규정하였으며, 제143조에 "맹자, 농아자, 정신박약자 기타 심신에 장해가 있는 자에게 국민학교, 중학교에 준한 교육과 그 실생활에 필요한 지식 기능을 가르침"이라고 특수교육의 목적을 밝혀 놓았다. 나아가 제144조에 "특별시 또는 도에 특수학교를 각 1교 이상 설립

11 강주해, 〈한국농아인협회 창립 이전의 상황〉《한국농아인협회 70년사》, 한국농아인협회, 2016, 6~7쪽. 농아협회 조선지부의 성격과 관련해서는 추후 연구가 더 필요하다.

12 주윤정, 앞의 책, 2020, 46~48쪽.

해야 한다"고 규정하였다. 이로써 장애아동을 위한 특수교육제도의 법적 근거가 마련되었다.[13]

한편, 새로운 민법의 제정에 따라 청각장애인의 법적 지위에서도 변화가 나타났다. 1960년 1월부터 시행된 민법에서 농아자들은 이전에 준금치산자로 평생 후견인의 신세를 져야 했던 것이 변경되어 완전한 피상속권자로서 규정되었다. 또한, 1961년 〈생활보호법〉의 제정으로 장애로 인한 빈곤자에 대한 국가의 보호가 시작되었다.

이러한 법적 변화들에도 불구하고 그 실현은 큰 진전이 없었으며, 장애인에 대한 국가의 실질적인 복지정책이 마련되지 않은 상태가 1970년대 후반까지 이어졌다.[14] 국공립 특수학교는 소수에 불과했고, 사립 특수학교에 대한 국고 보조는 거의 전무한 상태였다. 이 때문에 특수교육은 방치되다시피 하여 1977년 〈특수교육진흥법〉이 공포되기 전까지 매우 취약한 상태로 남아 있었다.[15]

장애인 복지에 대한 정부의 태도는 대체로 무성의했는데, 1962년 보건사회부 장관 정희섭이 농아복지사업에 대해 언급하면서 정부가 해야 할 역할보다는 "준법정신의 함양, 자립정신의 제고, 일인일기의 기술습득, 문명퇴치 협동과 상호부조" 등 농인들의 태도와 마음가짐에 대해서만 강조한 데에서 이를 엿볼 수 있다.[16] 정책의 부재는 생활 실태에 대한 조사의 부재를 의미했다. 서울시의 경우 1970년에 가서야 농아들의 복지 사업을

13 국가법령정보센터(www.law.go.kr)의 헌법, 교육법 조문 참조.

14 이성규, 앞의 책, 2011, 76~119쪽.

15 대한특수교육학회 편, 앞의 책, 1995, 173~178쪽; 최병문, 《시간의 샘》, 은혜기획, 1997, 267쪽.

16 정희섭(보건사회부 장관), 〈농아복지사업의 진로〉《침묵의 벗》혁신 3, 1962, 15~18쪽.

위한 기초 조사로서 농아들의 실태를 조사한다고 보도되었지만[17] 이와 관련하여 추후 진행된 가시적인 정책들은 찾아보기 힘들다.

이처럼 교육법이나 민법에서 나타난 변화에도 불구하고 1970년대 말까지 장애인에 대한 사회복지정책은 큰 진척 없이 지체되고 있었다. 이러한 국가정책의 공백을 메운 것은 기독교 등 민간에서의 활동과 농인 자신들의 노력이었다.

2) 농인에 대한 사회적 인식

이 시기 농인에 대한 사회적 인식은 편견에 찬 것이었다. 신문이나 잡지 등 언론에서는 농인들이 싫어했던 '벙어리', '귀머거리'와 같은 멸칭을 공공연하게 사용하고 있었다. 농인들이 부딪히는 차별은 가족, 친지, 이웃, 사회 등 다양한 차원에서 나타났다. 농인 박찬섭의 수기를 보자. 세 살 때 불의의 병마로 듣지도 말하지도 못하게 된 박찬섭은 부모의 냉대를 자신의 '불구반생 수난기'의 첫 기억으로 말한다. 부모의 냉대는 앞으로 다가올 사회적 냉대를 예고하는 것이어서, 어린 나이임에도 박찬섭은 앞으로 닥칠 일에 대한 공포와 걱정을 느껴야 했다.[18]

농인들의 지능은 청인들의 그것과 다를 바 없지만, 언어가 통하지 않는다는 이유로 청인들은 농인들이 열등한 지능을 가지고 있다고 생각하고 이에 대 놓고 무시하는 경향이 있었다.[19] 이 때문에 농인들은 "외면은 정상인과 다름없는 완전한 신체의 소유자이면서도 일단 정체가 드러나면

17 〈농아실태조사〉《경향신문》 1970년 3월 4일.

18 박찬섭, 〈나의 불구반생 수난기〉《침묵의 벗》 혁신 3, 1962.

19 정동석, 〈농아 아동〉《한국장해아동조사보고서》, 보건사회부·한국아동복리위원회, 1961, 49쪽.

다른 불구자보다 더한 구경거리와 멸시를 받는다."고 느꼈다.[20]

특수학교에 대한 법적 규정이 마련되고, 비록 소수라도 각지에 공사립 특수학교가 설립되면서 장애아가 교육 대상으로 편입되기 시작했지만, 사회적으로는 장애아 교육에 대한 터부시와 편견은 여전했다. 장애아의 입학은 학교장에 의해 거부되곤 하였고,[21] "정상인들도 교육을 못받고 가난에서 헤어나지 못하는 현실인데 어차피 불구아들인 그들에게 제공할 경제성과 노력이 어디 있는가"라는 의구심이 표명되었다.[22] 특수학교 유치부와 중등부의 인가를 받기 위해 찾아간 문교부에서는 장관이 "장애자들에게 중등부란 것이 필요합니까? 초등교육만 받아도 그것으로 되는 것 아닙니까? 아닌 말로 개네들이 공부를 한들, 사회에서 무슨 일을 한다고 유치부, 중등부 인가요, 인가가!"라며 노골적으로 장애아가 공부는 해서 뭘 하냐는 취지의 발언을 쏟아내는 형편이었다.[23]

그럼에도 불구하고 언론에서는 장애를 극복한 장애인들의 이야기가 종종 보도되었다. 이는 농아연주단의 활약에 대한 보도에서 대표적으로 나타났다. 소리를 듣지 못한 농아들이 훌륭하게 연주를 해내는 모습에 찬사가 쏟아졌다.[24]

20 계기훈, 〈당국의 猛省을 촉구함〉《침묵의 벗》 2, 1959, 51쪽.

21 소현숙, 〈학교의 문턱: 의무교육제도의 도입과 장애아교육 – 해방 직후~1960년대를 중심으로〉《역사문제연구》 41, 2019, 397~400쪽.

22 〈냉대받는 100만 특수아〉《동아일보》 1975년 3월 11일.

23 최병문, 앞의 책, 1997, 280쪽.

24 〈농아연주단 向日, 일본측 초청 받고〉《경향신문》 1963년 4월 24일; 〈일본 공연에 큰 성과 농아 '리듬' 연주단〉《경향신문》 1963년 5월 20일; 〈놀랍고 흐뭇한 기특한 연주〉《경향신문》 1963년 11월 15일; 〈성황 이룬 농아연주단의 자선음악회〉《동아일보》 1964년 11월 10일; 〈농아 연주단원 수기, 귀먹은 내가 노래를 더듬기까지〉《조선일보》 1964년 11월 8일 등.

구화학교 교장 최병문은 장애인도 교육시키면 "정상인 못지 않으며 오히려 능가할 수도 있다."고 생각하였고 "듣지 못해도 그들의 내면에는 엄청나게 잠재된 능력이 있다."며 그 잠재력을 키워주어야 한다는 의견을 피력했다.[25] 1970년 캐나다의 특수교육실태를 돌아보고 온 최병문이《동아일보》에 실은 다음의 글을 보자.

> 이곳 '캐너더'에 와서 월여간 생활하는 동안 우선 인상적으로 느낀 것은 (중략) 농아 맹아 지체부자유아 정신박약아들이 보통 아동들과 함께 자연스레 어울려 공부하며 노는 것을 볼 때 매우 다행스럽고 부럽게 느껴졌다. 즉 캐너더나 미국에서는 특수아동을 일반아동과 엄격히 분리시켜 교육한다면 특수아동들이 어릴 때부터 열등감을 갖게 돼 정상에로의 복귀가 불가능하다는 생각을 전제로 특수아동교육이 실시되고 있음을 알 수 있다. (중략) 가장 중요한 것은 예민한 감각을 가진 특수아동들에게 어떻게 하면 열등의식을 갖지 않게 할까 하고 교사나 부형들이 심리 문제에 매우 신경을 쓰고 있으며 그것이 성공적이란 점이다. 우리나라에서는 많은 경비와 노력이 소요되는 이같은 교육방식을 쉽게 채택할 수는 없겠지만 특수아동교육을 위한 체계적인 정책 수립은 이루어져야 한다.[26]

장애아들이 열등의식을 갖지 않게 교육해야 한다는 것을 강조하는 이 글의 제목은 〈정상아로의 진일보〉였다. 농인의 인권을 옹호하는 시각과 농인을 정상인 혹은 정상인과 가깝게 만들어야 한다는 동화주의적 강

25 최병문, 앞의 책, 1997, 228쪽.

26 〈'正常兒에로의 進一步 캐너더의 特殊兒 敎育實態〉《동아일보》1970년 11월 23일.

박이 혼재되어 있음을 보여준다.

한편, 이 시기 장애는 쉽게 범죄와 연결되었다. 서울지방법원 판사였던 권순영은 〈장해아동과 소년범죄〉라는 글을 통해 장애를 범죄의 원인으로 지적하면서 다음과 같이 지적했다.

> 증가일로에 있는 소년범죄와 신체, 정신 및 사회적 장해가 있는 소년들과는 긴밀한 관계가 있을 뿐만 아니라 그 장해는 또한 중요한 범죄 원인이 되고 있는 것이다. 신체적 장애로서 얼굴에 흉한 상처가 있다든지 금보, 사팔뜨기, 언청이, 절름바리, 키가 작은 소년들은 대인관계에 있어서 "조롱"의 대상이 되기 때문에 항상 불만이 많으며 불쾌한 감정으로 열등감에 싸여 조그만 자극에도 곧 충동적이 되기 쉽기 때문에 잘 다투게 되고 오해를 잘 하여 비정상적으로 불쾌감을 발산시키려고 하여 범죄를 일으키는 경우가 많다고 볼 수 있다. 이러한 장해를 가지므로 생긴 열등감과 심적 긴장상태는 공격적인 성격으로 발전하여 폭행, 상해 등의 범죄를 일으키며 잔인성과 비굴성으로 변화되어 살인, 방화사건, 치정사건에까지 미칠 수 있다. 그리고 이러한 신체적 장해를 가진 소년들은 대인관계를 원만히 맺기가 어려우므로 고립화되어 단독적인 범행을 하기 쉽다.[27]

장애인들에 대한 조롱의 원인은 이들이 갖고 있는 장애에서 비롯되며, 그로부터 빚어지는 장애인들의 열등감과 불쾌한 감정은 범죄로 쉽게 이어진다는 권순영의 설명에서 장애인들에 대한 사회의 부당한 차별

27 권순영, 〈장해아동과 소년범죄〉, 보건사회부 · 한국아동복리위원회, 《한국장해아동조사보고서》, 1961, 64쪽.

적 시선에 대한 비판의식은 찾아볼 수 없다. 장애인이 범죄자가 될 수밖에 없는 것은 결국 그 자신의 장애 때문인 것으로 인식되고 있다. 이러한 논조는 "불구아동들이 사회나 동료들로부터 외면당하고 심지어 부모까지도 버린 자식 취급을 하게 된다면 결국 이들은 비뚤어진 길을 걷고 끔찍한 범죄까지 저지르게 되어 큰 사회문제가 될 것"이라고 경고하는 특수학교 학부형연합회의 논조와 대비된다.[28] 동일하게 장애인이 범죄자로 전락할 수 있다고 경고하지만 전자가 그 원인을 장애아의 장애에서 찾는 반면, 후자는 장애아에 대한 사회와 동료, 부모의 외면 때문임을 지적하며 그 개선을 촉구한다. 원인을 무엇에 두던 장애인의 문제로부터 범죄와의 연관성을 찾는 이 치안의 논리는 이 시기 장애인에 대한 언론 보도에서 자주 나타났다. 1963년 부랑자 문제를 다룬 《동아일보》의 기사에서 부랑자 중 장애인이 20.4%를 차지한다고 지적하고 있음은 이를 보여준다.[29]

이처럼 정부 정책의 부재와 사회의 차별적인 시선 속에서 서울지역 농인들은 어떤 삶을 살아가고 있었을까? 다음 장에서는 이 점에 대해 검토해 보기로 한다.

3. 서울지역 농인들의 생활 실태

서울지역 농인들의 생활 실태를 살펴보기 위해서 우선 통계자료를 살펴보자. 장애인에 대한 복지체계가 정비되기 이전인 1970년대까지는

28 〈특수학교 학부형연합회 등서 호소〉《동아일보》 1966년 6월 8일.

29 〈특수지역사회의 문제점(2) 부랑자(하)〉《동아일보》 1963년 3월 7일. 당시 부랑 장애인 중에서는 농아는 7.6%를 점하고 있었다.

장애인의 실태에 대한 체계적인 통계조차 제대로 구축되지 않았기에 참고할만한 통계자료가 많지 않으며 그 정확도도 신뢰하기 어렵다.[30] 이러한 한계를 염두에 두면서 남아 있는 통계자료를 통해 대강의 경향성을 확인해 보자.

우선, 서울지역에 거주하는 농인들의 수는 얼마나 될까. 아래 〈표 1〉은 1966년 보건사회부가 각 통·동·리장을 통해 조사한 장애인 조사 통계이다.

〈표 1〉 서울지역 종별 장애인 수 (단위: 명)

	총수	지체장애	시각장애	청각장애	정신장애	언어	기형	혼혈아
전국	111,705	54,375	79,104	16,120	16,120	4,068	6,664	797
서울시	8,482	4,429	1,000	761	761	223	407	171

출처: 보건사회부, 《장해자조사보고서》, 1966, 10~11쪽.

〈표 1〉을 보면, 1966년 서울의 장애인 수는 8,482명으로 전국 11만 1,705명의 7.6%를 점하고 있다.[31] 그중 청각장애인은 서울이 761명으로

30 장애인에 대한 실태조사가 처음 이루어진 것은 보건사회부와 한국아동복리위원회가 1961년 실시한 장애아동에 대한 조사이다. 이후 1966년 보건사회부가 실시한 전국 장애자 전수조사, 1968년 보건사회부 사회보장심의위원회가 실시한 《사회복지기초자료조사 장애자복지편》, 1979년 한국경제개발협회가 실시한 《심신장애자 실태조사》 등이 있다. 서울지역과 관련해서는 1973년 자행회에서 실시한 《서울시 신체장애아동 실태조사》, 1978년 서울시 일부 영세지역주민을 대상으로 한 신체 및 정신장애의 질학적 연구 등이 있다. 장애인에 대한 실태조사가 본격화된 이후인 1990년 장애인 실태조사에서 우리나라의 장애인 수는 95만 6,000명으로 장애인 출현율 2.2%로 추산되었다. 그러나 이 결과는 세계보건기구가 추정하고 있는 장애인 출현율 약 10% 수준에 미치지 못하는 것으로 여전히 장애인 수가 적게 집계되고 있음을 보여 준다(최봉호·이승욱, 〈장애자통계의 개선방안〉 《한국인구학회지》 17-1, 1994, 83~84쪽).

31 보건사회부 《장해자조사보고서》는 가정에 거주하는 장애인들의 경우 행정계통을 타

〈그림 1〉 서울시 지역별 농인 거주 실태(1966)

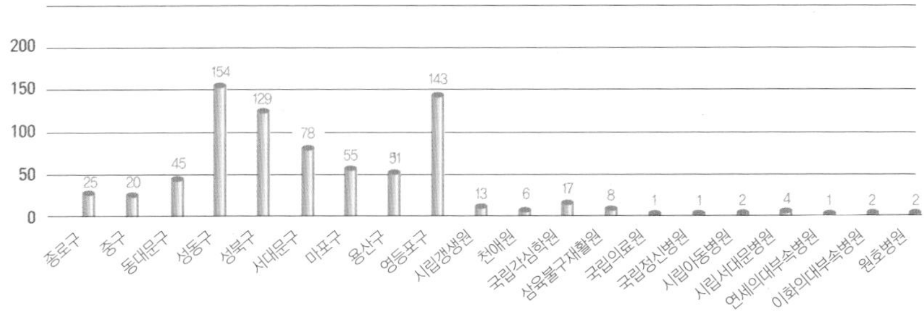

출처: 보건사회부, 앞의 책, 1966, 38~39쪽.

전국 1만 6,120명의 4.7%에 해당하는데, 이는 장애인 평균과 비교해 볼 때 적은 비율이다.

그렇다면 서울시 내에서의 지역적 분포는 어떨까? 아래 〈그림 1〉은 서울 내 지역별 장애인 수를 조사한 것으로 각 구와 병원 및 사회복지시설을 포함하여 작성된 통계이다. 이 통계를 보면 청각장애인들이 성동구와 영등포구에 많이 거주하고 있음을 알 수 있다. 1966년 서울 상주인구 통계를 살펴보면 성동구와 영등포구가 상주인구가 가장 많은 구였음을 고려할 때, 청각장애인의 거주지역이 특별히 이 지역들에 편중되었다고 설명하기는 어렵다.[32]

고 내려간 요청에 의해 통장·동장·이장 등 말단 행정보조원이 직접 조사하였다. 이는 탐문 및 방문조사 형식으로 이루어진 것을 시사하는 데, 때에 따라서는 실제 조사가 이뤄지지 않고 담당자가 평소 인지하고 있던 사항들을 기입하는 형태로 이루어졌을 가능성도 있다. 장애를 가진 가족이 있다는 사실을 드러내는 것을 꺼려했던 당시 사회분위기를 감안할 때 보고서에 누락된 장애인이 상당히 있었을 것으로 예상된다. 이는 장애인 11만 1,705명 중 남자가 8만 633명, 여자가 3만 1,072명으로 여성비율이 낮게 파악된 결과를 통해 확인할 수 있다(보건사회부, 앞의 책, 1966, 8쪽) 따라서 이 보고서의 통계는 이러한 한계를 감안하여 읽을 필요가 있다.

32 서울특별시, 〈구별 상주인구〉《서울통계연보》, 1966. 14쪽.

〈그림 2〉 청각장애 원인

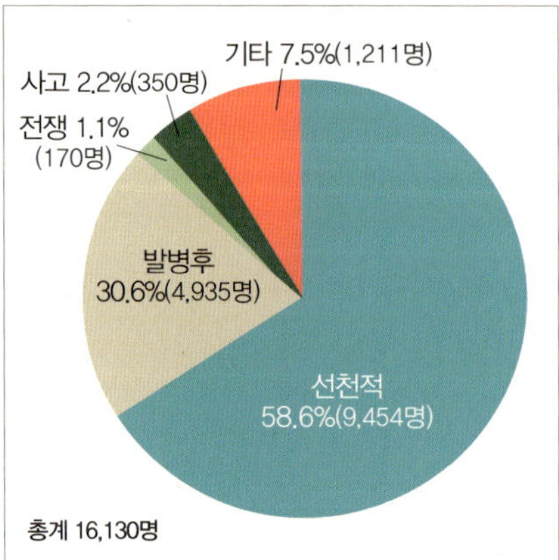

출처: 보건사회부, 앞의 책, 1966, 76쪽.

그렇다면 청각장애의 원인은 어떠했을까. 청각장애 원인과 관련해서는 서울시가 아닌 전국 통계가 있는데, 〈그림 2〉와 같다.

선천적인 경우가 59%, 질병에 의한 것이 31%로 다수를 차지하고 있으며 6·25전쟁의 영향도 크진 않지만 1% 정도로 나타나고 있음을 알 수 있다.

서울지역 농인들의 교육상황은 어떠했을까? 우선 전국 농인의 교육정도를 살펴보자. 이와 관련해서는 보건복지부의 1966년 《장해자조사보고서》에서 그 실태를 확인할 수 있다. 〈그림 3〉, 〈그림 4〉가 그것이다.

〈그림 3〉을 보면 농인 대다수가 교육을 제대로 받지 못하고 있음을 알 수 있다. 학교 교육을 받지 못한 경우가 전체의 77%를 점하고 한글을 모르는 경우도 59.9%에 달하며, 중고등교육, 대학교육을 받는 경우는 극소수에 지나지 않는다. 농인의 경우 수화 외에 문자가 중요한 의사소통이라는 점에서 한글을 해득할 수 없다는 것은 당시 농인들이 처해 있는 어려운 상황을 보여준다. 〈그림 4〉는 성별에 따른 교육 정도를 나타내는 통계인데, 예상할 수 있듯이 여성이 남성에 비해 교육 수준이 낮아서 여성의 경우, 학교 교육을 받지 못하는 경우가 80% 이상, 한글을 해득하지 못하는 경우가 70% 이상에 달하고 있다.

서울지역의 경우 1961년도 농아동 교육정도에 대한 통계가 있는데, 〈그림 5〉가 그것이다. 전국적 지표와 비교할때 서울지역의 경우 교육정도

〈그림 3〉 농인 교육 정도(1966)

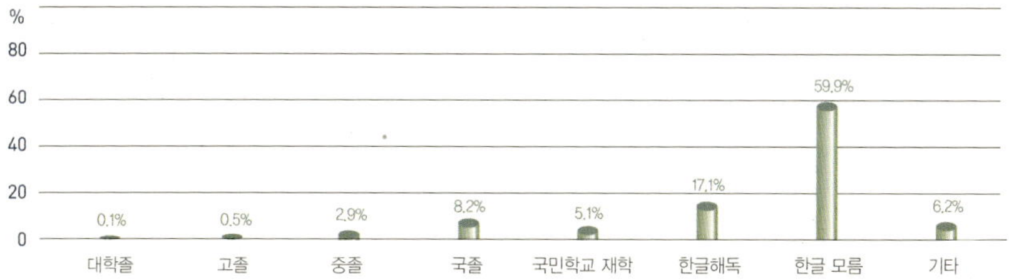

출처: 보건사회부, 앞의 책, 1966, 109~110쪽.
비고: 통계수치를 백분율로 환산

〈그림 4〉 농인 성별 교육 정도 (1966)

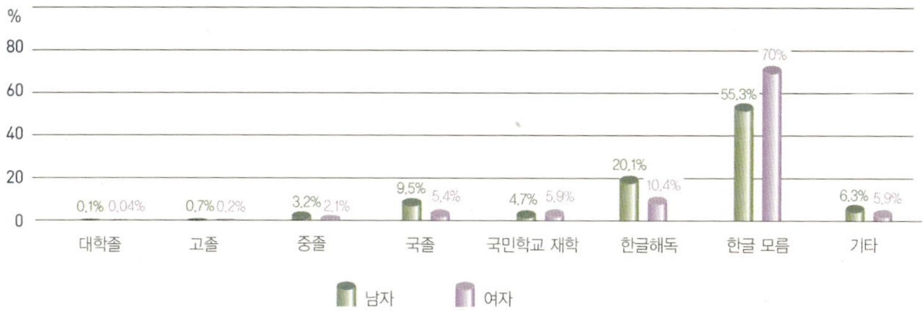

출처: 보건사회부, 앞의 책, 1966, 109~110쪽.
비고: 통계수치를 백분율로 환산

〈그림 5〉 전국 및 서울지역 농아동 교육정도 (1961)

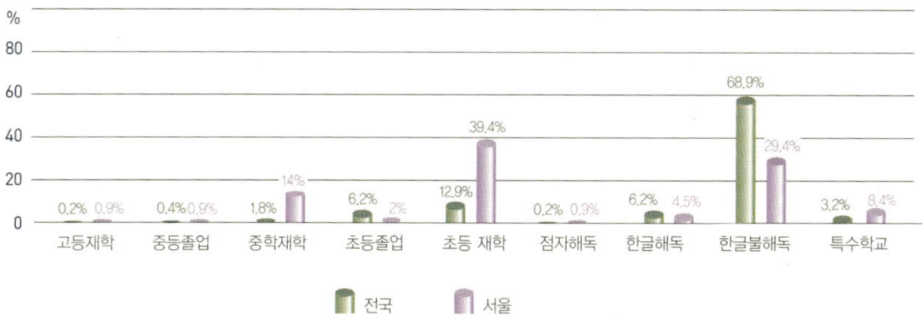

출처: 보건사회부 · 한국아동복리위원회, 《한국장해아동조사보고서》, 1961, 164~169쪽.
비고: 통계수치를 백분율로 환산

가 높은 것으로 나타나고 있는데, 특히 초등학교 재학율이 39.4%로 전국 평균인 12.9%보다 월등히 높고 그 결과 한글을 해득하지 못하는 비율이 전국평균이 68.9%에 달하는 데 비해 서울지역은 29.4%에 불과하였다. 〈표 2〉는 1977년 현재 전국 농학교 및 수용아동의 지역별 분포에 관한 통계조사표이다. 〈표 2〉를 보면 서울지역에는 국공립 특수학교와 사립특수학교가 각 1개씩 있어 학교 수에서 다른 지역과 크게 차이가 나지 않지만 학생 수는 절대적으로 많다는 점을 알 수 있다.

〈표 2〉 전국농학교 및 수용아동의 지역별 분포

지역		서울	부산	경기	강원	충북	충남	전북	전남	경북	경남	제주	계
학교수	국공립	1	1		1			1			1	(1)	5(1)
	사립	1	1	2		1	1	2	2	2	2		14
학생수		872	447	292	50	156	424	392	225	494	137	57	3,526

출처: 정헌, 〈청각 장애자의 복지에 관한 연구〉, 중앙대학교 사회개발대학원 석사학위논문, 1977, 19쪽
비고: ( ) 안은 맹아학교 아부.

서울지역 농학교의 설립현황을 구체적으로 살펴보자. 〈표 2〉의 통계는 인가받은 특수학교만을 집계했지만, 공식적으로 인가받은 학교 외에도 비인가 및 농아수용시설들도 교육 프로그램을 마련하고 있었다. 이를 살펴보면 〈표 3〉과 같다.

해방 직후부터 1950년대까지 서울지역에는 특수학교로 제생원 맹아부가 해방 후 개편되어 설립된 국립맹아학교가 유일했다. 이 학교는 해방 직후 6년제 초등교육을 실시하기 시작하고, 1947년에는 중학교 과정(3년)을 설치하였다. 그러나 장애 특성이 상이한 농맹아를 같은 공간에서 교육하는 데에서 비롯되는 어려움이 지적되면서 맹농 분리교육 방침이 정해져, 1959년 서울농아학교와 서울맹학교로 분리되기에 이른다. 이후 서울

〈표 3〉 서울지역 농학교 설립 현황(1945~1970년대)

학교명	설립년도	소재지	설립 주체	비고
서울농아학교	1913	종로구 신교동	국립	1913년 설립된 제생원 맹아부에서 발전, 1945년 국립맹아학교로 개명, 1952년 서울맹아학교로 개명, 1959년 서울농아학교로 분리. 현 서울농학교
한국구화학교	1963	마포구 구수동	사립(최병문)	1962년 농아유치원 설립, 이후 농학교로 발전, 1989년 강동구 고덕동으로 교사를 신축하여 이전
한국애화학교	1975	도봉구 (현 강북구) 미아동	사립(성 베네딕토 수녀회)	1962년 농아자활원을 설립한 성 베네딕도 수녀회에서 농교육을 위해 1975년 설립
삼성농아원	1957	관악구(현 영등포구) 상도동	사립(이진주)	1983년 학교 인가. 현 서울삼성학교
명휘원	1967	종로구 인사동	사립(이방자)	농아와 소아마비아를 위한 직업교육, 1978년 광명으로 이전, 1981년 명혜학교 설립 인가

농아학교는 1964년 고등학교 과정(3년제)을 신설하면서 농아 학생의 초·중·고 교육을 아우르는 국립특수학교로서의 위상을 마련해갔다.[33]

서울농아학교를 제외하고 정부에 의한 국공립 농학교의 설립은 거의 진전되지 않는 가운데, 특수교육의 공백을 메운 것은 사립학교였다. 1950~1960년대는 사립 농학교가 보급된 시기로서 농교육은 주로 민간인들이 자선사업의 일환으로 보호와 교육을 병행하였다.[34] 서울지역에는 한국구화학교와 애화학교가 설립되었다. 한국구화학교는 1963년 구화교

33 서울농학교·서울농학교총동창회, 《서울농학교 백년사》, 2013, 115~117쪽.

34 대한특수교육학회 편, 앞의 책, 1995, 298쪽.

육을 지향했던 최병문에 의해 마포구 구수동에 설립되었고, 애화학교는 1960년대 농아자활원을 만들어 농인들을 위한 복지활동을 펼쳤던 성 베네딕도 수녀회가 농아의 특수교육을 목표로 1975년 설립한 학교였다. 이외에 사회복지시설로서 삼성농아원과 명휘원이 있었다. 현재 서울삼성학교의 전신인 삼성농아원은 1957년 농아들을 수용한 복지시설로 상도동에 설립되었는데, 1983년에 가서야 정식 학교로 인가받았지만, 그 전에도 자체적으로 농아들에게 직업교육을 실시하였다.[35] 명휘원은 영친왕의 부인이었던 이방자가 1967년 설립한 사회복지시설로 농아와 소아마비아를 수용하여 직업교육을 실시하였다.

사회복지단체 자행회의 조사에 따르면, 1973년 현재 서울지역에는 4개의 농아교육기관(서울농아학교 · 삼성농아원 · 한국구화학교 · 명휘원)이 있었다. 삼성 농아원을 제외한 3개의 농아교육기관이 받은 인가 학급수는 52개이고, 인가 학생수는 991명이었다. 이 수는 서울에 거주하고 있는 것으로 추정되는 농아 중 학령 아동 추정수 2,406명의 약 41%를 수용할 수 있는 수이다. 그런데 이 3개 기관에서 교육 및 훈련을 받고 있는 학생은 766명(남자 450명, 여자 316명)뿐이었다. 삼성농아원 학생까지 포함시켜도 서울에서 교육받고 있는 학생 수는 인가 학생수 991명에 미달되는 814명에 불과했다. 그중 만 19세 이하의 학생으로 서울에 거주지를 두고 있는 학생의 수는 537명뿐이다. 이 수는 서울 특별시내에 거주하고 있는 만 6세부터 만19세까지의 농아동 추정수인 2,406명의 약 22%에 해당하는 수라 할 수 있다.[36]

35 한국구화학교 홈페이지(kuhwa.sen.sc.kr)의 연혁; 〈신설 농아교육기관 애화학교 3월 개교〉《조선일보》 1975년 12월 31일; 서울애화학교 홈페이지(aewha.sen.sc.kr)의 연혁; 서울삼성학교 홈페이지(samsung.sen.sc.kr)의 연혁 등.

36 자행회,《신체장애아동 실태조사-서울특별시-》, 1973, 54~55쪽.

1962년 특수교육 실태조사에 따르면 특수교육은 도시에만 편중되어 있었고, 장애아를 가진 가정에서의 요망은 치료와 요양을 바라는 사람이 전체의 61%나 되지만 취학을 바라는 경우는 14%에 불과했다. 일반적으로 "불구자니까"라는 체념이 이들의 교육을 등한히 하는 경향을 이루고 있는 것으로 보고되고 있다.[37] 1950년대 말까지도 서울에 거주하는 농아의 부모조차 농학교가 어디에 있는지 모르는 형편이었으며,[38] 부모가 청인인 경우, 자녀들이 장애가 있다는 사실을 인정하지 않으려 하고 알더라도 특수학교에 넣는 것을 집안의 망신이나 체면 손상으로 생각하여 부득불 일반 국민학교에 넣고 제대로 진도를 따라가지 못하면 '버린 자식'쯤으로 취급하는 분위기였다.[39]

농아 교육에 대한 부모의 태도뿐만 아니라 교육비 부담 능력 또한 교육에서 중요한 변수였다. 1970년대 초 농학교 교육비 현황을 보면, 국립서울농아학교에서는 월 평균 교육비로 학생들로부터 초등부 2,100원, 중등부 3,475원, 고등부 5,475원을 징수하였고, 한국구화학교에서는 6,300원, 삼성농아원에서는 1,000원, 명휘원에서는 4,000원을 징수하였다. 평균 교육비가 약 4,000원 이상으로 이를 농아를 둔 가정에서 부담해야 했는데, 월평균 교육비로 4,000원 이상을 부담할 수 있는 가구는 당시 약 28%에 불과하다고 보고되고 있다.[40]

특수학교라 해서 농아를 위한 충분한 교육을 실시할 수 있었던 것은 아니다. 농아학교들은 교사가 완비된 곳이 거의 없이 대부분 셋방살이를

37 〈이상아 실태와 교육〉《조선일보》 1962년 7월 24일.

38 신재록, 〈농아에 대한 社會壓의 제거〉《침묵의 벗》 2, 1959.

39 〈'영구불구' 만드는 무관심과 몰이해〉《동아일보》 1977년 1월 31일.

40 자행회, 앞의 책, 1973, 61쪽.

하거나 가건축을 사용하였으며, 책상과 의자가 없어 맨바닥에서 공부하는 경우도 있었다.[41] 한국구화학교는 닭장 위에 지은 가건물에서 수업을 진행하여 여름이면 닭똥 냄새가 진동하였다.[42] 1970년에도 대다수의 농아들이 무교육 속에서 방치되고 있다는 지적이 나오고 있었다. 대부분의 학교가 농아교육을 위한 특수시설이나 보청기 등 학습도구를 제대로 갖추지 못하였으며 전문적인 지도교사도 정원대로 확보하지 못하고 있는 실정이었다. 비교적 교육환경이 양호하다고 할 서울농아학교 조차도 550명 학생 가운데 겨우 150명이 보청기를 갖고 있는 상황이었다.[43]

이렇게 어려운 조건 속에서도 농아를 위한 교육은 1970년대 들어 양적으로 팽창해갔다. 1967년부터 1977년까지 10년간 약 1.8배의 취학아동이 증가하였고, 1977년 농학교에 취학하고 있는 농아는 약 전체 추정 농아 수의 19.38%로 추산되었다. 이 같은 수치는 1950~1960년대와 비교할 때 양적으로 증가한 것이지만, 동시대의 미국 62%, 일본 73.3%에 비하여 현저하게 적은 수치였다.[44]

그렇다면 서울지역 농인들의 취업상태와 생활실태는 어떠했을까. 상대적으로 농인들은 시각이나 다른 영역의 장애인에 비해 직업 선택의 폭이 넓고, 취업 또한 용이한 것으로 알려지고 있다. 그 이유는 소리를 들을 수 없어 의사소통이 자유롭지 못하고 작업 지시의 수용 여부에 따른 우려 외에는 외형적으로 청인과 크게 구별되지 않으며, 작업 수행에 있어서 필수적인 요건인 이동이 자유롭고 양손의 협응이 원활하게 이루어진다는

41 〈불구에 겹친 무권지대〉《경향신문》 1962년 8월 13일.

42 최병문, 앞의 책, 1997.

43 〈무관심의 응달, 특수아동 교육〉《동아일보》 1970년 3월 5일.

44 정현, 앞의 글, 1977, 16~17쪽.

데 있다.[45] 그러나 대부분 무교육인데다가 청각장애에 대한 선입견, 의사소통의 어려움 등의 이유로 고용주 측에서 잘 받아들이지 않았기 때문에 취업이 쉽지 않은 것이 현실이었다.[46] 당시 신문에 따르면, 농인들의 삶은 전반적으로 어려운 상황이었다. 농인들은 시내 성북구 정릉동 600번지를 비롯하여 교외 토막집에 산재하고 있었으며, 대개 극빈자로서 노동 품팔이 고품 수집업 등으로 근근이 살아가고 있기도 하고, 심지어 50여 명 이상의 거지도 있는 형편이라고 보도되고 있다.[47] 이는 통계를 통해서도 엿볼 수 있다. 〈표 4〉는 전국 장애인의 직종별 취업자 분포에 관한 통계이다.

〈표 4〉 전국 농인 직종별 취업자 분포(1966) (단위: %)

직종별	전문직 기술직 관리직	사무 종사	판매 종사	농어 임업 종사	採鑛 종사	運輸 종사	기능공 생산공단순 노동	서비스 종사	불능	총계
취업자 분포	취업자 분포	0.0	0.6	43.2	43.2	0.1	4.2	4.2	50.8	100

출처: 보건사회부, 앞의 책, 1966, 132~133쪽.

〈표 4〉를 보면 전문직이나 관리직, 사무직에 종사하는 경우는 없고, 불능이 50.8%로 가장 많은 수를 차지하고 있다. 그 다음이 농업·어업·임업 등 1차 산업으로 43.2%를 차지하고 있으며 기능공 생산공 단순노동은 4.2%를 점하고 있다. 농인의 절반 이상이 실업 상태에 놓여 있음을 알 수 있다.

45 권순우·김병하, 〈농학교 졸업 후 청각장애인의 직업 적응 정도와 근로 조건에 대한 연구〉《특수교육저널: 이론과 실천》 5-1, 2004.

46 〈한국에서 일하는 異國 여성(10) 농아들의 다정한 벗 맥신(徐福祉)여사〉《경향신문》 1969년 4월 14일.

47 〈자활의 길 찾는 육백 농아자〉《동아일보》 1959년 4월 20일.

그렇다면 서울지역 농인들의 취업상황은 어떨까? 서울지역의 관련 통계를 찾을 수 없었기 때문에 다른 대체 자료를 통해 그 경향성을 살펴볼 수밖에 없는데, 영락농인교회 교인들의 입회원서[48]에 농인들의 직업상황이 기록되어 있으므로 아래에서는 이를 통해 서울지역 농인들의 직업상황을 살펴보겠다.

〈표 5〉 영락교회 농아부 청년면려회 입회원서에 나타난 교인 직업(1962~1963) (단위: 명)

직업	가축업	교원	목공	무직*	미술업	상업	양복	양화	종업원	철공	학생	기타
인원수	2	3	3	34	3	3	14	8	2	3	2	8**

출처: 영락교회 농아부 청년면려회 입회원서(1962~1963)
* 직업란에 무직이라고 밝힌 경우와 공란으로 남겨둔 경우, 모두를 무직으로 간주하여 산출하였음.
** 기타에는 약국·편물업·노동·공예·제과업 등을 포함함.

입회자 85명 중 34명이 무직(남자 18명, 여자 16명)으로 가장 많은 수를 차지하고 있다. 직업이 있는 경우에는 양복공이 14명, 양화공이 8명으로 다수를 차지하고 있고, 그외 철공·목공·상업·교원 등이 있다. 직업을 가진 자들 중 다수가 양복공, 양화공이었음을 알 수 있다. 〈표 4〉 전국 통계에서 농어임업 종사 비율이 높은 것에 비해 도시인 서울의 경우 양화공, 양복공 등 기능공이 많다는 점에서 특징적이다.

한편, 상업과 관련하여 분단과 전쟁으로 인한 미군의 주둔이 농인들에게 새로운 돈벌이의 기회를 제공한 흥미로운 사실이 있다. 어차피 청인들도 의사소통이 쉽지 않은 미군들을 상대로 농인들은 동작 표정 등을 통해 의사소통하면서 미군들의 '동정심리를 이용'하여 미군 부대에 취업하

48 이 입회원서의 공식명칭은 영락교회 농아부 청년면려회 입회원서이다. 1962년 1월 28일부터 1963년 1월 20일까지 1년 동안 작성된 것으로 모두 85명(남 61명, 여 24명)이 작성하였다. 입회자들은 1920~1940년대 출생자들이다.

였다.[49] 농인들은 '미군 부대 판매원'이라는 상인회를 조직하여 각 부대를 출입하며 장사를 하였는데, 농아인협회에서는 판매원 증명서를 발급하여 부대를 자유롭게 출입할 수 있도록 하였다. 이에 따라 한때 판매원이 100명에 달했다고 한다. 그러나 6·25전쟁으로 인해 남한에 투입되었던 미군 병력이 1950년대 후반 이후 대거 철수하게 되면서 미군 부대에 자유롭게 출입할 수 있게 하는 출입증으로 기능했던 판매원 증명서는 더 이상 효력을 보지 못하게 되었고 점차 엄격해지는 미군 부대 출입 제한으로 부대 출입하며 장사하는 것이 어려워지게 되었다고 한다.[50]

농인들의 혼인 관계는 어땠을까? 농인들에게 '소통'은 가장 중요한 욕구로 수화로 소통할 수 있는 농인들은 배우자로 농인을 선택하는 경향이 있다.[51] 특히 농학교에서의 재학이나 농교회에서의 활동 등 농인 간의 교류 경험은 농인들끼리의 만남과 결혼의 계기가 되었다. 그러나 농인끼리의 결혼에 대해 유전에 의해 농아가 더 생긴다고 염려하는 시각도 존재하였다. 농인이 청인과 결혼하는 경우는 남녀 사이의 차이가 있었는데, 농인 남성이 청인 여성과 결혼하는 경우가 적지 않았던 반면, 농인 여성이 청인 남성과 결혼하는 경우는 매우 드물었다.[52] 대체로 농인의 결혼생활과 관련해서는 각종 사건 사고와 관련된 비극적인 언론 보도를 통해 엿볼 수 있지만,[53] 농인 남편의 장애를 이겨내도록 도운 청인 아내의 헌신을 조

49 〈자활의 길 찾는 육백 농아자〉《동아일보》 1959년 4월 20일.

50 계기훈, 〈한국농사회의 역사〉《농아인과 사회》, 한국농아인협회, 1999, 241·244쪽; 강주해, 〈농아인협회의 설립과 변천〉《한국농아인협회 70년사》, 한국농아인협회, 2016, 24~25쪽.

51 장윤영·정호영, 앞의 글, 2010, 518쪽.

52 〈자활의 길 찾는 육백 농아자〉《동아일보》 1959년 4월 20일.

53 〈非情(비정)의 어머니〉《조선일보》 1962년 4월 14일; 〈眞相은 이렇다, 23年의 『秘密』

명하는 미담으로 소개되기도 하였다. 예컨대, 1967년 1월 28일자《동아일보》에는 서울 농학교의 농인 교사인 김기범과 "벙어리가 아니지만 벙어리 아내가 되어버린" 아내 김영 부부의 이야기가 실렸다. 두 사람은 영락교회 농아부에서 활동하며 만났는데, 농인 학생들을 지도하는 봉사활동을 하던 김영이 김기범에게 수화를 배우다가 사랑이 싹터 평생 함께하기로 결심, 가족의 반대를 뿌리치고 결혼에 이르게 되었다. 당시 김영은 이미 이화여대를 졸업한 상태였지만 남편과 함께 다시 성균관대 교육과에 응시하여 나란히 합격했는데, 장애인의 입학원서조차 거절하던 학교 측에 "이 벙어리 사나이에게 빛을 달라"며 애소하였고, 학교 측은 김영의 눈물에 감격하여 김영이 남편의 학업을 돕는 것을 조건으로 부부를 나란히 합격킨 것이라고 보도되고 있다.[54]

4. 농 공동체의 형성과 농인 집단 작업장의 출현

1) 농 공동체의 형성

제생원과 평양맹아학교 등 일제 시기부터 형성되기 시작한 농학교는 농인들이 조직적으로 결집할 수 있는 경험과 계기를 제공하였다. 농인들은 수화를 잘 모르고 몸짓으로만 대화하며 집에서만 고립되어 지내다가 농학교에 가서 수화를 처음 접했을 때 기쁨과 두려움을 동시에 느꼈다. 농인이 나 혼자가 아니라는 기쁨과 그동안 몰랐던 새로운 세상에 태어난 것

울리던 女人〉《경향신문》 1963년 9월 13일; 〈벙어리 딸 죽인 벙어리 엄마〉《동아일보》 1975년 7월 28일 등 참조.

54 〈벙어리 남편을 학사로〉《동아일보》 1967년 1월 28일.

과 같은 두려움이 그것이다. 수화를 배우면서 비로소 의미 있는 관계를 얻기 시작한 농인들은 인간으로서의 존재 가치를 느끼게 되는 경험을 하게 된다.[55]

비록 소수에 불과했지만, 이처럼 학교 교육을 통해 농인들의 집단문화를 경험하게 된 농인들은 해방 직후 다양한 방식으로 농인들의 조직을 만들어나가기 시작했다. 그것은 여러 방면에서 나타났다.

첫째, 농인들의 생계나 권익을 대변해 줄 단체로서 농인협회의 출현이다. 일제하에서 일본농아협회 조선지부에서 활동한 이력이 있는 김영배와 일본에서 거주하다 해방 후 귀국하게 된 정동섭, 김태수 등 '농아 인텔리'들은 해방 직후인 1946년 6월 조선농아협회를 창립하였다. 농아협회는 벙어리 극단을 창단하여 농인에 대한 인식개선을 위해 활동하였고 피복공장과 집단 작업장을 운영하는 등 농인들의 자립을 위해 활동하였다.[56] 또한 잡지를 통해 자신들의 목소리를 내기 시작하였는데, 이 시기 《침묵의 벗》, 《농아홍보》 등이 발간되었다.[57]

둘째, 농인들의 신앙공동체의 출현이다. 농인들이 모여 예배를 함께

55 장윤영 · 정호영, 앞의 글, 2010, 531쪽.

56 한국농아인협회, 《한국농아인협회 70년사》, 2016, 11~13쪽. 그러나 이후 농인단체는 재정난과 협회의 활동 방향을 둘러싸고 회원 내 갈등이 고조되면서 일부 회원들이 탈퇴, 대한농아계몽협회를 따로 설립하면서 조직은 분열되었다. 양립해 있던 농인 단체는 6 · 25전쟁 이후 1953년 한국농아협회로 통합 재발족 되었으나 1961년 5 · 16군사정변 직후 사회단체 해산에 따라 해산당하고 말았다. 이후 설립된 한국사회복지연합회 산하 농아복지위원회는 농인들을 대변하는 역할을 제대로 수행하지 못한 채 부정부패에 연루되어 빈사상태에 빠지게 되었다. 1979년 농아협회의 재건을 위한 운동이 시작되기 전까지 농아복지위원회는 유명무실한 상태로 남아 있게 되었다(한국농아인협회, 위의 책, 2016, 13~31쪽; 〈聾啞들이 농성 福祉委長 불신임〉 《경향신문》 1969년 11월 18일).

57 〈聾啞弘報 발간〉 《동아일보》 1965년 3월 9일.

보기 시작한 것은 꽤 시기를 거슬러 올라가는 것으로 보인다. 1927년 5월 13일자 《동아일보》에는 구세군영에서 농아들을 모아 예배를 드린다는 내용의 기사가 실렸다.[58] 공식적인 농인교회의 출현은 조금 더 뒷 시기이다. 서울지역에는 일찍부터 농인교회가 형성되기 시작했다. 1946년 서울의 영락교회에서 농아전도부가 창립된 것을 계기로 농인 신도들이 세례를 받고 집사로 임명되면서 점차 성장하기 시작하여, 1975년 농아인 교회로 승격하며 발전해 나갔다.[59] 카톨릭에서도 다소 늦었지만 농인들의 신앙공동체가 형성되어 1974년 명동성당에는 농아반이 신설되었고 특수교리교육을 실시하였다.[60] 청인 중심의 사회에서 소외감을 느꼈던 농인들에게 교회는 종교조직 이상의 의미를 띠고 있었다.

> 내가 불교를 가지고 있지만 농인들을 만날 수 있으니까 농인 교회에 가요. 요즘은 농아인협회가 생겨서 목사님이 예전보다 좀 외롭죠(웃음). 옛날에는 텔레비젼에 자막이 안 나오니까 컴퓨터도 없고 무슨 말인지 모르니까 봐도 재미가 없어요. 그래서 아침에 빨리 일어나서 교회로 모여요. 가면 농인 친구들을 만나니까요. 농인이라는 것이 편하니까요. 내가 쓸모 있는 사람인거죠.[61]

위 인용문에서 드러나듯이 반드시 기독교인이 아니어도 농인들은 교회를 통해 농인들을 만나고 교류하며 청인 중심 사회에서 평가절하 되었

58 〈농아 모아 예배〉《동아일보》 1927년 5월 13일.
59 영락농아인교회, 《교회 50년사-1946년~1996년》, 영락농아인교회, 2001.
60 〈천주교 명동성당 국내 최초 〈농아반〉 신설〉《동아일보》 1974년 7월 4일.
61 장윤영 · 정호영, 앞의 글, 2010, 533쪽.

던 스스로의 가치를 다시 한번 확인할 수 있었다.

셋째, 1970년대 확산되었던 농인구락부의 출현이다. 농인구락부는 농인들이 느끼는 청인사회 내에서의 느끼는 소외감을 해소하고, 농인들끼리 만나서 대화를 나누며 그들만의 사회적 교류를 나눌 수 있는 장으로 기능했다. 농아협회 회장 김장선은 농인들이 느끼는 정신적 빈곤은 무엇보다 "친밀체"가 결여되어 있기 때문으로 보고, 정신적 빈곤을 메꾸기 위해 친밀체 즉 구락부를 만들고 각 구락부 단위 하에서 유기적 제휴로서 계몽과 교화, 서로 간의 교제를 나누어야 한다고 주장했다.[62]

농인구락부가 형성되기 시작한 것에 대해서, 농인 배동완에 따르면 농인들이 청인이 운영하는 다방에서 만나 오랜 시간 자리를 차지하고 수다를 떠는 것을 싫어하여 농인들만 모일 수 있는 곳을 만들게 되었다고 한다. 서울에는 을지로, 종로, 동대문 등 약 11~12개의 구락부가 있었다고 기억한다.[63] 이 농인구락부의 유래에 관해서는 영락농인교회 목사 강주해가 남긴 기록이 있다. 그에 따르면 1973년 박집원이 일본에 가서 농아계를 시찰하다 농아구락부를 발견했는데, 한국에도 이것이 필요하다고 판단하고 귀국 즉시 건물의 사무실을 임대하여 설립하였다는 것이다. 당시 농아구락부는 바나 다방과 같은 형태로 개인에 의해 운영되었는데, 이후 여러 지역으로 확산되었던 것으로 보인다. 농아인들은 구락부에 모여서 마실 것을 주문하고 잡담을 나누거나 화투를 치거나 마작을 하면서 시간을 보냈고 늘 만원이었다고 한다. 농아구락부는 소외된 농인들의 사교의 장을 제공하고 농인들의 사회성을 함양하는데 기여하였다. 그러나 점

62 김장선, 〈나의 사회의 첫걸음(2)〉《침묵의 벗》 혁신 3, 1962.

63 농인독립영상제작단 유튜브 채널(www.youtube.com/@Koreadeafmedia)의 〈데프미디어 한국농역사 12편 배동완_제화기술자에서 농인만의 공간을 만들다〉.

차 직장도 그만두고 매일 구락부로 출근하면서 화투나 마작 등 도박에 빠지는 농인들이 나타나거나 구락부에서의 만남이 간통사건으로 비화되는 등 여러 폐단이 발생하면서 구락부는 '퇴폐의 온상'이자 '농사회의 저질화'를 초래한다는 비판이 나타나기도 했다.[64]

다소 간의 부정적인 문제들도 있었지만, 농학교, 농인교회, 농인단체 및 조직들은 농인들에게 집보다 더 소중한 곳으로 인식되었으며, 청인들과 소통의 단절을 벗어나 농문화 속에서 소통하는 주체로서의 경험을 할 수 있는 공간으로 기능하였다.[65]

조직과 공동체로서 연대하는 경험은 농인들의 정치의식에도 영향을 미쳤다. 1965년 한일협정 비준을 반대하여 함석헌이 단식투쟁에 나서자 양화공 최정만 등 농인 10명은 7월 3일부터 24시간 기한부 단식에 들어갔다. 이들은 '비준결사 반대'의 흰수건을 두르고 원효로의 함석헌의 집을 찾아가 "민족의 앞날을 밝히기 위해 단식을 하시는 선생님의 뜻을 받들어 말 못하는 저희들이지만 구국 일념으로 선생님과 함께 24시간 단식을 벌여 한일협정을 반대하는 불구자들의 뜻을 밝히려 한다."는 글을 함석헌에게 전했다고 한다.[66] 농인들의 정치적 활동에 대해서는 아직 구체적인 면모가 밝혀지지 않았으나 이러한 단편적인 사실을 통해서도 조직활동의 경험이 정치활동으로 이어지고 있음을 쉽게 확인할 수 있다.

2) 농인 집단 작업장의 출현

장애인에 대한 고용 차별이 일상화된 사회에서 농인들은 제대로 된

64 강주해, 《농아인, 그는 누구인가》, 창록사, 1989.

65 장윤영 · 정호영, 앞의 글, 2010, 533쪽.

66 〈농아 10명 합세, 咸翁 단식에〉《조선일보》 1965년 7월 4일.

직장을 얻기 쉽지 않았다. 그럼에도 불구하고 농인들은 다른 장애인과 달리 손발을 쓰는 게 자유로웠기 때문에 양화나 양복과 같이 전문적인 기술력을 습득하여 능력을 인정받기도 했다. 기술 습득을 통해 자립을 달성할 수 있었던 농인들은 다른 농인들과 연대하며 집단 작업장을 만들어갔다. 아래에서는 농인작업장의 형성과정을 살펴본다.

1945년 해방 이후 미군정과 전쟁을 거치며 유입된 미국 문화의 확산 속에서 구두가 광범하게 보급되어 갔고, 전후 서울 명동에는 수많은 제화점들이 생겨나기 시작했다.[67] 양화공의 경우 수입은 종사 햇수와 직능에 따라 각양각색이어서 1968년 한달 수입이 10만 원에서 15만 원에 달하는 경우가 있는가 하면 1만 원 정도에 불과하여 근근히 먹고사는 경우까지 격차가 심했다. 그러나 대개 월급제가 아니라 일주일 계산의 도급제였기 때문에 돈이 떨어질 때가 거의 없었던 직업으로 해방 직후부터 1960년대 말 이후 기계화가 도입되어 사양길로 접어들기 전까지 양화는 농인이 선택할 수 있는 나름 안정된 생활이 가능했던 직업 중 하나였다.[68] 이러한 분위기에서 적극적으로 기술을 습득하여 양화공으로 일하는 농인들이 나타났다. 양화공 김종구는 자신이 채용된 과정을 다음과 같이 전한다.

> 한달 정도 일을 하니 청인이 보더니 손이 빠르고 잘 만든다고 칭찬해요. 사장은 농인이 일을 잘한다고 해서 더 고용해 주었죠. 농인을 바보로 알고 안 뽑으려다가 다시 보니 손도 빠르고 일도 너무 잘하니까 청인보다 낫다면서 사장이 농인을 더 채용한 것이죠.[69]

67 하도겸, 《송림 수제화의 장인들》, 국립민속박물관, 2014, 38쪽.

68 〈돈· 양화공, 어떻게 벌어서 어떻게 쓰나?〉《매일경제》 1968년 6월 27일.

69 농인독립영상제작단 유튜브 채널(www.youtube.com/@Koreadeafmedia)의 〈데

농인에 대한 편견과 달리 막상 일했을 때 손놀림이 빠르고 기술도 좋아 오히려 농인을 채용하게 된 사정을 알 수 있다.

그러나 이러한 기술이 농인이기 때문에 저절로 얻게 된 것만은 아니었다. 취업에서 취약했던 농인들은 기술을 습득하기 위해 피나는 노력을 하였다. 이는 양장기술을 배운 정헌일의 구술에서도 드러나는데, 그는 "죽기 살기의 노력"으로 양장을 배운 과정을 다음과 같이 전한다.

> 서라벌 양재학원에 등록해서 다니기 시작했습니다. 학교 공부가 끝나면 청인 양재학원에서 재단기술을 배웠습니다. 재봉틀을 다룰 줄 몰라서 (양복점) 견습생으로 들어갔습니다. 옛날에는 전기 다리미가 없어서 숯, 나무 숯을 넣어서 다림질을 했습니다. 지금은 기계로 만들지만 옛날에는 솜을 사다가 손으로 직접 만들었습니다. 저녁에 원단을 전부 정리해서 양복집 주인집으로 옮겨야 하고 … 일이 많았습니다. 그렇지만 나는 각오했기 때문에 죽기 살기로 노력했습니다. 제일 어려운 부분이 어깨와 겨드랑이 소매였습니다. 재단을 잘못하면 양복을 만들 수가 없습니다. 그래서 괴로웠습니다. 점심 먹고 저녁때 일을 끝내고 다들 퇴근하면 혼자 남아서 남은 자투리 천으로 바지 주머니 만드는 것을 밤마다 연습했습니다. 한달 두달 석달 보통 바지를 완성하려면 6개월 이상 필요한데 저는 석달 만에 완성했습니다. 그래서 내가 재단해서 바지를 만들고 아침에 주인에게 보여주니까 '이거 누가 만들었냐? 니가 만들었어?' 하는 겁니다.[70]

프미디어, 한국농역사 6편 김종구_해방부터 남북분단까지 격동기를 지나오다〉

70 농인독립영상제작단 유튜브 채널(www.youtube.com/@Koreadeafmedia)의 〈데프디미어 11편 정헌일_ 양장기술 사업가이자 협회 지킴이〉

이렇게 기술을 연마하는 가운데, 농인들만의 집단 작업장을 만들고자 하는 시도가 해방 직후부터 나타났다. 예컨대, 농인 아들을 둔 김대영은 1945년 11월 1일 서울시 종로구 효제동에 피복공장을 설립하고 10여 명의 피복 기술자를 고용하였다.[71] 1948년 4월 발족한 대한농아협회에서도 1949년 3월부터 목공부와 피복부를 설치하였다.[72] 재봉기 7대 목공 도구 일체를 구입하여 회원 중 재봉기술자 남녀 12명, 목공 기술자 13명을 선발하여 부녀복 아동복, 가구를 제작하여 시장에 납품하거나 각 학교와 단체의 주문에 응하게 하였다. 이후 사업이 발전하면서 서울시 서대문구 합동에 피복공장을 설립하고 동력미싱 25대와 특수미싱 2대 등을 구입하여 농아 피복공 55명을 취업시키고 국방부와 경무부의 제복 일체를 하청받아 납품하였다. 또 종로4가에는 직영 양화부를 설치하였고, 중구 주교동에 직영 인장포를 개설하여 도장기술자에게 위탁 경영케 하였다. 나아가 자수부를 설치하여 여성 농인들에게 자수를 지도하고 해군장교부인회에서 미국에 보내는 자수품을 청부받도록 하였다.[73]

집단 작업장을 넘어서 농인들의 집단 정착지를 만들려는 시도들도 있었다. 도시가 아닌 농촌 지역에서는 농지 개간을 통해 집단정착지를 만들고자 한 사례가 있다. 예컨대, 1962년 10월 13일 김포군 대곶면 약암리에서는 국제보화원 농아복지회의 주관으로 7만여 명의 농아들의 정착 농지를 개간하는 공사 기공식이 거행되었다. 3개년 계획으로 시작된 이 공사는 총공사비 5,000만원의 예산으로 1차에 약암리 앞바다에 있는 4개 섬을 연결하는 방조제(길이 4km)를 준공하고 104만 8,700여 평의 간석지를 전

71 한국농아인협회, 《농아인과 사회》, 1999, 232쪽.
72 〈농아의 보금자리 자립에 눈부신 활약〉《조선일보》 1949년 6월 24일.
73 한국농아인협회, 앞의 책, 1999, 237~238쪽.

답으로 개간하는 것이었다. 이 공사가 끝나면 연 4만여 가마의 벼를 추수할 수 있으며, 학교와 주택을 지어서 우선 "직장 없는 벙어리" 200가구 1,200명을 입주시켜 농사를 짓도록 할 계획이라고 보도되었다.[74]

도시 지역인 서울에서는 농지 개간을 통한 정착지 조성이 아닌, 집단 작업장을 중심으로 한 집단 거주지를 만드는 방식으로 집단정착지가 마련되었다. 대표적으로 서울 삼양동(현 미아동)에 위치한 '침묵의 마을'(농아자활원)을 들 수 있다. 이 정착촌은 성 베네딕도 수도원의 독일인 허카리타스 수녀(한국명 許愛德)[75]에 의해 설립이 주도되었다. 1930년대 말 원산에서 포교활동을 하며 농인들을 만나 교리를 가르친 경험이 있던 카리타스 수녀는 해방 후 서울의 돈암동 성당에서 일하던 중 원산에서 피난 온 농인들을 다시 만나게 되자 이들과 함께 하는 것이 천주님의 뜻이라는 생각을 하게 되어 평생을 농인들과 함께 하는 삶을 살게 되었다. 카리타스 수녀는 1957년 돈암동 성당 안에 처음으로 농아 교리반을 시작하여, 농아들에게 발성법과 듣는 법, 성인 농인들에게는 수화법을 가르쳤다. 그러나 전후 폐허가 된 서울에서 토굴을 파고 비참하게 살아가는 농인들의 형편을 보

74 〈벙어리의 낙원 정착농지 개간〉《경향신문》 1962년 10월 15일; 〈聾啞定着 開墾工事 기공식〉《경향신문》 1962년 10월 16일.

75 Caritas Hopfenzitz(1913~2005)는 포교 성 베네딕도 수녀회 소속 독일인 수녀로 평생을 한국의 청각장애인들을 위해 헌신하는 삶을 살았다. 1913년 독일 남부 웨팅겐에서 태어나 뮌헨대학 재학 중이던 1937년 포교 성 베네딕도 수녀회 투칭 모원에 입회, 이듬해 선교차 한국 원산으로 들어왔다. 첫 선교활동에서 청각 장애인을 만나 교리를 가르친 것을 시작으로 평생 청각 장애인을 돌보는 사랑을 실천했다. 1949년부터 1953년까지 북한의 강제수용소에서 포로생활을 한 후 독일로 강제추방되었다가, 1955년 다시 남한으로 온 허 수녀는 청각장애인을 위한 마을, 자활원, 학교 등을 설립하였고, 그 공로를 인정받아 1977년 한국정부로부터 국민훈장 동백장을 독일정부로부터 일등공로 십자 훈장을 수여받았다(〈허애덕 수녀(포교 성 베네딕도 수녀회) 선종〉《가톨릭 평화신문》 2005년 2월 6일).

고, 먹고 살기 어려운 농인들에게 의사 전달법만 가르치고 앉아 있을 수 없다는 절박감이 들어 외국 원조를 얻어 농인들의 집단 정착촌을 만들고 자활의 길을 모색하게 되었다. 카리타스 수녀는 독일 원조기구 미제레올 Misereor[76]에 도움을 호소하여 1961년 미제레올로부터 1만 달러를 받아 서울 삼양동에 대지 1,500평을 구매하였고, 미8군의 AFAK에서 기술진과 목재를 지원받아 농인들의 보금자리를 마련, 10동의 주택을 건축하고 병실 5개를 갖춘 병원까지 갖춘 '침묵의 마을'을 만들어 농인들의 자립의 발판을 마련하였다. 1961년 당시 이 마을에는 농인 26가구가 입주하였다.

초기에는 미8군의 골프장을 닦거나 토끼를 길러 미8군에 군납하는 일 등을 하였는데, 1963년에 NCWCNational Catholic Welfare Conference(카톨릭구제회)[77]의 지원을 받아 국수 공장을 지어 농인들이 국수를 만들어 팔기 시작, 당시 거의 100명이 거주했던 침묵의 마을은 기계소리와 사람들의 움직이는 소리로 활기차게 돌아갔다. 처음에는 입주를 반대했던 이웃 주민들도 이 마을을 〈국수촌〉이라 부르며 부러워하기 시작하였다고 한다. 당시 미아리 일대에는 8,000여 명의 극빈 근로자들이 거주하고 있었는데 이들에게 5원, 7원짜리의 저렴한 국수를 팔아서 농아들의 생계를 유지하였

76 Misereor: '가장 가난한 곳을 돕는다.'는 취지로 설립된 독일 주교회의 제3세계 원조재단. 1950년대 후반부터 우리나라에 원조를 시작, 농어민, 도시 빈민의 자조 자립운동에 중점을 두면서 교육사업, 건설 및 복구사업, 의료사업 등에 지원을 아끼지 않았다(〈한국교회에 도움 준 해외원조기구〉《가톨릭 신문》 2017년 1월 22일).

77 미국 가톨릭복지협의회. 여기서는 그 산하의 가톨릭구제회를 지칭하는 것으로 보인다. NCWC 산하 미국 가톨릭구제회는 6·25전쟁 뒤 긴급구호활동과 의료지원을 중점적으로 실시했다. 특별히 밀가루·옥수수가루·분유 등 식료품과 의류·구두·천막 등 옷가지와 거처를 위한 자재 등을 지원하였고, 1960년대 들어서는 농로개설·토지개량 등 지역사회 개발을 돕는 데 주력했다(〈한국교회에 도움 준 해외원조기구〉《가톨릭 신문》 2017년 1월 22일).

던 것이다. 또 일자리를 얻지 못한 농인들을 구제하기 위해 1966년에는 청량리 제2동의 근로자 식당을 NCWC로부터 인계받아 농인들이 직접 운영하기도 하였다. 그러나 1969년 미국으로부터의 밀가루 원조가 끊기자 새로운 생활수단을 찾아야 했고 1971년부터는 봉제공장을 가동하여 인형과 인형옷을 만들어 해외에 수출함으로써 새로운 자활의 길을 만들어 나갔다. 섬세한 기술로 만들어진 장난감은 〈침묵의 기술〉이라는 상표를 붙여 팔았는데 국내외 시장에서 꽤 인기를 끌었다고 한다. 이후 자활원은 수유리에 아파트를 세워 이주하였고, 아파트 지하에 미싱 10여 대를 놓고 수출 완구를 만들기 위한 작업을 하였다. 남편들은 페인트공이나 목수일을 하였고 여자들은 공장에서 일을 하였다. 자활원은 경제적으로 자립한 가구는 나가고 더 불우한 농아 가족이 입주하는 것을 목표로 운영되어 무주택 농아 가정만 입주 가능했으며, 농아임을 핑계로 구걸행각을 하지 말 것, 다투지 말 것, 도박하지 말 것 등의 규칙이 있었다고 한다.[78]

그렇다면 당시 침묵에 마을에 거주했던 농인들은 어떤 사람들이었고 그들은 어떤 경험을 했을까? 1991년 5월 8일자 《동아일보》에는 이 애덕농아자활원의 봉제공장에서 일해 온 농인 김종구의 생애가 소개되어 있어 다소나마 그 일단을 살펴볼 수 있다. 기사에 따르면 김종구는 평양 출신으로 집안은 한때 행세깨나 하던 내력을 가지고 있었지만, 해방 후 급격히 몰락하여 1950년 6·25전쟁 때 서울로 피난와 정착하게 되었다. 세 살 때 이름도 모르는 열병을 앓아 귀가 들리지 않게 된 김종구는 11살 때부터 집을 나와 빵 굽는 일, 구두수선, 양복 재단 등 닥치는 대로 일을 했지

78 〈양지 제54화 벙어리 마을〉《경향신문》 1967년 2월 9일; 〈한국 서독 훈장 받은 카리타스 수녀, 이 보람 평생토록 간직〉《동아일보》 1977년 11월 7일; 〈민중 속의 성직자들, 애덕농아자활원 허애덕 수녀〉《동아일보》 1983년 2월 25일.

만, 일이 손에 익숙해질만 하면 장애로 인한 뜻하지 않은 실수로 일자리를 잃곤 했다. 정부가 주는 밀가루나 이웃으로부터 얻은 밥으로 그날 그날 연명하던 김종구는 1963년 허 카리타스 수녀를 만나게 되어 침묵의 마을 국수 공장에서 일하게 되었고, 1973년 애덕농아자활원이 개원되자 그곳으로 옮겨 봉제공장에서 일하게 되었다. 일요일을 제외하고 매일 오전 9시부터 오후 6시까지 일하며 인형을 만들어 주한 외국인에게 팔았다.[79]

이러한 농인 집단 작업장은 취업이 어려운 속에서 나온 자구지책으로 농인에 대한 사회적 차별의 산물이라 할 수 있다. 그러나 농인 집단 작업장의 형성 배경에는 후진 농인 기술자를 양성하여 농인에게 취업과 자활의 기회를 제공하고자 했던 농인들 자신의 적극적인 노력이 놓여 있었다. 이는 금강화점의 농인 집단 작업장 형성 사례에서 잘 드러난다.

1960년대 초 서울시 서대문구에 자리잡은 금강화점金剛靴店은 양화기술자 17명을 고용한 농인작업장이 있었다. 이 금강화점의 농아집단작업장 풍경은《침묵의 벗》3호에 A기자가 쓴 〈농아집단작업장 금강화점의 이모저모〉라는 제목의 견학기를 통해 살펴볼 수 있다. 작업장은 15평이 안 되는 좁은 규모였고, 이 좁은 공간에서 농인 직공들이 열심히 일하고 있었다. 금강화점에 농인 작업장이 생겨난 것은 회사 측의 고용정책 때문이라기 보다는 먼저 고용된 농인들이 같은 농인들을 고용함으로써 후진을 양성하고자 했던 노력의 결실이었다. 금강화점에서 농인작업장을 만드는데 기여한 농인은 농인으로서 최초로 대통령상을 받은 정국현鄭國鉉이었다. 그는 부산 태생으로 13세부터 양화 제조에 소질이 있음을 발견하고 일을 배워 1952년부터 양화부에서 일하기 시작하였다. 그는 듣지도 말하지도

79 〈서울애덕농아재활원 근로자 김종구 옹〉《동아일보》1991년 5월 8일.

못했지만 똑똑하고 눈치가 빠르며 손재주가 있으며 몸도 튼튼하고 부지런하여 청인들 틈바구니에서 기술을 연마해 나갔다. 부지런히 기술을 습득한 그는 부산을 떠나 서울에 정착하여 명동의 상해제화점에 취직하였고, 혼자서 하루에 양화 10족을 거뜬히 만들어낼 수 있을 정도로 남다른 기술력을 보유했던 그는 시간을 내서 틈틈이 만들어 전국전람회에 출품한 양화로 대통령상을 수상하는 영예를 얻게 된 것이었다. 자신이 이루어낸 성과를 혼자서만이 아니라 후진 농인들과 나누고 농인들에게 기술 습득의 길을 열어주고 싶었던 정국현은 이 문제로 점주와 협상을 하였으나 의견이 맞지 않고 농인이라 차별하는 것에 분하여 직장을 그만두게 되었다. 이후 그는 금강화점으로 직장을 옮겼고, 농인 후진 양성에 대한 자신의 소신을 피력하고 사장의 승낙을 얻어 공장을 농인 기술자 전용 공장으로 전환하고 이름도 농아자 집단작업장이라고 붙이기에 이르렀다. 정국현에 대한 당시 금강화점 사장의 신뢰는 절대적이었는데, 다음과 같은 사장의 인터뷰 내용을 보면 이를 알 수 있다.

> 이 사람(정국현)의 기술은 아마 온 나라를 털어도 따를 사람이 없을 겁니다. 변질이 절대 없고 발에 꼭 맞으며 무리가 통 없으니까요. 그리고 정상인들보다 해득이 빠릅니다. 즉, 구두를 맞추러 온 분에 발 모양만 보고도 구두에 경도 순도를 척척 알아 맞추어 그에 의한 목형을 따고 하기 때문에 처음 신어도 조금도 무리가 없답니다. 그리고 대개 손짓만 하면 납득이 가서 군소리 한마디 없이 부지런합니다. 이 사람 밑에서 기술을 배우고 있는 농아자가 10여 명은 됩니다. (중략) 직공들이 많으면 서로 질투도 하고 시기도 하기 때문에 옥신각신 하기가 쉬운데 그럴 때 이 사람이 나서면 되지요. 아무튼 이 사람과는 평생 같이 일하고 싶습니다.[80]

이처럼 고용주의 신뢰 속에서 시작된 농인 양화공 양성은 순조롭게 진행되어 일류 기술자를 배출하기 시작하였는데, 서로 손짓으로 의사가 통하기 때문에 청인을 통해서 배우는 것보다 기술을 배우는 시간이 훨씬 단축되었다고 한다. 결국 근 30여 명에 달하는 농인 양화기술자 집단이 형성되었는데, 정국현은 향후 더 많은 양화직공을 양성하여 농아 직업면에서 한 기축을 잡아보겠다는 포부를 밝히고 있다.[81] 이처럼 농인 집단작업장은 단순히 고용주의 후의나 시혜적 태도에 따라 형성된 것이 아니라 농인들의 노력의 산물이었다.

5. 수화와 구화, 동화주의 교육의 한계

학교생활을 통해 다른 농인과 수어를 접한 농인들은 그동안의 고립감에서 벗어나는 새로운 경험을 할 뿐 아니라 농인들만의 독자적인 의사소통 방법이 있다는 것을 수어를 통해 깨닫고 놀라게 된다. 농인 한대연은 농인 친구를 만나 수어를 그 친구로부터 배우고 "세상에 불구끼리 의사교환이 가능하다는 그런 진기한 것도 있었던가?" 하고 놀라고 이후 농인 친구들이 점차 늘게 되면서 세상에 혼자만 있다고 느꼈던 고립감을 탈피하게 되었다고 고백한다.[82] 이처럼 수어는 농인에게 가장 기초적이면서도 중요한 의사소통 수단이었지만, 농교육계에서는 수화-구화의 오랜 논쟁의 역사가 존재했고,[83] 한국에서는 1960년대까지도 농교육 현장에서 수어의

80 A기자, 〈농아집단작업장 금강화점의 이모저모〉《침묵의 벗》 혁신 3, 1962.
81 A기자, 〈농아집단작업장 금강화점의 이모저모〉《침묵의 벗》 혁신 3, 1962.
82 한대연, 〈나의 걸어온 발자취〉《침묵의 벗》 혁신 3, 1962

중요성이 종종 무시되고 있었다. 농학교 교사 민병용은 수어가 농아들의 국어 발전을 저해한다며 다음과 같이 비판한다.

> 농아자가 국어교육을 받는 데 있어서 스스로가 발전을 저해하는 인위적 요소가 한 가지 있으니 그것은 수화를 상용함으로써 불구자로의 발전은 고도로 약진하나 정상인을 표준으로 하는 언어생활의 발전은 반비례 된다는 것을 지적하는 바이다. 수화를 많이 안다는 것이 자랑이고 수화로는 알아도 국어로는 모른다는 것이니 수화가 그네들의 영양을 실조케 하는 해독은 크다 할 것이다. (중략) 수화라는 것은 구비처 도라가는 언어나 문장같이 이성의 해석이 아니라 感과 感의 접촉으로만 상호이해 혹은 오해 정도의 것이며 극히 요약된 기호로 단어를 先後順序不關式으로 대는 동안에 표시하는 의미를 추상적으로 이입하여 그것을 입안에서 다시 뇌까려 봄으로써 본 상대방의 표시하는 의사를 짐작하게 되는 것이다. 이러한 습관이 □□됨에 따라 모든 언어에 대한 기억 내지 사고는 추상적인 것밖에는 뇌리에 박지 못하게 된다. 이러한 상태의 수화를 가지고 언어에다 결부시키고자 하는 것이 불합리한 것이고 명사나 대명사 쯤은 실물을 보이거나 그

83 16~17세기 부유한 귀족가문에서 태동한 농인에 대한 교육은 18세기 계몽사상의 영향 속에서 농학교가 출현, 프랑스에서 수화법, 독일에서 구화법이 각각 발전하였다. 18세기 후반 프랑스 레뻬를 원조로 한 수화주의와 독일의 하이니케에 의한 구화주의가 농교육의 방법론으로 확립되면서 농교육 현장에서는 두가지 방법론에 대한 격렬한 논쟁을 거듭하였다. 19세기 중엽까지 전반적으로 수화주의가 우위를 차지하였으나 1880년 농교육자들이 참석한 밀라노 국제회의에서 구화주의가 채택되면서 교육현장에서 구화법이 강조되었다. 20세기 중반 벨에 의한 전화의 발명과 보청기의 개발은 농교육에서 구화법의 발전에 중요한 계기가 되었다. 그러나 1960년대 접어들면서 교육현장에서는 구화 일변도에 의한 교육성과에 깊은 회의를 표하게 되었고, 이에 따라 지문자와 수화에 대한 관심이 새롭게 나타났다(한국농아인협회, 앞의 책, 1999, 60~70쪽).

물체의 형태를 형용 내지는 묘사함으로써 완전히 이해시킬 수가 있지만 조사나 부사 등등 실로 이러한 명교사도 설명에 곤란한 것이며 조사만 하더라도 수화에서 잘 쓰이지 않는 탓으로 문장을 쓸 때는 활용에 저으기 곤란을 당하는 것이다. (중략) 학교 내에서 만이라도 수화 사용을 제한하는 것이 어떨까 한다.[84]

구화교육을 주창했던 최병문은 수화교육과 구화교육이 혼재되어 있는 국립맹아학교에서의 교사 생활에 갈등을 느끼고 구화교육을 중심으로 한 한국구화학교를 새로 설립하였다. 그는 농인들이 수어를 사용함으로써 일반 사회인들과 어울릴 기회를 얻지 못한다는 사실에 주목하고 "농아를 말하게 한다."는 목표를 설정하고 구화교육에 매진하였다. "말할 수 있는 시기를 놓침으로 정상인과 분리된 영원한 장애인으로 남게 되어서는 안된다."는 것이 그의 평생의 신조였다.[85]

여전히 농학교 교사의 다반수를 차지하고 있는 청인교사들이 농학생들이 사용하는 수어를 이해하지 못하는 상황도 수어에 대한 비판에 한몫했다. 나아가 농자녀의 청인 부모들의 편견도 중요하게 작용하여 청인 부모들은 농교사의 채용을 극히 반대하는 태도를 보이곤 했다.[86]

구화교육은 잔존 청력이 있거나 어릴 적 들었던 경험이 있는 중도 청력장애인에게는 효과가 있었다. 구화학교의 초등과정을 마치고 일반 중학교로 진학하여 성공적으로 학업을 이어가는 사례들이 나오는 것은 이를 보여준다. 그러나 청력이 전혀 없는 전농의 경우는 구화교육이 거의 의

84 민병영, 〈특수교육에의 관견〉《침묵의 벗》2, 1959.

85 최병문, 앞의 책, 1997, 164~168쪽.

86 안영회, 앞의 글, 2004, 35쪽.

미 없었지만, 구화교육의 강조 속에서 이들의 존재는 별로 고려되지 않은 듯 하다. 해방 직전 평양맹아학교에서 수학하고 월남하여 서울농아학교를 다닌 윤언식은 학창시절 수화를 완벽하게 잘하는 교사가 많지 않아서 수어를 못하는 선생님들은 말과 손짓으로 수업을 하니 수업을 전혀 알아들을 수 없었다고 회고한다.[87]

이처럼 농인들을 가르치는 학교가 농문화 중심의 수화교육이 아닌 칠판교육 및 구화교육을 시행함으로써 농인 학생들은 비주류, 비정상, 이방인으로 느끼게 하는 문제가 있었다.[88] 농인 김인숙은 구화교육을 받아서 말하는 것을 좋아했지만 학교를 졸업하고 사회생활을 할 때 자신의 말소리를 듣고 청인들이 웃을 때가 있어서 농인이라는 이유로 창피함을 느꼈고 말수가 점점 줄어들면서 대부분 수화를 사용하게 되었다고 말한다.[89]

구화중심의 교육에 반발하면서 농인들은 수어를 사용하는 자신들의 문화를 긍정하고 그로부터 정상성 규범을 비판적으로 바라보는 시각을 획득하기도 했다. 농인 계기훈의 다음과 같은 글을 보자.

> 그러나 일반 정상인이 보는 우리 농아자에 대한 관념 그것과는 정반대로 농아자는 듣지 못하고 언어의 불통은 있을지언정 사지는 건전할뿐더러 서로의 (농아자 자체) 의사 교환은 정상인들이 말로써 통할 수 있는 것과 같이 농아자도 손짓으로서 자유자재로 통할 수 있으니, 정상인과의 차이가

87 농인독립영상제작단 유튜브 채널(www.youtube.com/@Koreadeafmedia)의 〈데프미디어 한국 농역사 10편 윤언식_서울농학교, 평양광명맹아학교 두 곳을 다니다〉

88 장윤영 · 정호영, 앞의 글, 2010, 527쪽.

89 농인독립영상제작단 유튜브 채널(www.youtube.com/@Koreadeafmedia)의 〈데프 미디어 한국농역사 9편, 김인숙_홍익대학교장 미술상으로 평생 교직에 서다〉

> 있다면 정상인은 귀로 듣고 입으로 말하는 것과 같이 농아자는 눈으로 보고 손짓으로 의사를 표현하는 것이 다를 뿐이다. 바꾸어 말하면 전술한 7만 명의 농아자가 귀로 듣고 입으로 말하게 되고 정상인들이 손짓으로 하게 된다면 자연 듣고 말하는 자가 불구자 병신 취급을 받을 것이 아니겠는가? 그럼으로 정상인과 농아자는 그 의사표시 하는 방법이 다를 뿐이지 불구자시해야 할 이유는 없는 것이다.[90]

계기훈이 보기에 농인이 의사소통에서 어려움이 있기는 하지만, 농아자 끼리의 의사소통은 수어로 자유자재로 통할 수 있어 정상인이 말로 의사소통을 한다면 농인은 수어로 하는 차이가 있을 뿐이었다. 만약 청인이 소수자가 된다면 수어를 사용하는 농인이 아닌 소수인 청인이 "불구자 병신"으로 취급받을 것이라고 지적하면서, 그는 청인과 농인은 그 의사소통 방식이 다를 뿐 농인을 불구자로 볼 이유가 없다고 말한다. 수어에 대한 존중을 통하여 그는 정상/비정상이라는 장애인을 바라보는 지배적이고 주류적인 인식틀을 비판하는데로 나아가고 있었다.

6. 맺음말

이상에서 해방 직후부터 1970년대 후반까지 서울지역의 농인들의 생활실태와 농 공동체 및 농인정체성 형성의 역사적 맥락을 살펴보았다.

해방 후 〈헌법〉과 〈교육법〉 등을 통해 장애인의 법적 권리에서 변화

90 계기훈, 〈당국의 猛省을 촉구함〉《침묵의 벗》 2, 1959.

가 나타났지만, 전반적으로 복지정책과 제도가 미흡한 채로 남아 있었다. 당시 농인들에 대한 사회적 시선은 편견에 찬 것이어서 농인들은 가족관계에서 사회적 관계에 이르기까지 다양한 냉대와 차별을 경험해야 했다. 언론에서는 장애를 극복한 장애인들이 소개되곤 하였으며 장애인의 인권을 강조하는 시각도 나타나고 있었지만 이러한 시각의 이면에는 '정상아-특수아'라는 이분법적 인식 속에서 농인을 정상인으로 만들고자 하는 동화주의적 강박이 자리잡고 있었다. 또한 장애자는 언제든지 쉽게 범죄자가 될 수 있다는 우려가 공공연하게 제기되고 있었다.

국가정책의 부재 속에서 서울지역 농인들의 삶은 녹록지 않았다. 서울지역 농인들의 교육상황은 타지역에 비해 비교적 양호한 편이었으나, 청인 부모들의 편견, 교육비 부담 등의 이유로 학령 아동의 70% 이상이 교육의 혜택을 받지 못하고 있었다. 학교에 입학한다 하더라도 농아교육을 위한 특수시설이나 학습도구를 제대로 갖추지 못하는 등 교육환경도 열악했다. 취업실태와 관련해서는 무직이 다수를 차지하고 있으며 양화공·양복공 등 전문적인 기능공이 많았다. 이는 농업 등 1차 산업에 종사하는 농인이 많은 농촌 지역과는 다른 양상으로 도시로서의 서울지역의 특성을 보여준다.

소수지만 공사립 특수학교가 설립되면서 농인들은 학교 교육을 통해 서로 결집하고 수어로 소통하는 새로운 경험을 하게 되었고 이는 농인 단체, 농인 교회, 농인 구락부 등 다양한 농인 조직이 형성되는 배경이 되었다. 농인들은 이러한 새로운 공간에서 농문화를 형성하며 소통하는 주체로서의 경험을 공유해 나갔다. 한편 농인들의 자립생활을 도모하기 위한 다양한 집단 작업장과 〈침묵의 마을〉 등 농인 정착촌이 만들어지고 있었다. 이러한 시도는 기독교 등 사회복지단체의 원조에 따른 것이기도 했지만, 농인들 자신이 다른 농인들과 기회를 공유하고 농인공동체를 만들어 나가려는 노력에 따른 결실이기도 했다.

당시 사회에서는 구화교육이 강조되면서 수어의 중요성이 무시되곤 했지만, 농인들은 수어의 중요성을 자각하며 청인 중심의 동화주의적 교육방식에 거부감을 드러냈고, 수어를 중심으로 한 정체성의 자각으로부터 스스로 자긍심으로 느끼며 '정상/비정상'이라는 당시 장애인을 바라보았던 지배적이고 주류적인 인식틀을 비판하는 데까지 나아가고 있었다.

제5장

해방 이후 서울지역 '기지촌'과 '미군 위안부'의 변화

금보운(영남대학교 민족문화연구소 연구교수)

1. 머리말

해방 이후 서울에 미군이 주둔하기 시작했던 시기는 1945년 9월이었지만, 점령이나 전쟁이라는 특수한 상황이 아닌 평시에 장기 주둔하기 시작한 것은 1953년 10월 한미 간 상호방위협정의 체결 이후였다. 1952년 1월 밴 플리트James Van Fleet 미8군 사령관이 용산기지를 시찰하며 용산기지 복구 및 향후 활용에 대한 구상을 마련한 이후 동숭동 서울대학교 문리과대학 교사에 있던 미8군 사령부를 이전함으로써 본격적인 미군의 평시 주둔이 시작되었다. 서울의 미군 주둔은 한 국가의 수도에 주둔군 사령부가 설치되어 운영되었다는 점에서 상징적이라고 할 수 있다.[1] 이후 1957년 도쿄에 설치되었던 유엔군사령부가 용산으로 이전되었고, 주한미군 사령부도 설치되었다. 유엔군사령부의 이전은 미국이 대외정책을 시행할 때 한국의 군사적 역할을 중요시하는 것이라고 해석되기도 했다.[2]

기본적으로 미군의 한국 주둔은 6·25전쟁 이후 파주와 같이 군사분계선이 위치한 전방부터 부산 등 후방 대도시까지 국가 전역의 전략적 요충지에 주둔한다는 점에서 특정 지역에 집중적으로 주둔하는 독일, 일본과 대비되는 성격을 갖는다. 무엇보다 수도의 중심지에 대규모의 미군기지가 주둔하며, 한국에 주둔하는 미군뿐만 아니라 유엔군을 지휘하는 사

1 신주백·김천수, 《사진과 지도, 도면으로 본 용산기지의 역사 3(1950~1953)》, 선인, 2021, 12~14쪽.

2 오보경, 〈6·25전쟁 이후 미 제8군사령부 설치와 용산의 변화〉, 이동원 외, 《6·25전쟁과 1950년대 서울의 사회변동》, 서울역사편찬원, 2018, 345~347쪽.

령부가 위치한다는 것은 주한미군 주둔이 갖는 특징이라고 할 수 있다. 서울은 주한미군의 주둔에 있어 상징적인 도시인 것이다.

이와 더불어 서울이 한국의 정치·경제·문화·사회적 발전의 시작점이자, 모든 기능이 집중되어 있는 도시인 만큼 미군기지로부터 받은 영향과 변화도 다른 지역과는 달랐다. 미군의 감군 및 철군에 따라 기지 주변에 형성된 생활공간의 쇠퇴 등 그 변화의 영향을 즉각적으로 받았던 다른 지역과는 달리 서울은 다른 기능 및 역할을 부여받으며 변화에 대응해 나갈 수 있었기 때문이다. 또한, 사령부가 주둔하는 곳으로서 전선 지역의 미군 규모를 조정하며 오히려 주민 및 미군이 증가하기도 했다.

이때 주한미군 주둔의 변화에 따라 서울 내 공간이 변화하면서 서울에 주둔한 미군과 관계 속에서 형성된 집단도 영향을 받게 되었다. 본 연구에서 주목하고자 하는 '미군 위안부'(이하 작은따옴표 생략) 역시 이러한 서울의 공간 변화 속에서 그 사회적 위치를 인식하게 되고, 갈등했던 집단이었다. 미군 위안부는 '기지촌 여성'이라고도 칭해지며, 기지 주변에 집단적으로 형성된 유흥업소에서 미군 대상 성판매업에 종사하는 여성을 말한다. 이때 '위안부'라는 용어 사용에 대해서는 이미 논의도 전개된 바 있으며, 실제로도 유보적으로 사용되는 용어라는 점을 언급하지 않을 수 없다.[3] 다만 본 연구는 미군 대상 성판매 여성이 사회적으로 소외되는 데에

3 '위안부'라는 용어에 대한 문제 제기는 그 용어 자체가 남성의 관점에서 만들어졌다는 비판으로 시작되었다. 그에 대신하여 군 위안부의 노예적 상황을 표현하는 '전쟁 노예', '성노예'를 사용하는 것이 옳다는 주장이 제기된 바 있다. 이것은 당시에 사용되었거나 명확한 개념이 아니므로 다소 추상적일 우려가 있으나, 그 실제 상황을 가장 적절히 표현하는 용어라고 볼 수 있다. 그러나 이미 종군 위안부 문제로 너무도 광범위하게 인식된 상황에서 성노예 등의 개념으로 갑자기 지칭할 경우 혼란이 예상된다는 점에서 더 이상 강력하게 주장되지 못했다. 다만 작은따옴표(' ') 표시를 하여 사용

국가권력의 책임이 있다는 점을 강조하는 용어로서 미군 위안부를 사용한다.[4]

하지만 본 연구에서 도달하고자 하는 결론은 국가권력이 주한미군 주둔을 위해 여성의 '신체'를 동원했다는 것이 아니다.[5] 미군 위안부에 대

하기도 한다. '위안부' 역시 작은따옴표와 함께 유보적으로 사용되고 있다. '위안부' 용어의 사용과 관련한 논의에 대해서는 김귀옥,《그곳에 한국군 '위안부'가 있었다: 식민주의와 전쟁, 가부장제의 공조》, 선인, 2019; 정진성, 〈군 위안부/정신대의 개념에 관한 고찰〉《사회와 역사》 60, 2001; 박정애, 〈일본군'위안부' 문제의 강제동원과 성노예〉《페미니즘 연구》 19, 2019; 윤수종, 〈한국의 위안부〉《진보평론》 85, 2020; 전명길, 〈기지촌 위안부의 인권침해에 대한 페미니즘 국제관계론적 해석〉《민주평화연구》 3, 2020 등 참조.

4 실제로 미군 위안부는 대중적으로 정착된 용어가 아니며, 정부가 사용한 용어이다. 미군 위안부 역할을 하는 여성들이 필리핀 여성을 비롯한 이주 여성들로 바뀌어가면서 '위안부' 문제가 또 다른 양상으로 전개되고 있음에도 이들에 대한 인식은 여전히 '양갈보'에 머물러 있다. 미군 기지촌에서 미군과 성매매를 하는 여성들은 '위안부', '미군 위안부', '기지촌 위안부', '양색시', '양공주', '양부인', '양갈보', '기지촌 여성', '특수업태부' 등으로 불려왔다. 이 중 한국 정부가 법률에서 규정하고 있는 공식적인 용어가 '위안부'이다. 한국 정부는 1957년 제정한 '전염병 예방법 시행력' 제4조에서 규정한 '위안부'라는 명칭을 '미군 및 유엔군, 한국군 병사들을 성적으로 위안하는 여성'들에게 사용하였다. 1990년대 초반까지도 시군의 관련 공무원들은 한국 남성과 성매매를 하는 '윤락여성'과 구분하여 미군 기지촌 여성들을 '위안부'라고 불렀다(윤수종, 앞의 글, 2020, 166쪽).

5 한국 정부가 안보를 목적으로 여성의 신체를 동원했던 양상은 1971년 미군 감축에 자극을 받은 한국 정부가 전개했던 '기지촌 정화 운동'을 중심으로 분석된 바 있으며(캐서린 문 저, 이정주 역,《동맹 속의 섹스》, 삼인, 2007), 주한미군의 병력을 안정적으로 유지하고자 성병을 통제하는 과정에서 여성만이 병인으로 지목되어 강제 검진 등 신체적 학대를 당했다는 점을 규명하며 연구되어 왔다(박정미, 〈건강한 병사(와 '위안부')만들기-주한미군 성병 통제의 역사, 1950-1977년〉《사회와 역사》 124, 2019). 또한, 한국 사회에서 미군 위안부의 지위는 국가 정책에 기여하는 애국자이자, 외국 남성에 몸을 '파는' 민족적 배신자로서의 양가적이었으며, 이는 국가안보 강조 및 가부장 문화를 가진 한국사회의 성격을 반영한다는 점이 분석되기도 했다(이나영, 〈기지촌의 공고화 과정에 관한 연구(1950~1960)〉《한국여성학》 23, 2007).

한 한국 사회의 인식이 사회적 존재로서의 미군 위안부를 배제했던 것처럼,[6] 서울에 주둔한 미군의 특성에 따라 기지 주변 지역이 변화하는 과정에서 미군 대상 성판매에 종사했던 여성들의 사회적 위치가 '조정'되는 양상을 확인하는 것이다. 미군의 주둔을 위해 여성의 신체가 동원되었지만, 주한미군이 감소하는 양상 속에서도 그 문제가 해결된 것은 아니었다는 것이다.

이는 서울 주둔 미군과 그 변화에서 보여지는 특징에서 시작한다. 1970년 한국에 주둔하는 미군 2만여 명이 감군되면서 미군에 의존하여 생계를 이어가던 주민들이 경제적 타격을 받게 되었다. 주한미군 감군으로 인한 경제적 타격은 서울도 마찬가지였다. 하지만 서울의 대표적인 기지촌인 이태원의 경우는 이후 국제문화의 공간으로 전환되었고, 경제적 기능을 회복하였다. 이와 같은 공간의 변화에서 주목할 점은 공간을 유지하게 하는 소비자가 외국인에서 내국인으로 변화하였다는 것이다. 공간의 변화를 반영한 미군 위안부의 사회적 위치 조정은 외국인을 상대하는 '민족적 배반자'에서 내국인을 상대하고, 국내 단체에서 활동하며 안보에 기여하는 주체로의 변화라고 할 수 있다. 본 연구는 이에 주목하여 미군 감군에 따라 수립된 제도가 미군 위안부의 사회적 위치를 조정하며 새로운 방식의 동원 양상으로 편입시켰고, 이는 서울의 지역적 성격과 연계되어 있음을 규명하고자 한다.

미군 위안부의 사회적 지위를 규명하는 것은 한국 사회가 '주변인'을 형성하고, 지속적으로 배제하며 전개되어 왔음을 밝히는 작업이기도 하

6 이나영, 앞의 글, 2007; 김원, 〈오염된 여성들: 한국에서의 담론〉《박정희 시대의 유령들》, 현실문화, 2011.

다. 근대 국가에서 그 구성원의 설정은 주권을 가질 수 있는 자격을 부여하는 것이며, 그 방식은 국가권력의 성격에 따라 다르게 발현될 수 있었기 때문이다. 즉 한 국가에서 어떤 국민이 구성원으로 인정받는가는 곧 국가의 성격과 운영 방식을 드러낸다. 이러한 점에서 미군 위안부는 안보에 기여하는 '애국자'로 지칭되면서도 외국인을 상대하는 '민족적 배반자'로서 경계에 놓여진 '주변인'이었다. 주한미군의 규모가 줄어든 상황에서 한국 정부는 미군 위안부의 사회적 위치를 조정했고, 이는 내부의 갈등과 더불어 자신 스스로 그 위치를 설정하지도 못하는 '주변인'으로서의 성격을 더욱 강화했다. 특히 서울은 수도라는 특성상 미군의 구성 및 주변 지역의 변화 양상이 다른 지역과 차이를 보였다. 본 연구는 이러한 서울의 특징을 반영하여 미군 위안부의 사회적 위치가 조정되는 양상의 특징을 분석한다.

해방 이후 한국 사회에서 사회 구성원을 배제하고, 동원하는 방식에 관한 연구는 꾸준히 축적되어 왔다. 전쟁 시기 이념을 기준으로 시행된 국가폭력과 '국민화' 방식을 비롯하여 강력한 반공 사회를 구축하는 가운데 전개되었던 국민 동원 및 동원 주체의 다양화 등의 성과를 확인할 수 있다.[7] 다만 미군 위안부에 대해서는 신체의 성적 동원에 머물러 있다고 볼 수 있다. 본 연구는 미군 위안부를 미군 기지 주변 지역이라는 공간 속에서 형성된 구성원으로 볼 때 공간과의 특성과 연계하여 이해할 필요성을 제시한다. 공간의 성격은 그 공간에서 일상적으로 머무르는 구성원의 지위, 계급, 성별 등과의 상호 영향 속에서 형성되기 때문이다. 이에 공간의

7 관련 연구로는 김득중 외,《죽엄으로써 나라를 지키자: 1950년대, 반공·동원·감시의 시대》, 선인, 2007; 김동춘,《전쟁과 사회》, 돌베개, 2009; 김아람, 〈5·16군정기 사회정책〉《역사와 현실》 82, 2011 등이 있다.

변화에 따른 미군 위안부 사회적 지위의 변화와 한국 사회가 미군 위안부를 '주변인'화 하는 과정에서 이들은 어떠한 대응을 하였는지 입체적으로 규명하고자 한다.

기지촌의 '공간성'에 대해서는 기존 연구에서 분석된 바 있다. 근본적으로 미군 문화를 퇴폐적이고 저급한 것으로 비판하는 가운데, 그 영향력이 기지촌 이외의 지역에까지 확산되지 않도록 방어하는 공간으로서 분석되었다. 이때 한국 사회의 규정력에 주목한 연구와[8] 미군의 기지운영 정책 측면에서 주목한 연구로 구분할 수 있다.[9] 공간에서 발현된 성격에 주목하여 경제적 이득과 사회·문화적 소외가 이중적으로 존재하는 경계지로서 설명되기도 했다.[10] 해외에 파견된 미군을 '디아스포라'로 보고, 그들의 생활 양상이 정착지에서 유지되며 기존 문화와 결합한다는 점에 주목해 미국도, 한국도 아닌 곳으로서 경계지borderland로 규정되기도 했다.[11] 또한, 일본이 사용하던 기지와의 연속성 측면에 주목하여 탈식민과 해방의 경계를 흐리는 미군의 역할을 규명하며 제시되었다.[12] 이와 더불어 미군이

8 이나영, 앞의 글, 2007; 김원, 〈60~70년대 기지촌 게토화의 변곡점〉《역사비평》 112, 2015.

9 금보윤, 〈군사도시의 지역사회관계 형성-주한미군의 근린 정책과 '기지생활권'을 중심으로 (1957~1971년)〉《도시연구: 역사·사회·문화》 29, 2022.

10 W.Taejin Hwang, "An Indispensable Edge: American Military Camptowns in Postwar Korea," Wen-hsin Yeh ed., *Mobile Subjects: Boundaries and Identities in the Modern Korean Diaspora*, Berkeley: Institute of East Asian Studies, University of California, Berkeley, 2013.

11 이는 미국이 해외에 기지를 운영하며 미군들에게 익숙한 환경을 조성함으로써 안정적인 운영을 도모했다는 시각을 기반으로 한다(Mark L. Gillem, *America Town: Building the Outposts of Empire*, Minneapolis: University of Minnesota Press, 2007, pp. 67·74~79).

12 W. Taejin Hwang, "Militarized Landscapes of Yongsan," *Korea Journal* 58, 2018.

기지 내부와 외부를 구분하며 '안전한' 기지 내부와 '위험한' 외부를 설정하고, 이러한 경계가 미군과 지역주민, 지역주민 내에서도 업무에 따라 구분되는 위계를 형성했다는 것이 규명되기도 했다.[13] 이상의 연구들은 미군 주둔으로 인한 공간의 변화와 함께 물리적 영향뿐만 아니라 공간에 대한 사회적 인식을 조명하며 공간과 구성원의 상호작용을 규명했다.

본 연구는 위의 연구들을 기반으로 서울지역의 미군 기지촌의 변화와 이에 따른 미군 위안부가 '주변인'으로 배치되는 과정 및 성격을 규명한다. 이를 위해 조명하는 공간이자 연구의 소재는 서울 용산의 미군기지를 지원했던 대표적인 '기지생활권'으로서 이태원과 해방 이후부터 미군이 주둔하며 미군 위안부의 성판매업이 강화되었던 영등포이다. 영등포는 전형적인 기지촌이라고는 할 수 없지만, 서울지역 주둔 미군의 성격에 따른 공간의 변화를 비교하는 데에 기준이 된다. 특히 행정 중심지인 용산의 이태원과 공업 및 교통을 중심으로 한 경제 중심지로서 영등포의 지정학적 차이는 미군 위안부의 사회적 지위 변화에 따른 공간 성격을 비교하는 데에 유효하다.

본 연구에서 중점적으로 주목하는 시기는 1970년대 초부터 1990년대이다. 1970년대 초는 미군 위안부의 사회적 지위 변화를 감지할 수 있는 계기로서 미군 규모가 감군되는 시기이며, 1980년대 도시에 대한 개발 정책이 본격적으로 실현되며 공간적 변화가 발현되는 시기를 거쳐 1990년대 사회경제적 변화와 함께 그 성격이 고정화되었기 때문이다. 따라서 이 시기는 미군 감군으로 인한 한국 정부의 대응과 미군 위안부에 대한 정책

13 이유정, 〈미군기지의 안과 밖: 모호한 '집(home)'의 수사를 통한 경계 만들기〉《역사문화연구》 74, 2020.

변화를 확인할 수 있으며, 도시 공간의 시기적 변화를 가를 수 있는 기점으로 유효하다. 활용한 자료는 신문과 구지區誌, 정부 발간 연구서, 신문 등 국내자료를 비롯하여 필자가 직접 수집하거나 국사편찬위원회가 수집한 미국국립문서보관소NARA(National Archives and Records Administration) 소장 미 태평양육군 문서(RG550, 舊RG338 포함) 등 미국 소장 자료이다.

2. 서울지역 미군 '기지촌'의 형성과 변화

1) '외인도시' 이태원과 '기지촌'의 형성

이태원로와 반포로가 교차하는 네거리에는 1978년 남산 3호터널이 개통되기 전까지 주한미군사령관(1948~1949년)이자 6·25전쟁을 지휘하며 이후 유엔한국재건단UNKRA(United Nations Korean Reconstruction Agency)에서 활동했던 콜터John B. Coulter의 동상이 세워져 있었다.[14] 콜터의 동상은 이승만 대통령이 경제원조 제공에 대한 감사의 뜻을 전하기 위해 세운 것이지만, 미8군 사령부와 주한미군 사령부가 위치한 용산에서 미군의 주둔을 가시적으로 인식할 수 있는 상징물이기도 했다. 그리고 콜터의 동상의 위치를 기준으로 미군을 상대로 성판매업에 종사하는 여성들이 주로 밀집해 있는 공간으로서 기지촌, 이태원을 인지할 수 있다.

이태원은 사실 기지촌이기 이전에 다양한 직위와 계층의 외국인이 거주하던 이른바 '외인촌'이었다. 정전 이후 본격적으로 주둔하게 된 미군이 가장 큰 비중을 차지하였지만, 원조기구의 직원·외교관·사업가 등 한

14 손정목 외, 《용산구지》, 용산구, 2001, 974쪽.

국의 경제재건과 함께 외국인들이 거주하게 되었고, 이들은 이태원과 한남동 등지에 거주하기 시작했다. 1962년만 해도 태국의 찬 안스초테 대사, 터키의 H. H. 안리 대사, 필리핀의 막시미 노 G. 부에노 대사 그리고 국제연합한국통일부흥위원회UNCURK(United Nations Commission for the Unification and Rehabiliation of Korea) 사무국장 데이비드 홀 등 14개국으로부터 모인 162세대가 살고 있었다.[15] 이처럼 외국인들이 모여 살던 이태원은 그만큼 국내외 정세 변화에 따라 거주 외국인의 수가 변동하기도 했다. 예컨대 혁명이 발생한다던가하면 한국에서 운영하던 미국 기관에서 감원을 하여 마을 주민 수가 달라진다는 것이었다. 4·19혁명 시기에 외국인들이 불안을 느끼며 이주하기도 했지만, 5·16군사정변 이후에는 군사정부가 집세를 2할 인하하면서 다시 주민이 늘기도 했다.[16]

이렇듯 기존에 한국에 거주하게 된 외국인들이 모여 사는 공간으로서의 정체성이 컸던 이태원과 그 인근 '외인촌'에 이른바 기지촌이 들어서고, 미군 대상 성매매 공간으로 특화되기 시작했던 시기는 1958년으로 볼 수 있다. 1958년 1월 4일 내무부가 "서울 시내 도심지와 주택지구를 점차적으로 침범해 오고 있는 사창들을 도심지구로부터 일소할 방침"을 세

15 미국인 110세대, 독일인 24세대, 필리핀인 7세대, 터키 4세대, 태국과 프랑스인 각 3세대, 오스트레일리아, 인도, 이탈리아인 각각 2세대, 이스라엘인, 일본인, 한국인, 노르웨이인, 그리스인이 각각 1세대씩 살고 있었다. 162세대 중에는 99세대가 상업, 공업 등에 종사하는 일반인이고, 35세대가 각국 대사관 직원, 22세대가 군인, 그리고 나머지 6세대가 기타로 되어있다. 한국인 부인과 함께 사는 외국인도 20세대가 되었는데, 이 중 미국인이 16명이었고, 터키, 필리핀, 프랑스인과 사는 한국 여성이 3명이었다. 군인으로는 미국인이 20명, 필리핀과 프랑스 군인이 각 1명이 살고 있었다(〈서울의 조계 (3) 판자촌의 성곽을 가진 이태원 외인촌 (상)〉《경향신문》 1962년 7월 21일).

16 〈서울의 조계 (3) 판자촌의 성곽을 가진 이태원 외인촌 (상)〉《경향신문》 1962년 7월 21일.

〈그림 1〉 1959년 이태원동에 건설된 콜터 장군 동상(좌)과 이태원동의 외인주택단지(우)

출처: 국가기록원

운 것이다. 기존에도 사창가가 주택지구를 가리지 않고 생기면서 주민들의 불만을 야기했고, 오랫동안 고민하다 내린 방침이 이태원 등 근교로 사창가들을 이주하게 한다는 것이었다. 내무부는 구체적인 방안이 확정되면 즉시 성매매 업장을 강제하더라도 이주케 할 것이라 밝히기도 했다.[17] 이에 따라 남영동 일대에 있던 미군 위안부들이 미관상의 이유로 정부 당국에 의해 이태원으로 이주하기도 했다.[18]

이러한 사창 구역의 조정은 성매매 구역을 일반적인 생활공간에서 분리시키고, 정화되어야 하는 대상을 한 공간에 모아두어 집중적으로 관리 및 통제하기 위한 결정이었다. 이에 대해 "공창제를 사실상 인정하는 것"이라는 평가도 있었을 정도로 사실상 근본적인 해결책이라기보다는 사회적으로 드러나지 않고, 갈등이 야기되지 않게 하는 한에서 유지하는 것이었다.

17 〈도심지의 사창들 교외로〉《조선일보》 1958년 1월 5일.

18 〈서울 새 풍속도 (186) 외국인촌 [36]〉《경향신문》 1971년 6월 28일.

그런데, 일반적인 사창가의 조정 과정에서 이태원을 중심으로 모여들게 한 데에는 미군의 배치를 간과할 수 없다. 즉 1957년 유엔군사령부가 도쿄에서 용산으로 이전하고, 주한미군 사령부가 설치되면서 용산에 주둔하는 미군의 수가 증가하였다는 점을 함께 고려해야 한다는 것이다. 물론 자료의 한계로 이를 뒷받침하는 명확한 자료는 확인할 수 없지만, 1950년대 중반 한국 정부가 이태원 지역 외인주택의 건설에 속도를 내었던 직접적인 계기가 유엔군사령부의 이전이었다는 점을 고려해 보았을 때[19] 이태원으로 사창가를 집중시킨다는 결정의 배경에 서울에 주둔하는 미군의 증가가 있었음을 간과할 수 없다.

이렇게 1958년 서울지역 내의 사창가가 이태원으로 집중된 이후에 미군 상대 여성은 200명 정도로 집계되었다. 이와 더불어 영등포에도 미군이 많다는 이유로 세칭 '판문점'으로 불렸던 신길동을 비롯해서 당산동·양평동·대방동·영등포 공설시장 부근인 문래동 등 광범위한 지역에 걸쳐 300명의 성판매 여성이 포진하게 되었다는 점을 조명할 필요가 있다. 영등포에서도 미군을 상대로 성판매업을 하거나 동거를 하는 여성들은 문래동과 신길동에 집중되어 있었다.[20] 서울지역 내 미군 위안부의 분포를 확인하면 〈표 1〉과 같다.

〈표 1〉에서 보듯이 성판매 여성 중에서도 미군을 상대로 하는 '미군위안부(미군과의 동거자 포함)'가 1,043명, 그 밖의 성매매 업장에 1,021명이 종사하고 있다. 물론 공식적으로 집계에 포함되지 않은 규모가 있을 것이기 때문에 실제 숫자는 더 클 것이라고 할 수 있다. 그럼에도 불구하고 서울지

19 이는 한국 보건사회부에서 직접 밝힌 이유이기도 하다(〈외인주택 이백호를 건설〉《조선일보》 1957년 6월 3일).

20 〈윤락지대① 시내만 추산 5천〉《조선일보》 1959년 6월 10일.

〈표 1〉 서울 시내 정부 선도구역 내 성판매 여성 분포 (1962년)

	포주	성판매 여성	미군 위안부	계
종로	38	542	-	580
성동	-	67	73	140
용산	-	-	798	798
영등포	-	160	172	332
청량리	-	156	-	156
동대문	-	96	-	96
계	38	1,021	1,043	2,102

출처: 〈아직 살아있는 밤의 妖花〉《동아일보》 1962년 8월 14일.

역 내의 성판매 종사자들 중에도 미군 위안부가 많은 비중을 차지하고 있다는 것을 알 수 있으며, 그중에서도 이태원과 영등포, 특히 이태원에 집중되어 있었다.

이처럼 서울지역의 미군을 상대로 한 성판매업이 집단적으로 조성되어 있는 기지촌은 이태원을 중심으로 형성되었고, 이는 한국 정부가 정책적으로 전반적인 성매매업을 조정하는 가운데 미군의 재배치와 관련하여 조성되었다. 기존에 '외인촌'으로서 다양한 외국인의 거주공간이기도 했던 이태원에 성판매 업종이 모여들게 된 것이다.

이 구역의 중심지는 이태원 소방서(현 119 안전센터)에서 보광초등학교에 이르는 100여 m의 거리에 집중되어 있었고, '후커힐' 혹은 '텍사스 골목'이라고 불렸다. 이러한 변화와 함께 문화적으로도 미군 및 군무원들을 상대로 한 쇼 무대가 증가하면서 대중문화에 미국문화 유입이 확대되기도 했다.[21] 지역주민들은 이미 미군 기지가 주둔하고 있는 환경을 인지하고

21 이나영 · 정민우, 〈탈/식민성의 공간, 이태원과 한국의 대중음악-이태원 '클럽'들의

〈그림 2〉 **후커힐 북쪽 입면도**

미군기지 주둔 이후 다양한 클럽들이 위치하고 있다. 외국인 전용 클럽들이 대부분이었던 양상이 1980년대 이후 내국인 대상으로 개방되었다.

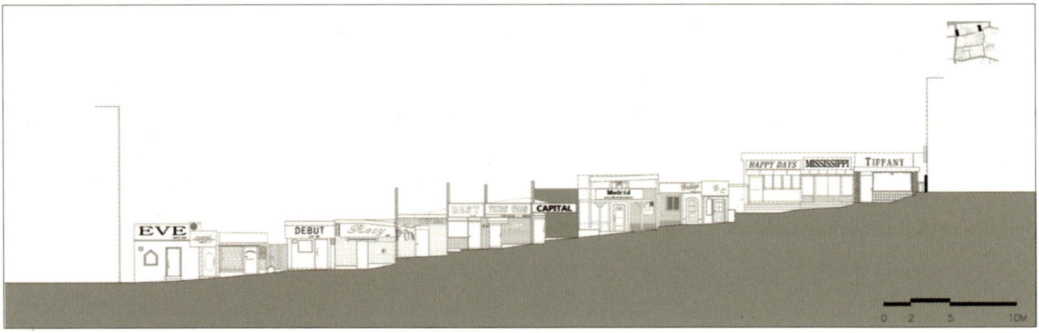

출전: 서울역사박물관,《이태원; 공간과 삶》, 2010, 228~229쪽.

있기 때문이기도 하지만, 국가의 정책에 따라 서울지역에서 가장 큰 규모의 미군 위안부가 거주하게 된 변화에 대해서는 거부감을 느끼고 있었다. 더욱이 미군이 일상적으로 교류하는 공간에서 한국인들이 보이는 '추태'에 대한 비판적인 시각을 확인할 수 있다. 이는 이태원에 거주하는 주민이 신문에 투고한 글을 통해 확인할 수 있다.

> 요즘 용산구 이태원동은 시내 중심지에서의 사창 단속으로 말미암아 밀려나온 창녀들로 그 풍기가 나날이 악화되어가고 있다. 악질적인 포주들은 10만환 내지 20만환씩의 금액을 치르고 연달아 시내 사창굴의 여인들을 유치해 오고 있으니 이러다가는 이태원 일대가 완전히 홍등가로 될 것 같다. 더욱이 포주들의 창녀혹사는 이루 말할 수 없을 정도이며 생리적인 조건을 무시해가며 매음행위를 강요하는가하면 심지어는 미군인들의 현금

형성과 변화과정을 중심으로(1950~1951년)〉《사회와 역사》 87, 2010, 200~202쪽.

절도까지를 교사한다. 이와 같은 이른바 이태원동의 사창굴화와 포주들의 간악한 행위를 그대로 두고 보아야만 할 것인가. 취체관헌들의 성의와 동향이 의심될 지경이다. 더욱이 외인상대의 매음행위가 절도행위까지를 겸한다면 외인들이야말로 우리 국민들을 도둑으로밖에 취급치 않을 것이다. 혹 포주들이 그 어떤 층의 빽을 믿고 악질적 행위를 다반사로 하는지? (이태원동민 JSK)[22]

말하자면 성매매업이 자신의 거주공간 가까이에 들어서는 것 자체와 더불어 성매매업이 운영되는 과정에서 발생하는 불법적인 행위가 미군이 한국에 대한 부정적인 이미지를 가질 수 있다는 점을 우려하는 것이다. 이처럼 이태원에 조성된 기지촌의 형성 과정은 두 가지로 정리할 수 있다. 첫째, 한국 정부가 주도하여 조성되고, 확대되었으며, 둘째, 기존 주민들로부터 환영받지 못하였고, 그 가운데에서도 성매매업에 종사하는 한국인에 대한 인식이 부정적이었다는 것이다.

2) 이태원의 국제도시화와 영등포의 집창촌화

주한미군의 주둔에 따라 이태원이 기지촌으로 조성 및 확대되었다면 1970년대 초반 미군 규모의 감군을 계기로 그 공간이 변화하게 되었다. 기존에 미군 위안부들이 거주하며 다른 지역으로부터 구분되고 배제되었던 '특정공간'에서 '국제화 도시'로 변모한 것이다. 이른바 '후커힐'이라고 불리던 이태원 내의 기지촌은 이국적인 분위기를 구성하는 시설로 변모하였다. 이태원의 변화와 더불어 오히려 성매매 공간으로서의 성격이 강

22 〈홍등가무법은 목불인견〉《경향신문》 1958년 8월 9일.

〈그림 3〉 1962년 설정된 특정구역의 위치

화된 지역이 있었는데, 이는 서울에서 이태원과 함께 미군 위안부가 가장 많이 모여있었던 영등포였다. 다만 이 시기 미군기지가 폐쇄되면서 그 판매 대상이 한국인에 집중되었다는 것이 변화의 결과였다. 즉, 성매매가 상대를 바꾸어 공간적으로 연속되었고, '집창촌'의 형식으로 이어졌다는 것이다. 한국에서 성매매는 불법이었지만, 역사적으로 이를 합법화했던 '특정구역'이 형성된 바 있다. 1962년 내무부·보건사회부·법무부 합동으로 전국 104개의 '특정구역'을 설정한 것이다.

이는 "윤락녀의 자립갱생", "외국군인 주둔으로부터 발생하는 국내 특수사정을 해결하는 방편"을 목적으로 했다. 직접 언급하지 않았지만 궁극적으로는 주한미군을 대상으로 한 성매매업에 대해서는 법적으로 통제하지 않겠다는 것이었다. 이러한 '특정구역' 설정 및 '제한적 성매매 허용' 제도는 제2차 세계대전 이후 일본, 독일, 이탈리아 등에서 연합군을 대상으로 시행했던 정책을 채택하여 반영한 것이었다.[23] 1962년 설정된 특정구역 중 서울지역에는 모두 10개소가 있었으며, 용산구에서는 이태원과 한남동이 포함되었다. 이와 함께 신길동, 대방동, 문래동 등 영등포에도 3곳이 선정되었다.[24] 이처럼 미군기지가 주둔하는 지역으로서 용산과 영등포는 서울 내에서 성매매가 공식적으로 허용된 지역이었다. 이는 미군 위안부가 해당 지역에서 지역 정체성을 형성하며 정착하게 되었던 법적 근거로 작용하기도 했지만, 미군 규모 변화에 따라 해당 지역의 성격이 변화하는 것을 막지는 못했다.

미군 위안부와 관련된 서울 내 두 지역의 차이가 야기된 이유는 주둔한 미군의 성격에서 찾을 수 있다. 우선 이태원의 성격은 미8군 사령부가 주둔하는 용산에 속한 지역이라는 점에서 비롯되었다. 미군 가족 및 장교 숙소를 집중적으로 마련하기로 결정된 지역이자, 미8군 사령부가 주둔하는 지역으로서의 의미를 갖고 있기 때문이다. 주한미군 전체를 지휘하는 사령부이자 유엔군사령부도 존재하는 지역이기에 미군기지와 기지 주변 지역 생활공간의 관계도 달랐다. 미군 가족 및 장교들이 거주하는 공간은 우선 미군기지와 인접한 한남동을 중심으로 이태원동까지 확산되어 있었다. 한국 정부는 이들의 거주를 위한 공간을 신축하였고, 미군 역시 일정 규모의 건물을 지어 미군의 수요를 충당하고자 했다. 하지만, 미군 감군 이후에도 기지 내에서 수용할 수 있는 미군 규모가 줄어들고, 신축할 자금도 부족해지자 기존의 건물을 임대하여 사용하기도 했다.

특히 1970년 말 주한미군 전체 규모가 감축되고, 전방의 미군이 용산으로 이동하면서 용산의 미군이 증가하였다. 이와 더불어 미군이 기존의 미군 병사들을 장기간 복무하게 하는 정책을 시행하면서 미군 거주지로

23 김희식, 〈예외공간으로서의 집결지의 공간변화 -영등포 '집창촌'을 중심으로-〉《역사와 경계》 121, 2021, 414쪽.

24 〈윤락여성 갱생의 발판 특정구역 10개소로 설정〉《조선일보》 1962년 7월 11일.

〈그림 4〉 1988년 서울올림픽 범시민참여 이태원축제
1988년 서울올림픽 개최를 목적으로 대내외적인 홍보를 위한 축제를 이태원에서 개최했다는 것 역시 이태원의 '국제도시'로서의 변화를 상징적으로 보여준다.

출처: 서울역사박물관, 《이태원-공간과 삶-》, 2010, 360쪽.

서의 성격은 더욱 강화되었다. 미군은 전체 규모가 줄어든 대신 주요 인력을 활용하여 부대를 운영하고자 했고, 이때 장기간 복무를 선택하는 병사들에게 혜택으로 가족과 동반하여 근무할 수 있게 하였기 때문이다.[25]

이처럼 서울이 미군에 의해 주요 거주공간으로 규정되면서, 이태원을 포함하여 용산 미군기지 주변은 미군의 수요를 충족시킬 수 있는 상점들로 즐비하게 되었고, 자연스럽게 다른 외국인 거주자들도 점차 이태원 주변으로 이주하게 되었다. 이태원이 성매매 중심지역으로부터 '국제 도시

25 용산 미군기지 주변의 미군 및 그 가족 거주공간의 형성과 성격에 대해서는 금보운, 〈용산 미군기지 주변 민·군 생활공간의 교차: 외인주택 건설과 미군의 거주 정책을 중심으로〉 박준형 외, 《서울 내 외국인 집단 활동의 역사》, 서울역사편찬원, 2021 참조.

화'되는 데에 주요한 배경이 형성된 것이다. 또한, 다양한 외국문화가 혼합되며 성적 지향성을 비롯하여 문화적 다양성이 보존되고, 공유되는 공간으로 변화하기 시작하였다. 특히 1972년 부평에 있던 미8군 121후송병원이 용산으로 이전하면서 주변 상인 1만 여 명이 용산으로 이주하였다. 이 과정에서 양복점, 구둣가게 등의 의류 상인이 유입되었는데, 이는 이태원을 중심으로 의류상업이 전개되는 계기가 되었다.[26] 이와 더불어 미군 및 가족들을 비롯하여 외교 사절단 등이 거주하였던 것도 이태원이 값싼 보세품을 살 수 있는 쇼핑거리로 변모하는 요인이 되었다.[27]

1980년대 들어 쇼핑뿐만 아니라 구성원들의 여가 활동을 위한 상점들이 증가하면서 '서울의 라스베가스'라고 불리게 되었다. 미군의 거주지역이 형성되면서 이들의 유흥지역 및 문화소비 지역으로 활용되었던 것이다.[28] 무엇보다 이태원이 유흥뿐만 아니라 쇼핑의 공간으로 인지되면서 한국을 방문하는 외국 관광객과 더불어 새로운 문화를 소비하고자 한 한국 젊은이들이 이태원을 찾았고, 다양한 계층의 사람들이 섞이는 공간이 되었다.[29] 특히 1983년 개최된 미국 여행자협회ASTA 총회와 국제의회연맹IPU 회의를 계기로 이태원은 국제적 쇼핑관광명소로 각광을 받기 시작했다. 1983년 말 레이건Ronald Reagan 미 대통령이 방한했을 때도 측근을 통해 이태원에서 양복을 맞췄다고 하는 등 옷 제작과 쇼핑의 중심지로서 부상하게 된 것이다. 실제로 1985년 이태원을 찾은 관광객 수가 151만 명에

26 이소영, 〈문화적 엔클레이브 이태원의 한국인 상인들: 서울시 이태원에 대한 역사인류학적 연구〉, 서울대학교 인류학과 석사학위논문, 2019, 22쪽.

27 손정목 외, 앞의 책, 2001, 973쪽.

28 김은실, 〈지구화 시대 근대의 탈영화된 공간으로서 이태원에 대한 민족지적 연구〉 《변화하는 여성문화 움직이는 지구촌》, 푸른사상, 2004, 18~19쪽.

29 손정목 외, 앞의 책, 2001, 573쪽.

달하고, 1억 달러 이상의 판매고를 올렸다고 추산되기도 했다. 이태원을 상징하는 해밀턴 호텔을 중심으로 서쪽은 쇼핑중심가, 동쪽은 유흥가로 구분할 수 있었다.[30]

흥미로운 점은 이태원 지역이 1950년대 중반 이래 형성된 미국문화, 미군문화의 토양에서 1980년대 다양한 국적의 외국인들의 유입을 통해 그 전성기를 구가했다면, 오히려 1990년대 경제 규모의 성장 및 문화적 성장으로 인해 쇠락을 경험했다는 것이다. 즉 유흥 신흥지로서 강남이 형성되고, 외국 문화 유입이 확대되면서 이태원에서만 경험할 수 있었던 이국적인 경험은 특별한 것이 아니게 된 것이다. 이러한 상황을 극복하기 위해 1993년 이태원의 관광특구 지정이 논의되었고, 1997년 당시 문화체육부가 승인하며 이태원은 서울시 최초의 관광특구로 지정되었다.[31] 관광특구 운영을 위해 조직된 이태원 관광특구연합회는 매년 이태원 지구촌 축제를 주최하고 있다. 외국인들에게 전통놀이를 소개하기도 했고, 최근에는 K팝 콘서트가 열리기도 했다.[32]

요컨대, 이러한 변화는 용산에 주둔한 미군이 주한미군을 지휘하는 주요 인력들로 구성되어 있어 그 주변이 미군 및 가족을 위한 거주공간으로 집중 조성되었다는 것에서 기인한다. 특히 미군 규모 감군으로 가족동반 복무가 더욱 권장되었으며, 다른 지역으로부터 상인들이 이주하게 되면서 이태원에 위치하던 성매매 업종은 점차 축소되어 갔다. 이러한 변화 과정에서 주목할 점은 이태원 상권의 소비 대상이 미군으로부터 한국인

30 〈서울의 이방지대 이태원〉《경향신문》 1986년 7월 4일.

31 김주희, 〈미군 기지촌에 대한 기억의 정치와 변모하는 민족주의: 다큐멘터리 〈이태원〉 분석을 중심으로〉《한국여성학》 55, 2017, 47쪽.

32 김주희, 앞의 글, 2017, 66~67쪽.

으로 변화했다는 것이다. 1980년대 중반에도 이태원은 "인파에 떠밀려 다닐 정도"로 많은 사람이 찾는다고 평가되었는데, 주요 고객은 '내국인 젊은이'들이었다. 이들이 증가하며 외국인들의 발길이 뜸해지고 있다고 평가받을 정도였다. 이에 맞춰 업소들도 내국인 유치로 방향을 바꾸면서 외국인 상대 유흥가로서의 특성도 잃어가고 있었다.[33]

기존에 미군 위안부들의 업장이었던 용산 미군기지를 평택으로 배치한다는 계획이 발표되면서 이와 같은 변화는 명백해졌다.[34] '이태원 시대가 막을 내렸다'고 평가될 정도였다.[35] 이와 같은 변화는 이 지역의 업소 분포에도 영향을 미쳤다. 특히 성소수자를 대상으로 한 유흥업이 증가했다는 것을 알 수 있다. 이태원에는 일찍부터 다양한 성적 지향성을 가진 이들이 존재했지만, 성매매 및 유흥업소를 통해 그 존재를 드러냈던 것은 1990년대 초부터였다. '후커힐'이라고 불리었던 해밀턴 호텔 뒷골목이 '게이힐'로 불리기도 했다.[36] 이는 이태원이 갖는 이른바 '국제적 성격'을 반영하는 것이기도 하고, 서울 내 도시 개발이 전개되고, 문화적 향유 주체가 확산되면서 소비자들이 다른 지역으로 분산되었기 때문이기도 하다.

이처럼 이태원은 점차 성매매업이 중심이 아닌 이국적인 문화를 즐길 수 있는, 다양한 국제문화가 혼재된 공간으로 변화하게 되었고, 이와 함께 미군을 상대로 전개되었던 성매매업은 숨겨지거나, 공간의 성격을

33 〈서울의 이방지대 이태원〉《경향신문》 1986년 7월 4일.
34 〈이태원 상가 외국인 발길 갈수록 틈해〉《매일경제》 1990년 2월 14일.
35 〈서울 속 이방 '이태원 시대' 막 내리다〉《경향신문》 1990년 7월 4일.
36 한유석, 〈성소수자들의 공간 전유와 커뮤니티 만들기 -이태원 소방서 골목사례 연구-〉《서울도시연구》 14, 2013, 258쪽.

〈그림 5〉 1950년대 영등포역 근처 미군기지 주변에 형성된 집창촌의 위치(사각형 표시)

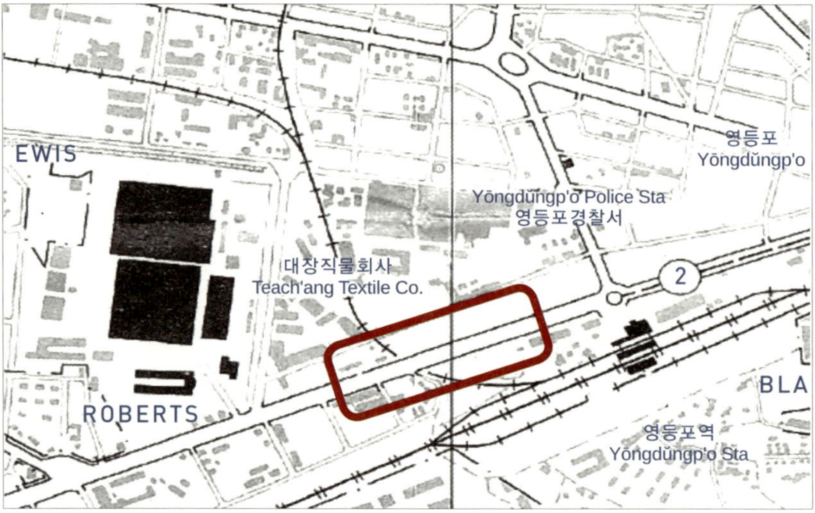

출전: 김희식, 〈예외공간으로서의 집결지의 공간변화-영등포 '집창촌'을 중심으로〉 《역사와 경계》 121, 2021, 412쪽.

규정하는 대표적인 상업으로부터 멀어지게 되었다. 또한, 한국 경제 규모가 성장하고 외국인 유입이 늘어나면서 이태원 지역의 성매매업에도 러시아나 필리핀 등 저개발 지역의 여성들, 이른바 '인터걸'이 대신하기 시작했다.[37] 이들은 외국인을 상대한다는 이유로 민족적 배제를 받을 여지가 없는 이들이었고, 이태원의 새로운 구성원과 문화를 형성하기 시작했다.

'후커힐'이라고 불리던 이태원이 미군 대상 성판매 보다 국제문화를 향유할 수 있는 공간으로 변모했던 것과 달리 영등포는 미군기지가 폐쇄되면서 미군을 상대하던 여성들이 자연스럽게 한국인을 상대하는 '집창촌'으로 변모하였다. 미군 감군과 더불어 미군 대상 성매매 종사자의 감

37 〈'인터걸' 이태원에만 500명〉 《조선일보》 1990년 3월 30일.

소가 '일반 윤락여성'의 증가로 이어진 것이다.

영등포의 미군기지 역시 미군이 감군하던 시기인 1970년대에 폐쇄되었다. 영등포에 주둔했던 미군기지 및 관련 시설은 1949년 설치된 육군 공병대의 가족 주택과 이후 1957년 들어선 캠프 스페이스Camp Space, 캠프 윌슨Camp Wilson이 있었고, 유류부대, 포병사령부 등이 있었다. 이 기지들은 1970년대 초 문을 닫았다. 미8군의 우유공장이었던 캠프 베이커Camp Baker는 그보다 늦은 시기인 1985년 폐쇄되었다.[38] 당시 영등포1동과 2동에 걸쳐 형성되어 있던 '사창가'는 1970년대 중반 이후 철거되기 시작하였다. 1970년대 말부터 시작되어 1980년대 올림픽 준비를 목표로 본격화되었던 도시개발계획을 시행하기 위한 것이었다.[39] 이에 따라 성판매 여성들은 기존의 장소였던 영등포역 앞 지역에서 건너편인 문래동으로 이주하였는데, 이 지역은 앞에서 언급한 바 있듯이 미군 위안부가 집중적으로 거주하던 곳이었으며, 1980년대 초 '윤락여성 집중존치구역'이 설정되며 성판매를 지속해 나갈 수 있던 곳이었다.[40] 이른바 '유리방' 업소들이 형성되었고, 번호를 부여받아 관리되었다. 사실상 그 대상이 내국인으로 바뀐 채 성매매가 합법화된 것이었다.

공간적으로는 서울의 두 지역, 용산과 영등포를 비교하여 살펴보았을 때 미군기지의 성격 및 폐쇄 시기, 기지와 주변 지역의 관계에 따라 이와 같은 변화가 다르게 반영되었음을 확인할 수 있었다. 도심이자 미군 사령부가 주둔하는 용산은 외국인 거주지가 집중적으로 형성되면서 이국적

38 김희식, 앞의 글, 2021, 409~411쪽.

39 김희식, 앞의 글, 2021, 418~420쪽.

40 1980년대 영등포구 내에서는 문래동의 성판매업에 대해 인지하고있었으며, 이를 개선되어야 하는 공간으로 언급하였다(영등포구, 《영등포구지》, 1991, 519쪽).

분위기를 형성한 관광지로 부상하였고, 자연스럽게 내국인의 출입이 잦아졌다. 이태원의 기지촌은 쇼핑지구와 관광 지역에 비해 축소되었고, 점차 내국인의 출입을 허용하게 되었다. 물론 미군만 출입할 수 있는 업소가 정해져 있기도 했지만, 한국 경제 규모의 변화와 유흥업소의 분산, 교통의 발전 등의 결과이기도 했다. 미군 역시 이태원이 아닌 다른 서울지역으로 이동하기도 하며 성 구매자의 구성원이 변화하기 시작했다.

이에 반해 영등포 지구는 1970년대 초 미군기지가 폐쇄되면서 오히려 공식적인 성매매 공간으로서의 성격이 강화되었다. 특히 기존에 미군 위안부가 집중되어 있던 공간이 일종의 성매매 허용지역으로 설정되면서 성매매업이 강화되고, 특화되어 갔다고 볼 수 있다.

이와 같은 공간의 변화에는 역시 한국 정부의 결정과 지원이 적용되었다. 경제적으로 쇠퇴해 가던 이태원을 관광특구로 설정하여 그 성격의 전환과 경제적 부흥을 꾀했던 데에는 주한미군 사령부의 주둔 및 외교 관련 외국인들이 거주하던 환경이 고려되었을 것이라 볼 수 있다. 영등포 지역의 성매매업 집중 역시 '윤락여성 집중존치구역'의 설정이라는 제도적 지원이 뒷받침되었다. 이태원의 기지촌 조성 및 확대가 한국 정부의 주도에 의해 시행되었던 것처럼 미군 감군에 따른 공간의 변화 역시 한국 정부의 정책과 결부되어 전개된 것이다. 이 과정에서 해당 공간을 구성하고 있던 주요 주체로서 미군 위안부의 사회적 위치도 함께 변화하게 되었다. 성판매 여성에 대한 사회적 차별과 법적 배제와 한국사회의 배타적 시각은 유지되었지만, 한국 정부에 의한 공간 변화와 마찬가지로 사회적 위치가 조정되었던 것이다.

3. 서울지역 '미군 위안부'와 미군 감군 이후의 변화

1) 한국 사회의 배제 인식과 '미군 위안부'의 저항

이태원 기지촌의 변화에 따라 미군 위안부의 사회적 위치가 조정되는 양상을 확인하기 앞서 한국 정부가 조성한 이태원 기지촌에서 미군 위안부의 삶이 어떠했는지 살펴볼 필요가 있다. 이태원 미군 위안부의 경험이 이태원 기지촌에서만 확인할 수 있는 특수한 상황은 아니었지만, 한국 정부가 조성한 기지촌에서 발생한 지역 사례이며, 이후 변화 양상을 확인하기 위해 규명할 필요가 있다.

이태원의 미군 위안부는 다른 지역의 미군 위안부가 직면한 현실과 마찬가지로 미군의 폭력에 노출되어 있었고, 법적으로 보호받지 못하였다. 1968년 이태원동에서 미군 위안부가 잔인하게 살해되어 있는 상태로 발견되었는데, 인상착의를 정확하게 기억하는 목격자가 있었음에도 용의 신병을 확보하지 못했다. 미군 수사당국이 수사 경위의 정보를 주지 않았기 때문이다. 미군 수사당국은 한국 경찰에 협조하지 않았고, 한국 수사원도 용의자를 취조하지 못하게 하는 등 비협조적인 태도를 보였다.[41] 용의자인 미군은 증언을 한 여성에게 살해협박을 하기도 했다.[42] 이는 〈대한민국과 미합중국 간의 상호방위조약 제4조에 의한 시설과 구역 및 대한민국에서의 미합중국 군대의 지위에 관한 협정〉(1966)의 한계에 따른 것이기도 했다.

강제적이고 일상적인 취체도 미군 위안부에 대한 폭력으로 볼 수 있

41 〈미병이 위안부 살해 방화〉《조선일보》 1968년 2월 29일.

42 〈증언여인에 협박 미병 일명 입건〉《동아일보》 1968년 3월 9일.

다. 미 헌병이 불시에 성병 검진증을 검사하여 검사를 하지 않은 사람들을 일정기간 구속하는 것이다. 낮은 접대비와 함께 이미 포주들에게 빚을 지고 성판매업에 종사하는 여성들은 하루 일을 쉬는 것이 바로 생계비의 감소로 이어지기 때문에 검진을 받는 것도 쉽지 않은 일이었고, 취체에 걸려 일정 기간 구류 당하는 것도 피해야 했다.[43] 실제로 1960년에는 미국 헌병의 취체를 받아 검속에 걸린 미군 위안부가 차에 태워져 용산 경찰서로 이동하던 중 달리는 차에서 뛰어내려 목숨을 잃은 사건이 있었다. 미728헌병대의 단속에 걸린 여성은 수입이 가장 큰 주말에 일을 할 수 없다는 두려움에 차에서 뛰어내렸고, 중상을 입어 미548병원으로 이송하던 도중 숨졌다.[44] 이미 이태원에도 생계의 어려움과 담배, 술, 마약에 중독되어 망가진 신체로 인해 자살을 하는 미군 위안부의 사례가 보도되었던 만큼[45] 불시 검문 및 취체는 미군 위안부의 삶을 더욱 막다른 길로 내모는 폭력이었다.

이러한 사례는 구술을 통해서도 드러나는데, 미군 위안부 김정자 씨가 용산 미군기지 삼각지 방면에 거주하며 미군들을 상대했던 기억을 회고한 것이다. 그는 삼각지에 남아있는 옛 '포주집'을 보고 벌벌 떨며 고통스러웠던 일화를 기억했다. 병명도 모른 채 앓으면서 죽을뻔했던 기억과 이를 모른체했던 포주, 업주의 사인 하나로 미군 기지에 들어가 미군을 상대로 접대를 해야 했던 기억들은 남아있는 공간의 흔적만으로도 눈물이 터져나오게 할 만큼의 고통을 주었다.[46]

43 〈왜 그들은 데모를 했나〉《동아일보》 1960년 10월 27일.
44 〈양공주가 데모〉《동아일보》 1960년 10월 27일.
45 〈왜 그들은 데모를 했나〉《동아일보》 1960년 10월 27일.
46 김정자 증언, 김현선 엮음, 《미군 위안부 기지촌 여성 최초의 증언록: 미군 위안부 기

이와 더불어 미군 위안부에 대한 한국 사회의 인식도 미군 위안부의 사회적 지위를 구성했다. 한국 사회의 인식은 양가적이었다고 할 수 있으나 지배적인 시각은 부정적인 것이었다. 미군 위안부에 대한 양면적 인식은 가족을 부양하기 위해 희생하는 여성과 더럽고 반민족적인 신체라는 인식으로 일반적인 미군 위안부에 대한 인식과 동일했다.

> 25일 밤 사망한 강씨도 어떻게든지 이러한 생활을 청산해보려고 최근 미군부대 종업원으로 있는 한국 남성과 결혼까지 약속하고 근신해오다가, 이날 밤 그 남자와 다방에서 차를 마시고 나오다 그런꼴이 되었다는 것이다. 동란 이후 벌써 10년 내내 버림만 받아온 이들에게 민족의 수모를 씻기 위해서 정부는 어떠한 대책을 세울 것인지.[47]

위의 인용문은 취체를 당한 이후 구류를 피해 차에서 뛰어내렸다가 사망한 미군 위안부의 사건을 보도하는 기사의 일부이다. 미군 위안부가 사회적 배제를 받은 집단이라는 것을 인지하면서 이를 개선해야 하는 것은 한국 정부의 역할임을 제시하고 있다. 미군 위안부에 대해서도 "언젠가부터 외국군인(주로 미군)을 상대로 몸을 팔지 않으면 안된 이 땅의 딸들"이라고 표현함으로써 미군 위안부의 존재가 단순히 개인의 자발적인 선택이라고 볼 수 없다는 점을 드러낸 것이라 할 수 있다.

언론에서는 사실 1950년대 이후부터 일관적으로 미군을 유지하기 위해 안전한 성을 제공한다는 것과 그 과정에서 미군에 의한 폭력의 대상이

시촌의 숨겨진 진실》, 새움터, 2013, 206~233쪽.

47 〈왜 그들은 데모를 했나〉《동아일보》 1960년 10월 27일.

되었다는 점이 함께 제시되었다. 이와 더불어 암시장을 형성하고, 미군 기지 물자를 유통하는 매개하는 등의 역할을 했다는 점이 알려지기도 했다. 미군에 의해 폭력을 당하거나, 살해당한 미군 위안부의 기사들이 지속적으로 등장했다. 특히 미군 철군이 언급되던 시기에는 기지 주변 지역의 경제적 악화와 그 피해를 당한 주체로서 묘사되기도 했다.[48] 즉 미군을 유지하는 데에 기여하는 사회적 역할을 수행하고 있지만, 부정한 방식으로 경제적 이득을 얻으며 근본적으로는 사회적 악영향을 끼칠 수 있는 존재로서 미군과 거주해야만 한다는 양면적 인식이 적용된 것이다. 이는 아래와 같은 기사를 통해 확인할 수 있다.

> 양공주들은 만리 타국에서 멸공전을 위해 내한한 유엔군들을 위안시켜주는 것은 일리가 없지는 않을 상 싶다. (중략) 그러나 일반 주택지대나 번창한 거리(수도극장 부근)에서 유엔군을 접대하는 행위는 사회의 비난거리가 되어 왔다. (중략) 관계 당국에서는 주택지대에 이들 위안부들이 살고 있으므로 인하여 대한의 어린이들에게 미치는 영향 그리고 일반의 풍기를 생각한다면 한 시각도 이에 등한시해서는 안될 것이다.[49]

즉 미군 위안부가 국가안보에 기여한다며 미군 상대 성매매업에 대한 정당성을 부여하면서도 이에 대한 부정적인 인식이 지배적이었던 것이다. 여전히 이들을 분리하고 감시해야 하는 존재로 보는 시각도 존재했다. 1968년 보건소에서 미군 위안부 20명을 단속하여 경찰에 넘겼으나 경

48 〈위안부들 뜯기는 달러에의 과녁〉《매일경제》 1969년 4월 24일.

49 〈잠망경〉《경향신문》 1953년 10월 2일(김귀옥, 앞의 책, 2019, 92~93쪽에서 재인용).

찰이 이들을 그대로 내보내 주민들이 항의를 한 것이다. 미군 위안부가 용산 미군기지 15호 정문 앞에서 호객 행위를 하고, 검진에 불이행하여 적발되었으나 경찰이 훈방했던 것이 사건의 시작이었다. 주민들은 무차별 검속으로 미군 위안부로 오해받았던 경험을 억울해하며 이러한 훈방조치에 항의했다.[50] 특히 1962년 '특정 구역'을 설정하며 성매매 장소를 분리했던 만큼 성판매 종사자와 아닌 사람을 구분하는 것은 중요하게 인식되었다고 볼 수 있다. 서울지역 특정 구역의 하나인 종로에서는 성판매 여성이 사는 집에는 붉은 전등을 달아 놓아 식별할 수 있도록 할 정도로 사실상 일반 거주지역 및 주민들과 구분하고자 한 것이다. 여기에는 미군 위안부를 사회적으로 배제하고, 구성원으로 인정하지 않는 인식이 적용되어 있다.

이와 같은 인식은 미군기지 주변 지역을 이른바 '게토화'하는 방식과도 일치한다.[51] 즉 미군 주둔의 필요성과 안보적 중요성을 강조하면서도 그들의 영향력이 기지 주변 지역을 넘어서서 확대되는 것은 경계하듯이 미군 위안부의 역할을 인정하면서도 그들이 일반적인 거주지역에 등장하는 것을 경계했던 것이다. 이때 미군 위안부에 대한 사회적 인식과 민족적 배제는 기지촌을 형성하는 요소이기도 했다. 한국 정부가 '위험한' 여성들을 가둠으로써 여성들 간의 경계를 강화하고, '민족'이라는 범주를 재구성해 온 것이다.[52]

미군 위안부 '자치조직'의 결성 역시 미군 위안부를 집단화하여 '일반적'인 구성원과 분리하려는 목적에서 시행된 것이라 할 수 있다. 미군 위

50 〈손발안맞는 위안부 단속〉《동아일보》 1968년 6월 12일.

51 김원, 앞의 글, 2015 참조.

52 이나영, 앞의 글, 2007 참조.

안부들의 자치조직이 전국적으로 결성된 시기는 1962년이다. 당시 군사 정부는 모든 위안부들은 지역 재건부녀회에 가입하여야 한다는 지침을 내렸다. 이는 미군 위안부를 등록하여 관리를 용이하게 하기 위한 것이었다. 자치회 회장은 한국 정부와 미군에게 미군 위안부 여성의 동향을 보고하는 정보원으로 일하기도 했다.[53] 실제로 성매매업이 전개되는 미군기지 주변 지역을 보면 포주들이 그 지역의 통·반장을 겸임하고 있었기 때문에 여성의 신체적 자유가 제한되고 있다고 볼 수 있다.[54] 이러한 자치조직은 지역마다 다르게 칭해졌는데, 이태원 및 삼각지 등 서울지역의 자치회는 '장미회'(이하 작은따옴표 생략)라고 칭해졌다.[55] 장미회는 '자치회'라고 칭해졌지만, 사실상 성병 규제를 위해 여성들로 하여금 상호 감시하도록 하는 것이 가장 주된 목적이었다.

이밖에도 정부가 주도하는 사업 및 캠페인에 동원되기도 했는데, 장미회는 1962년 동작동 국군묘지를 참배하기도 했다. 참배는 조직의 간부 10여 명이 시행하였다. 이들은 "호국 영령의 넋을 위로한다."며 헌화하고, 주위의 잡초를 뽑는 등 청소를 하기도 했다. 청소복을 입은 이들은 자신들의 저축 운동으로 모금하여 국군묘지에 꽃을 심겠다고 말하기도 했다. 장미회는 당시 900여 명의 회원을 갖추었다고 소개되었다.[56]

또한, 장미회 외에도 '자치갱생회'가 조직되었다. 이 조직은 감찰부장

53 캐서린 문 저, 이정주 역, 앞의 책, 2007, 50~51쪽.

54 김희식, 〈성매매집결지(집창촌)의 기원-박정희 정권기를 중심으로〉《역사문제연구》 20, 2008, 299쪽.

55 경기북부 기지촌(동두천, 의정부 등)은 민들레회, 평택(송탄, 안정리)은 자매회, 군산(아메리카 타운)은 꿀벌자치회, 김제(황산리 등)는 백합회, 부평(신촌)은 신촌자치회라고 불렸다(김정자 증언, 김현선 엮음, 앞의 책, 2013, 151쪽).

56 〈국군묘지 단장 윤락여성 자치회서〉《경향신문》 1962년 7월 19일.

과 같은 위계 및 직위가 형성되어 있으며, 조직 구성원 간의 친목뿐만 아니라 연말이나 행사가 있을 때 일선 장병에 위문품을 전달하기 위해 돈을 기금하는 등 군인들과의 우호적 관계를 형성하는 임무를 맡아 수행하기도 했다. 이 외에도 용산 일대에서 윤락여성들을 지도하고, 특정 지역의 풍기단속을 맡아 하는 등 '성매매업'으로 인한 지역의 이미지 및 분란을 조정하거나 예방하는 일을 수행했다.[57] 이들은 자력갱생을 위한 활동이라고 규정된 교육을 받기도 했는데, 이는 성판매업에서 직종을 전환할 수 있도록 하는 교육이었다. 미군 위안부가 귀향할 수 있도록 지원한다거나, 미용 등 직업교육을 제공하고, 용산 경찰서에서 진행되는 교양강좌와 갱생을 위한 토론을 월 2회씩 받도록 한 것이다.[58]

〈그림 6〉 이태원의 '미군 위안부'들

출전: 서울역사아카이브

그러나 이러한 자력갱생 교육이 실제로 유효했다고 볼 수 없는 것은 1960년대 후반까지 미군 위안부의 규모가 감소하지 않았기 때문이다. 사실상 '자치회'가 소수의 간부에 의한 집단적 관리 목적의 조직이었기 때문이다. 이는 2018년 미군 위안부가 국가를 상대로 제기한 소송에 대한 고등법원 판결문에서도 재확인되었다.

57 〈윤락여성선도 하던〉《조선일보》 1963년 3월 5일.

58 〈특정지역 그 후〉《조선일보》 1962년 8월 23일.

기지촌 위안부들을 위안부 등록제나 지역재건부녀회, 자매회 등의 자치조직 구성 등을 통하여 체계화·조직화한 뒤 이러한 조직을 통하여 정기적·의무적으로 (애국) 교육을 실시했다. (중략) 위생, 미용 및 성병감염예방에 관한 내용이 교육 시간의 상당 부분을 차지했지만 위안부들을 외화를 벌어들이는 애국자라고 치켜세우면서 성병 검진의 중요성을 강조하고 가랑이를 벌리지 말라라든가 다리를 꼬고 무릎을 세워 이렇게 앉으라는 등으로, 통상 성매매 업소 운영자나 포주가 성매매 여성들에게 지시할 만한 사항들에 관하여 담당공무원 등이 원고들을 상대로 이를 직접 교육하였다. (중략) 애국요규의 실시 등을 통해 기지촌 내 성매매 행위를 능동적·적극적으로 조장·정당화하였다.[59]

이 판결문은 미군 위안부의 성판매에 국가가 개입했음의 여부와 죄의 유무를 따지는 것이므로 정부가 미군과 위안부 간의 성매매를 지원하는 데에 자치조직이 어떠한 역할을 했는지에 초점이 맞추어져있다. 이에 직접적으로 자치조직이 미군 위안부가 해당 조직에 정착하고, 다른 지역으로 이탈하지 않게 하는 데에 역할을 했다는 점을 드러내지는 않는다. 다만 위의 판결을 근거로 미군 위안부의 자치조직이 미군 위안부를 성판매업에 종사하고, 안전하게 임무를 이어나갈 수 있도록 지원하는 역할을 했음을 확인할 수 있다. 즉 '자력갱생'으로 위안부 수를 줄이는 것이 아니라 안전하게 유지하는 것이 목적이었다는 것이다.

실제로 '자치회' 내에서 미군 위안부 개개인은 보호를 받지 못했으며, 오히려 재산상 피해를 입기도 했다. 이는 강제적 가입 및 회비 납부 등이

59 전명길, 앞의 글, 2020, 137~138쪽.

었는데, 장미회의 경우 "자율적인 회합과 상부상조"를 위해 입회비 30원과 월 20원씩의 회비를 납입해야 했다.[60] 하지만, 그 회비가 실제 회원들을 위해 사용되지는 않았다. 1963년에는 장미회 및 미군 위안부 자치조직이 과도한 회비징수, 보험 강제집단가입, 부당한 잡부금 징수 등의 혐의로 조사를 받았던 것이다. 영등포 동 지역에서는 월 회비가 100원이었다던가, 이태원 지구에서 매달 30원씩 걷는다거나, 이태원동 미군 위안부 21명의 생명보험회사 강제 가입, 위문금품 갹출 부담 등이 그 혐의였다.[61] 이처럼 미군 위안부는 소수의 시각 외에는 사회적 배제와 격리, 집단적 관리 대상이었으며, 미군 위안부 집단 내에서도 위계에 따라 착취구조가 형성되기도 했다.

이러한 위계는 성적 지향성에 따라 다층적으로 발현되기도 했다. 이는 이태원 텍사스촌에 거주하는 '여장 남자' 혹은 '중성'과 관련된 사례를 통해 확인할 수 있다. '중성'은 '악덕 포주와 맞먹는 암적 존재'라고 비판받으며 미군 위안부 내에서도 배제되었다. 이는 성적 지향성에 따른 차별이라고 볼 수도 있지만, 일면 '중성' 위안부가 여성 위안부를 폭행하는 등 "말썽"을 일으켰기 때문이기도 했다. '중성'을 장미회의 회원으로 가입시키고, 간부를 맡겼던 것은 조직 내에서 이들을 관리 및 통제하고자 했던 것이다.[62]

미군 위안부에 대한 사회적 배제는 비단 미군 위안부에만 적용된 것은 아니었다. 미군 위안부가 출산한 '혼혈아'[63] 역시 마찬가지였는데, 일례

60 〈특정지역 그 후〉《조선일보》 1962년 8월 23일.

61 〈윤락여성에 기대사는 선도란 이름의 멍에〉《동아일보》 1963년 1월 29일.

62 〈서울 새 풍속도 (189) 외국인촌 [39]〉《경향신문》 1971년 7월 1일.

63 인종 및 국가가 다른 부모 사이에 출생한 아동을 '혼혈아'라고 지칭한다. 그러나 사실

로 이들은 '혼혈아'들만 다니는 학교에서 교육을 받았다. 이 학교는 이태원의 '성자학원'이 운영난으로 시청에 인수된 이후 영등포 대방동으로 옮겨 운영한 학교로 영화초등학교였다. 영화초등학교는 오직 혼혈아를 위한 학교로 1962년 당시 1학년부터 5학년까지 분포되었고, 일반 초등교육과정과 함께 1주일에 6시간은 영어교육을 받았다.[64] 학생 수는 남학생 38명, 여학생 25명으로 모두 63명이었으며, 이 중 유엔군 아버지와 동거중인 학생 5명, 한국인을 양부모로 둔 학생, 고아를 제외하고 모두 부친 없이 모친과 거주하고 있었다. 부친은 미국으로 귀국했기 때문이었으며, 프랑스인을 부친으로 둔 1명을 제외하고 모두 미국 계통 혼혈아였다.[65] 이처럼 혼혈아에 대한 교육기관이 분리되어 있는 것은 이들이 "양공주 자식"이라고 인식되었기 때문이다.

> (중략) 지나친 피해의식에 사로잡혀 있는 이들은 외부사람들의 호기심과 '이상한 눈초리'를 가장 싫어한다. 비록 선의의 손길일 망정 외부와의 접촉을 꺼리는 반면 자기들끼리의 친화와 단결은 대단하다. 전교에 5명있는 검

상 이들이 성인이 되었을 때를 상상하며 사회 구성원으로 받아들이는 데에는 한계가 있다는 점과 '아버지가 없는 아이'로서의 정체성에 가두어 버린다는 점 등 그 용어의 한계가 있다. '혼혈인'이 아닌 '혼혈아' 용어 사용의 한계에 대해서는 박종현, 〈다큐멘터리 사진 속에 나타난 한국 전쟁의 잉여와 상처 -혼혈인을 바라보는 한국 사진의 시선〉《기초조형학연구》 12, 2011 참조. 다만 본 연구에서는 당시 일반적으로 사용하는 용어이자, 미군 위안부와 관련하여 사회적으로 배제된 주체를 서술하는 과정에서 사용하였기에 미군 위안부를 기준으로 관계를 설정하며 그가 낳은 자식이자, 사회적 배제가 대물림되는 성격을 효과적으로 반영하는 '혼혈아'를 사용한다. 또한, '혼혈아'는 당대의 용어이기도 하다.

64 〈배움의 이색지대(2) 혼혈아 학교〉《동아일보》 1962년 11월 3일.

65 〈고향 속에 이방학교〉《경향신문》 1962년 11월 29일.

은색 학생들을 전학생이 눈물겹도록 감싸고 보호하고 있다. (후략)[66]

위의 보도를 보면 서울지역의 혼혈아들이 분리된 공간에서 더욱 안정감을 느끼며 자신들을 배제하는 외부의 시선으로부터 내부의 결속을 다지고 있다고 평가하고 있다. 아이들의 가족구성과 영어를 배우는 교육과정 등은 미군 위안부의 존재를 배제하고, 사회적 지위를 박탈하는 양상을 보여준다. 궁극적으로 이태원 기지촌의 미군 위안부들은 정부가 조성한 성매매 지역에 거주하며 집단적으로 격리되고, 사회적 지위를 박탈당했다. 같은 집단 내에서도 위계가 형성되는 가운데, 그 배제는 자녀에게까지 적용되었다.

다만 미군 위안부들은 이러한 사회적 배제와 폭력의 일상을 그저 수용하지만은 않았다. 이태원 기지촌에서는 미군의 미군 위안부에 대한 폭력에 적극적으로 항의하기도 했다. 특히 취체에 대해서는 건강한 미군 병사를 유지한다는 목적으로 성병의 원인을 한국인 여성에게서만 찾는 시각이 적용되어 있다는 점이 인지되고 있었다. 또한, "미군 헌병들은 자기들의 말을 잘 듣지 않는 여자들만 취체한다."는 말이 있을 정도로 그 불시검속의 정당성도 의심을 받고 있었다. 이러한 양상은 미군 위안부 집단 역시 인지하고 있었고, 1960년 취체로 인한 사망 사건이 발생한 이후 60여 명의 미군 위안부가 콜터 장군 동상 앞에서 항의데모를 전개하였다.[67] 데모가 발생한 다음 날 주한미군 사령부는 사상당한 미군 위안부의 가족이 나타난다면 시체를 인도하고 위자료도 지불하겠다고 밝혔다.[68]

66 〈배움의 이색지대(2) 혼혈아 학교〉《동아일보》 1962년 11월 3일

67 〈양공주가 데모〉《동아일보》 1960년 10월 27일.

68 〈이태원 양공주들 경찰서 단속키로〉《동아일보》 1960년 10월 28일.

단순히 데모를 통한 직접적인 행동만이 저항의 형태는 아니었다. 미군 위안부의 삶이 여성에게 가해지는 사회적 폭력이라는 것을 인지하는 가운데 사회적으로 인지되는 '여성적인' 외모를 포기하고 남장을 하는 것 역시 저항의 형태로 표현되었다.

> 서울 이태원 양부인촌에 3명의 남장여인이 살고있어 가끔 양색씨를 처로 삼아 변태적인 여색 생활을 하는가하면 그들 부부끼리 짜고 등을 쳐 먹고 있어 이야기거리가 되고 있다. 2일 용산경찰서는 양부인 김정숙과 서로 짜고 미군병사 댐론 후로이드(47세 65병기중대 소속) 중사의 군표 135달러와 카메라, 한국 돈 1,000원 등 200달러어치를 훔쳐낸 남장여인 정순자와 전남회를 붙들었는데 김이 클럽에서 댐론 중사를 유인, 동침하면서 전기물품을 빼돌려놓고는 남장의 정과 전이 깨어진 병을 들고 와 왜 나처와 자느냐고 공갈, 밖으로 끌고 나와 밤길에 내어 쫓았던 것이다. 짤막한 머리에 잠바 차림이며 홀태바지에 모던한 구두를 신은 정은 10년 전에 수원에서 상경, 양부인 노릇을 해왔는데 4년 전 마음과 몸과 돈을 고스란히 바쳐 온 사나이로부터 호되게 배신당한 후 독신으로 살 마음을 먹고 남장같은 양부인인 김미자 양과 동거생활을 해왔으며 전은 4년 전에 대구에서 상경, 역시 남자로부터 배신과 남장 붐에 물들어 낮에는 남자행세를 하고, 밤이면 여장, 미군을 상대하고 살아왔던 것이다. (중략) 이유는 첫째 몸치장에 돈이 덜 들고, 둘째 사내들의 속이 들여다보이는 유혹이 없고, 셋째 몸을 팔지 않고 돈 버는데 편리하기 때문에 남장을 한다고 말하는 이들은 내 처, 내 남편이라고 여색의 상대를 조금도 어색하지 않게 부르고 있었다.[69]

69 〈쇠고랑찬 남장여인〉《조선일보》 1964년 3월 3일.

이들은 "늙거나 남자에 절망한 양부인들 사이에 남장 바람이 일고 있다."며 "자신들 외에도 수명이 남장 여인으로 각기 처를 데리고 살고 있다."고 증언하기도 했다. 위의 인용문에서 드러나듯이 남장을 하는 이유로 "몸을 팔지 않고 돈 버는데 편리하기 때문"이라고 했던 것은 미군 위안부의 삶이 쉽지 않았음을 반증하는 것이다. 특히 '몸치장에 돈이 덜 들고'라는 이유는 미군 위안부로서 미군에 대한 상품으로서 외적으로 아름답게 보여야 한다는 의무적인 압박감을 반영한다고 해석할 수 있다. 즉 이들이 남장을 하고 살아가는 것은 기존 여성의 삶에서 그리고 미군 위안부의 삶에서 부당함과 한계를 인지했다는 것이다.

그리고 그 부당함에서 벗어나기 위한 대안을 모색했다는 점에서 미군 위안부로서의 삶에 대한 저항이라고 볼 수 있다. 또한, 비합리적인 부채와 감시로 포주의 굴레에서 벗어나기 힘들었던 현실에서 미군 위안부로서 현실을 타개할 수 있는 방법은 '여성'의 외모를 버리는 것이었다고도 볼 수 있다. 이러한 점에서 미군 위안부의 남장은 미군 위안부로서의 삶에 대한 문제의식을 기반으로 그 상황에서 탈피하기 위한 '현실적 선택'으로서 '소극적 저항'이라고 볼 수 있다.

2) '미군 위안부'의 지역운영 동원과 향토예비군 편입

주한미군 감군 이전 이태원 기지촌의 미군 위안부는 미군 위안부 상호 간 감시체제로서 '자치조직' 내에서 위생을 관리하고, 안보행사에 동원하여 보조적인 일을 수행했다. 이 시기 '자치조직'의 운영은 미군 위안부라는 성매매업 종사자의 위치에서 자신들만의 단체를 형성함으로써 사회적 배제로부터 자신의 존재를 인지시키는 활동이있다고 할 수 있다. 하지만 그 '사회적 지위'는 자신들이 스스로가 아닌 국가권력 및 미군에 의해 설정되고 위치지어진 것이었다. 깨끗한 신체를 관리하며, 안보 유지를 위한 지원 활동을 전개하는 것이다. 그런데 이러한 활동은 미군 규모의 감군과 함께 보다 직접적으로 지역운영 '주체'로 편입되거나, 안보조직에 참여하여 미군 위안부의 위치를 넘어서 새로운 역할을 부여받는 방식으로 변화한다. 이는 미군을 상대하는 여성으로 구분되고, 격리되었던 것에서 지역을 운영하고, 한국의 안보조직에도 참여하는 여성으로 위치가 조정되었음을 보여준다.

미군 위안부의 사회적 위치 조정은 우선 미군이 완전 철수하지 않은 상황에서 잔류한 병력을 안정적으로 유지하고, 기지를 운영하는 데에 기지 주변 지역사회의 협조가 필요하다는 점을 인지하면서 이들을 지역사회를 관리하는 구성원으로 배치했다는 점을 배경으로 한다. 미군이 미군 위안부를 지역사회의 관리자로 자리매김하는 것은 기지 주변 지역사회를 관리하던 민·군 협조기구의 변화 속에서 확인할 수 있다.

이 조직은 1970년 미군 감군과 함께 시작된 '기지촌 정화운동' Purification of Camp Town Program을 계기로 가시적 활동을 시작하였지만, 이 시기 갑자기 등장한 것이 아니었다. 주한미군이 본격적으로 장기주둔을 시작했던 1953년부터 조직되어 온 민군 협의체 '지역사회관계자문위원회' CRAC(Community Relations Advisory Committee)를 모체로 하기 때문이다. 당시 한국에서는 '지역사회관계 위원회'를 '자문위원회'라고도 칭했고, '한미친선회'라고도 칭했다.[70] '지역사회관계자문위원회'는 극동미육군USAFFE 산하 한국후방관구사령부KComZ(Korean Communication Zone)[71]가 일본에서의 경험을 기반

70 〈협조기관을 설치〉《동아일보》 1957년 6월 1일; 〈한미친선회 개최〉《경향신문》 1962년 12월 6일. 본 연구에서는 위원회의 성격을 보다 잘 드러낼 수 있으며, 시기상 먼저 사용되기도 한 '자문위원회'를 반영하여 '지역사회관계 자문위원회'라고 지칭한다.

으로 한국에서의 '지역사회관계 자문위원회' 운영의 필요성을 주장한 것으로서 1953년 9월 한국에 조직되었다.

'지역사회관계 자문위원회'는 미군이 주둔한 지역의 지역관료 및 주민과 미군이 미군 및 기지운영으로 인한 지역사회의 고충을 해결하거나, 기지운영에 필요한 협조를 지역으로부터 얻는 것을 목적으로 구성되었다. 궁극적으로 지역운영에 미군이 개입하는 데에 필요한 매개조직이었다. 설립 당시인 1953년에는 6개의 지역으로 구분하여 시도 단위에서 관리하였다면, 1957년 5월 이후 면·리 단위까지 확대하여 미군기지가 주둔한 지역을 기준으로 위원회를 개최하였다.[72] 이 조직은 미군이 직접적으로 미군기지 주변 생활공간의 운영 및 관리에 개입할 수 있게 하는 매개체이기도 했다.

그런데 1971년 미군 감군과 함께 주한미군의 규모 및 지역사회에 대한 정책 방침이 변화함에 따라 조직의 구성원 및 의제가 변화하게 되었다. 기존 지역주민 구성원과 일상적인 대면을 통해 밀접한 관계를 형성하며 재해 구호 및 원조 활동에 집중했던 것으로부터 지역사회에 대한 위생관

71 KComZ는 1952년 7월 주한미8군과 대등한 위상을 갖는 별개의 부대로 창설되어 한국의 후방지역을 관할했다. 전쟁 시기에는 포로관리, 민간원조, 전투부대의 병참지원을 담당하였으며, 1955년 6월 해체될 때까지 3년간 한국에 머물며 한국 육군 제2군사령부 창설에도 직접적인 영향을 끼쳤다(이동원, 〈1952~1953년, 한국후방관구사령부(KComZ)의 창설과 해체〉《군사》91, 2014, 35쪽).

72 1957년 6월 1일 보도에 따르면 2,3일 내에 설치된다는 점을 확인할 수 있다(〈유엔군 주둔지역에만 설치〉《조선일보》1957년 6월 1일); "Effective Until 29 May 1958 Unless Sooner Rescinded or Superseded Community Relations Committees and Community Relations Advisory Councils" (1957.5.29.), Circular Number 530-3, General Correspondence Files(Box46), General Correspondence (EntryA1 278), Records of U.S. Army Operational, Tactical, and Support Organizations (RG338).

리에 집중된 것이다. 기지운영을 목적으로 형성되었던 주민과 지역사회의 관계가 미군 병력을 건강한 상태로 관리하기 위한 활동으로 축소된 것으로 볼 수 있다. 미군 규모가 감군하면서 기지 주변에 다양한 생계수단에 종사하며 거주하던 주민들이 이주하게 되고, 유흥업 종사자 및 성판매 여성들이 상대적으로 많은 수가 남게 되었다는 점도 이와 같은 변화를 야기했다. 이때 조직의 변화와 함께 미군 위안부가 지역운영의 주체로 편입되었다는 것을 조직의 변화로 주목할 필요가 있다. 공간의 변화가 구성원의 입지에 미치는 영향을 규명할 수 있는 지점이기 때문이다.

실제로 주한미군의 감축을 계기로 지역사회의 주 상업 시설은 미군 대상 유흥업을 중심으로 성행하였다. 이러한 변화는 지역사회 내 의사결정자의 변화로 이어졌다. 즉 지역 관광협회Local Tourist Association와 같은 상업 조직이 성장하며 지역 내 의사결정에 대한 영향력을 행사하기 시작한 것이었다.[73] 관광협회는 사실상 기지 인접 지역에서 미군들을 상대하는 여성들을 관리하는 역할을 했는데, 1970년대에 들어 '지역사회관계 자문위원회'가 이들 조직의 입장을 고려해야 할 정도로 그 영향력이 확대되었다. 특히 미군기지 인접 지역사회에서 미군의 기지운영과 직접적인 관계를 갖는 사안들과 관련해서는 관료보다 영향력 있는 조직으로 평가되었다. 주한미군은 상업 조직의 확대가 소통경로를 분산시킨다고 판단하며, '지역사회관계' 문제를 논의할 때 필요한 지역주민 대표를 선정할 때 기존과 다른 방식을 적용해야 할 필요성을 제시했다.

73 "Republic of Korea-United States Ad Hoc Subcommittee on Civil-Military Relations"(1971.11.24.), 68th meeting, 1971 minutes 67-69, 1972 minutesd 70-80(Box3), Meeting Minutes of the United States-Republic of Korea Joint Committee(EntryUDWW130), Records of United States Army, Pacific(RG550).

결과적으로 주한미군은 지역사회관계 회의체의 주체를 지역관계자와 한국관광협회The Korean Tourist Association의 지도자, 성매매 여성 협회Business Girls' Association의 대표로 설정했다. 회의는 2~3시간 정도 진행되었고, 상황을 보고받고 질의응답을 하는 시간을 가졌다. 이와 함께 지역사회 내 미군들이 자주 방문하는 클럽 등을 돌아보는 일을 했다. 이 같은 활동들은 한미 간의 관계에 부정적인 영향을 줄 수 있는 요소들을 제거한다는 목적을 갖고 있었다.[74] '지역사회관계'가 지역사회 내 상업 시설 관계자 주도의 정화 활동을 중심으로 전개됨에 따라 지역사회 대표와 미군 대표 간에 통합적으로 사안을 논의하던 '지역사회관계 자문위원회'의 명칭도 1971년 '한미친선협의회'Korean-American Friendship Councils로 바뀌었다.[75]

'한미친선협의회'는 기존의 '지역사회관계 자문위원회'의 기능을 이어받아 한미 간 쌍방 소통 경로를 조성하고, 상호이해를 위한 잠재적인 혹은 실재하는 문제를 드러내며, 주한미군과 한국 지역사회 간의 관계를 증진하는 역할을 하도록 규정되었다.[76] 하지만, 조직을 운영하는 중심단체가 미군에서 지역 내 상업 조직으로 변동된 만큼 지역사회에 대한 지원이나

74 "Second Report of Ad Hoc Subcommittee on Civil-Military Relations"(1971.10.18.), 67th meeting 21 oct 71, 68th meeting 24 Nov 71, 1971 Minutes 67~69, 1972 Minutes 70~80(Box3), Meeting Minutes of the united States-Republic of Korea Joint Committee(EntryUDWW130), Records of United States Army, Pacific(RG550).

75 "Third Report of Ad Hoc Subcommittee on Civil-Military Relations"(1971.11.19.), 68th meeting 24 Nov 71(Box3), Meeting Minutes of the United States-Republic of Korea Joint Committee(EntryUDWW130), RG550.

76 "Civil Relations, Government Affairs, Korean-American Friendship Councils"(1973.9.7.), 227-01 Publication Record Set Files (75) UNC/USFK/EA Pam (Military Pub (310), General Memorandum(Box1), Pamphlets, and Regulations, 1973-1976 (EntryUDWW145), Records of United States Army, Pacific(RG550).

문화교류 활동이 아니라 공공보건·위생·교통안전·군사경계선 침범 등의 지역 질서 유지 및 관리와 관련된 논의 의제가 중심이 되었다는 차이가 있다.[77] 지역사회 관리 주체의 변화는 미군의 제의에 따라 1971년 '기지촌 정화사업'이 전개되었던 것과도 관련이 있다.[78] 이는 미군의 주둔을 위한 환경 정화를 한국 정부의 책임으로 이전하는 것이었다. 즉 미군이 기지운영을 위해 직접 관리하며 기지와 연계된 생활공간으로서의 지역사회가 아니라, 한국 관료 및 주민 주체로 시행되는 정화사업의 대상으로서 지칭하는 것이라 볼 수 있다.

물론 지역사회 내에서의 성매매 관련 위생문제의 대두에 대해서는 미군의 오키나와 반환을 비롯하여 동아시아 미군 주둔 규모의 변화로 인한 박정희 정부의 안보적 위기감과 1970년대 베트남전의 소강 전개에 따른 미국에 대한 박정희 정부의 영향력 감소가 영향을 미쳤다고 평가되었다. 미군이 박정희 정부에 대하여 지역사회 환경 조건 개선을 위한 요구를 할 수 있게 되었다는 것이다.[79] 그런데 주한미군이 1950년대 후반부터 기지 주변 지역사회를 겨냥하여 기지운영을 위한 정책을 전개해 왔다는 점에서 정책의 의제 자체가 전환되었다는 것에 더욱 주목할 수 있다.

'한미친선협회'는 '기지촌 정화사업'을 중점적으로 시행했지만, 그 역할이 정화사업에 한정되지는 않았다. 협회의 대표들은 '합동정보수집출장'joint information gathering trips을 조직하여 동두천, 평택, 송탄, 대구, 인천, 군산

77 "Civil Relations, Government Affairs, Korean-American Friendship Councils," (1973.9.7.), Ibid.

78 '한미친선협회'의 조직과 '기지촌 정화운동'의 전개에 대해서는 캐서린 문 저, 이정주 역, 앞의 책, 2007, 119~131쪽 참조.

79 캐서린 문 저, 이정주 역, 앞의 책, 2007, 169쪽; 박정미, 앞의 글, 2019 참조.

기지와 그 기지 인접 지역을 방문했다. 여기서 미군기지 내에서의 한국인 노동 상황 및 부근에서의 생활에 있어 주한미군과의 관계 및 문제 등을 조사했다. 미군 헌병의 임무였던 '오프리밋'off-limit도 각 패널이 담당한 사안을 조사한 후 범죄행위 및 위생문제가 발견되면 그 여부를 판단하여 결정하였다.

1971년 기지 주변을 관리하는 중심 주체가 상인 중심의 지역주민으로 이전되었다는 것은 미군의 '지역사회관계' 정책에서 주요한 변화를 의미한다. 주한미군이 주도적으로 지역사회 간의 관계망과 공동의 생활공간을 형성했던 공간에서, 주민들에게 책임을 위탁하여 병력운영에 방해가 되지 않도록 위생적으로 관리하는 공간으로 변화하였음을 드러내기 때문이다. 이는 1970년대 이후 미군의 규모 감축 및 지역사회의 도시화와 구성원의 변화에 따라 주한미군 스스로 지역사회에 대한 개입을 축소했음을 의미한다. 물론 주한미군이 지역사회와 교류하기 위한 모든 활동을 중단했다는 의미는 아니다. 다만, 지역사회 내에서 미군과의 갈등 사안을 수합하고, 지역 내에서 필요한 원조 활동을 결정하는 등 지역사회 운영을 주도하며 개입했던 방식에서 지역주민에게 그 주도권을 이전하는 방식으로 변화했다는 것이다.

이처럼 미군이 주도하는 조직 내에서도 미군 위안부의 사회적 위치가 조정되었다. 이와 더불어 미군 감군 시기 미군 위안부의 자치조직도 더욱 공식적으로 활동하기 시작했다. 이때 미군 위안부의 자치조직은 지역정부의 지원 및 주도 하에 조직되고 운영되었다. 서울지역 미군 위안부는 1971년 한남동 태평극장에 모여 자치선도회 총회를 개최하기도 했다. 이 자리에는 총 600여 명이 모인 만큼 종사자들의 많은 관심을 읻었다. '장미회'라는 이름도 이날 정해진 것이었다. 그 설립목적은 회원들의 건강관리·복지향상·풍기교양강좌 등으로 선포되었고, 회장 산하 총무를 배치하였으며, 이태원과 인근 삼각지 등에 지구 회장과 몇 명의 감찰을 두었다. 이들은 회원들의 이익을 위해 경찰의 도움을 얻어 검진증이 없는 비회원들을 단속하기도 했다.[80]

자치회가 정부 주도하에 운영되었으며, 미군 위안부를 통제 및 관리하는 데 활용되었던 만큼 자치회 회원증은 기지 주변 지역 내에서 구성원으로서의 자격을 증빙하는 역할을 하기도 했다. 예컨대 이태원에서는 미군기지에 출입하는 사람들을 비롯해서 주변에 지나가는 여성들을 불시 검문하여 진료 기록을 확인하는 일이 일상적으로 전개되었다. 이때 미군 헌병이나 경찰이 취재를 할 때 검진증과 함께 장미회 회원증을 제시하면 등록된 정규 위안부임을 증빙할 수 있는 것이다. 즉 미군 위안부의 생활공간 내에서 이들이 기존의 미군 위안부에 적용된 이미지와 같이 미군의 건강에 위협을 가하거나, 주변 지역에 부정적인 영향을 미치는 존재가 아니라는 것을 증명하는 것, '공인된' 존재임을 의미하는 것이었다.

이 시기 이태원 지역의 미군 위안부 규모는 1971년 장미회에 이름을 올린 회원을 기준으로 살펴볼 수 있는데, 이태원동에 300여 명, 비회원 100여 명, 여종업원 150명 등 600여 명이 용산 미군기지 주변에 거주하며 미군 대상 유흥업 및 성판매업에 종사하고 있었다. 이때 이태원동의 위안부 300여 명 중 100여 명은 계약에 의한 동거 생활을 하는 사람들이었다. 이밖에 보광동 100여 명, 남영동 70여 명, 북한남동 50여 명, 남한남동 30여 명이 있다. 장미회 정회원수는 750~800여 명에서 1,200여 명으로 추산할 수 있었다.[81] 이는 보건사회부에서 추계한 1974년도 윤락여성의 수 1

80 〈서울 새 풍속도 (186) 외국인촌 [36]〉《경향신문》 1971년 6월 28일.

만 7,019명을 기준으로 약 5~7%에 해당하는 규모라고 할 수 있다.[82] 이때 윤락여성은 미군 위안부를 포함하는 전체 종사자를 의미하는 것이므로 이태원 내에서의 미군 위안부의 수는 적지 않았다고 볼 수 있다.

무엇보다 1970년대 장미회의 활동에서 주목할 점은 향토예비군으로 배치되었다는 것이다. 향토예비군은 1968년 1월 청와대 무장공비 침투 사건, 이른바 '김신조 사건'을 비롯하여 푸에블로호 나포 사건 등을 계기로 같은 해 4월 1일 창설되었다. 각 행정 조직을 기준으로 일반 시민을 군사적으로 동원하여 안보 유지 활동에 동원하기 위한 조치였다. 이는 민방위 조직이라고 할 수 있는데, "일하면서 싸우고 싸우면서 일하자"라는 슬로건으로 운영되었다.[83] 이로써 근본적으로 모든 성인을 군사활동에 동원하며 이를 '국민의 의무'로 정당화하였다. 이러한 향토예비군에 미군 위안부를 편입시킨 것은 미군을 상대하며 '애국'을 했던 미군 위안부를 직접 한국 안보조직에 참여할 수 있게 했다는 점에서 미군 위안부의 사회적 위치가 조정된 사례라고 할 수 있다. 서울지역에서는 1971년 3월 시행되었고, 장미회 회원 53명이 향토예비군이 되어 1주 2회씩 보광동 향토예비군에서 훈련을 받았다.

비록 미군을 상대하는 '민족적 배신자'이자 '더러운 몸'이라는 낙인을 제거하지는 못했지만, 미군 위안부가 수행하는 '애국'에 대한 평가는 달라지고 있었다. 언론은 이를 보도하며 "향토예비군에서 훈련을 받을 정도로 떳떳한 사회인으로서의 길을 앞서고 있다."고 평가했다.[84] 미군을 상대로

81 〈서울 새 풍속도 (186) 외국인촌 [36]〉《경향신문》 1971년 6월 28일.

82 보건사회부, 《요보호여성의 복지향상을 위한 연구》, 1976, 37쪽

83 〈향토예비군 창설〉《동아일보》 1968년 4월 1일.

84 〈서울 새 풍속도 (197) 외국인촌 [47]〉《경향신문》 1971년 7월 15일.

성판매업을 할때에도 이는 국방의 관점에서 해석되어 '애국자'의 행위로 칭송받았지만, 민족의 배반자라는 비판을 함께 받았던 데에 반하여 '향토 예비군'에 참여할 때에는 '밤에 일을 하고, 낮에 훈련을 받는 어려운 일을 해내는 당찬 주체'로 그려지게 되었다.

다시 말하면, 미군 위안부에 대해 반민족적 혹은 반사회적이라는 시각에서 비판을 했다면, 향토 예비군 임무를 부여하며 이들을 민족 내부 구성원으로 보는 관점으로 변화하고 있었던 것이다. 용산 경찰서의 관계자는 '장미회' 향토예비군에 대해 "밝은 사회로 나가려는 위안부들의 굳센 의지를 보이는 것이며, 첫 관문이 될 것"이라며 훈련과정에서도 정신적인 계몽이나 계도에 힘을 쓰고 있다고 전했다. 미군 위안부는 예비군에 편입되면서까지 개선되어야 하는 주체였으며, 미군을 위안하는 일에만 종사하는 것이 아니라 향토예비군에서 국방 의무를 다함으로써 그 의무를 완수할 수 있었다는 것이었다.[85]

미군 위안부가 스스로의 사회적 지위에 대해 어떻게 인지했는지는 미군 위안부의 향토예비군 활동을 취재한 보도 내용에서도 확인할 수 있다. "예비군 훈련을 받으며 순간적이나마 떳떳한 사회인의 참맛을 보았다"는 것이다. 하지만 정부에 의해 향토예비군에 동원되고, 훈련을 받으면서도 미군 위안부의 역할은 젠더적으로 구분되어 한국인 남성을 보조하는 것에 한정되었다. 실제로 장미회가 향토예비군에 참여해서 한 일은 용산 지역 이태원동 남성 향토예비군 1,500여 명에게 커피를 끓여 대접하는 것이었다. 미군 위안부들이 함께 예비군 훈련을 받는 '국민'과의 관계에서도 남성을 보조하는 지위에 머무르게 된 것이다. 이러한 대접을 받

85 〈서울 새 풍속도 (197) 외국인촌 [47]〉《경향신문》 1971년 7월 15일.

았던 남성 향토예비군들은 "미군 위안부에 좋지 않은 선입견을 가졌지만, '장미회' 회원들이 끓여다 주는 따뜻한 커피를 마시며 밝은 사회로 인도해 줘야겠다는 의무감을 가졌다."고 밝히기도 했다. 미군 위원부를 계도의 대상으로 보면서 향로 예비군 내 이들의 보조적 지위를 수용하였던 것이다.[86]

미군 위안부가 미군 남성을 상대하면서 군사적 의무를 인정받으면서도 민족적으로는 배척되었다면, 미군 감군 이후 기지 주변 사회 구성원의 변화와 함께 사회적 지위가 조정되어졌던 것으로 볼 수 있다. 하지만 이 과정에서도 사회적 역할은 남성을 보조하는 역할로서 젠더적으로 구분되었다. 이 점은 윤락여성을 '요보호대상'으로 규정하며 미군 위안부의 지위에서 직업교육을 통해 '지도'하고 '개도'해야하는 대상으로 간주하는 이전 시기의 방식과도 차이를 보인다.[87] 물론 미군 위안부에 대해서도 유사한 방식이 적용되기도 했다. 서울시는 1973년 '기지촌 대책 종합실천계획'을 수립하였고, "종합적인 생활지도를 하여 우리나라 여성의 품위를 갖추도록 하기 위하여" 미군 위안부를 수용할 생활관을 설립하였다.[88] 이곳에 미군 위안부를 수용하여 상담, 교육, 검진독려, 간이 직업보도 등을 수행한 것이다. 하지만 그마저 미군이 감소되면서 1980년 폐관되었고, '일반 여성'을 상담하는 공간으로 변화하였다. 미군 위안부를 기지촌이 아닌 '일반' 사회로 편입시키는 것 보다 기지촌 내에서 사회적 지위를 조정하며 유지시키고자 한 것이었다. 그것은 여전히 안보를 목적으로 남성을

86 〈서울 새 풍속도 (197) 외국인촌 [47]〉《경향신문》 1971년 7월 15일.

87 한국 정부는 '윤락여성'에 대해 '부녀직업보도'시설에 입소시키는 등 교육을 통해 다른 진로를 찾아갈 수 있도록 지원하는 방식으로 지원했다(보건사회부, 앞의 책, 1987, 113~114쪽).

88 보건사회부, 앞의 책, 1987, 268쪽.

'위안'하는 것이었다.

미군 위안부의 사회적 위치가 조정되는 것은 사회적 인식이 개선되었다거나, 그들의 업무 환경이 물리적으로 향상되었음을 의미하는 것은 아니다. 외국군을 대상으로 성매매업을 한다는 이유로 민족적, 가부장적 비판을 받으며 사회적 지위를 박탈당했던 미군 위안부는 주한미군 감군으로 인한 기지촌의 변화와 더불어 지역운영의 책임을 맡으면서 해당 지역에 격리되었고, 한국 안보조직에 편입되어 미군 위안부로서가 아닌 '향토예비군'으로서 활동하면서도 한국 남성을 보조하는 역할도 함께 수행해야 했다. 주한미군 감군으로 인한 새로운 사회제도의 수립과 이로 인한 미군 위안부의 변화와 대응은 궁극적으로 서울지역 기지촌의 변화와 구성원의 상호관계 양상을 보여주며, 사회적으로 배제된 주체의 존재 양상을 드러낸다.

4. 맺음말

본 연구는 서울지역 미군 위안부의 사회적 위치가 변화하는 양상에 주목하였다. 이는 공간의 성격과 구성원의 사회적 계급 및 지위, 성별 등은 상호 영향을 받는다는 시각에 기반하여 주한미군 주둔의 시간 만큼이나 미군이 주둔한 지역 및 구성원에 미친 영향을 함께 고려하기 위한 것이다. 한국의 안보적 상황이 미군 주둔에 당위성을 부여한 만큼 주한미군의 주둔에 따른 기지촌의 형성과 미군 위안부의 변화는 궁극적으로 한국의 안보적 상황이 사회 주체에 미친 영향을 확인할 수 있는 경로이기도 하다. 특히 민족적, 가부장적, 젠더적 측면에서 사회적으로 배제되었던 미군 위안부의 사회적 위치도 함께 변화하였음을 주목하였다. 다만, 이러한 변화는 기존에 박탈되었던 사회적 존재로서의 권한을 보장받거나 존중받는 방식은 아니었다. 오히려 공간이 변화함에 따라 그 변화에 따른 주변부로 위치지어지는 방식이었다.

이러한 변화의 과정에서 미군 위안부가 집단 내에서 균열을 보이거나, 가시적인 갈등을 드러내는 양상은 사료의 제한으로 인해 폭넓게 확인하는 데에 한계가 있었다. 다만 미군 위안부가 일상적으로 받던 물리적, 인식적, 제도적 폭력에 대해 저항했던 것처럼, 이러한 변화 역시 아무런 인지 없이 수용했을 것이라 볼 수는 없다. 이에 '사회적 배제'를 받던 주변인이 사회 내적으로 편입되고자 하는 의지가 얼마만큼 있었으며, 자신의 역할 변화가 실질적인 지위 변화에 미칠 영향을 어떻게 판단하고 있었는지 등을 고려하며 판단할 수 있을 것이라는 점을 제시하고자 한다. 예컨대 '자치조직' 내에서 간부 조직이 미군 및 한국 정부에 협조하여 자신의 이득을 누렸던 것처럼 이들이 향토예비군에 편입되거나, 한미친선협의회에 참석할 때에 실질적으로 지위가 상승했다고 느꼈는지, 혹은 지위의 상승 방식으로 여기며 간부가 되거나 정부 시책에 적극적으로 참여하고자 했을지 등이다. 덧붙여 자신들의 사회적 지위가 근본적으로 변하지 않았다는 것을 인지하고 있었을지, 그러한 인지가 실질적인 저항으로 이어졌는지 등도 함께 고려할 수 있다.

서울은 한국의 수도이기도 하지만, 주한미군 사령부와 유엔군사령부 등 미군의 지휘부가 주둔하는 곳이었다. 이러한 특징은 미군이 감군하는 시기에 이태원 기지촌의 변화가 다른 지역과는 달리 단순히 쇠퇴로 귀결되지 않게 하는 데에 영향을 미쳤다. 주한미군 감군에 따른 이태원 기지촌의 변화가 외국인을 대상으로 하는 공간으로부터 이국적인 분위기로 내국인을 대상으로 하는 공간으로 변화했던 것처럼, 미군 위안부 역시 보다 지역과 연계되고, 한국 안보조직에 편입되는 양상을 보였다. 이태원은 서울지역에서 미군 위안부가 가장 많이 집중되어 있던 곳이었고, 미군뿐만 아니라 다양한 외국인들이 거주하며 다양한 문화를 수용할 수 있는 경로가 확대된 장소였다. 이는 미군 위안부 집단 내에서도 '남장여자', '중성' 등 구성원 간 다양한 관계를 확인할 수 있었던 공간적 배경이라고도 할 수 있다. 요컨대 서울지역 기지촌의 변화와 미군 위안부의 사회적 위치 조정 양상은 서울의 공간적 특징과 이에 따른 주요 미군의 주둔 및 구성원의 변화와 연계되어 전개되었다. 이후 미군 위안부에 대한 구술 작업 등 미시적 연구를 진행하며 실제 사회적 지위 및 변화에 대한 체감 등을 보완할 수 있을 것이다.

제6장

북한이탈주민의 서울 정착과 '더불어 살기'
-'귀순자'에서 이민자로, 원호에서 구별짓기로-

조수룡(국사편찬위원회 편사연구사)

1. 머리말

2021년 기준으로 만 15세 이상 국내 거주 북한이탈주민은 약 3만 명에 달하여 북한이탈주민은 남한 사회 내에서 하나의 인구집단을 형성하고 있다. 정부도 이를 인지하고 1997년 〈북한이탈주민 보호 및 정착지원에 관한 법률〉을 제정하고 2010년에는 북한이탈주민지원재단(남북하나재단)을 설립하는 등 이들의 남한 사회 정착과 적응을 위한 제도적·재정적 노력을 기울여 왔다.

하지만 2019년 관악구의 한 공공임대주택에서 생활고를 겪던 북한이탈주민 모자가 사망한 채 발견된 사건은 여러 가지 면에서 시사하는 바가 크다. 2021년 방영된 넷플릭스 시리즈 〈오징어게임〉에서 북한이탈주민이 재현되는 양상에서도 알 수 있듯이 남한 사회에서 이들은 여전히 사회경제적으로 소외된 주변인이며, 남한과 북한 어느 쪽에도 속하지 못한 경계인이다.

이들이 안정적으로 정착할 수 있도록 지원하고, 이들에 대한 차별과 배제를 극복하여 사회의 한 구성원으로 포용하는 일은 남한 정부와 사회에 주어진 중요한 과제이다. 이를 위해서는 이들의 정착 및 적응 실태에 대한 사회과학적 접근뿐만 아니라, 이들의 경험에 대한 인문학적·역사적 접근을 통한 연구 또한 긴요하다.

북한이탈주민이 본격적으로 남한 사회에 유입되기 시작한 것은 1990년대 후반부터지만 이미 1970~1980년대부터 북한이탈주민의 정착 및 생활 실태에 대한 연구는 상당히 진행되어왔다.[1] 북한이탈주민이 본격적으로 남한에 입국하기 시작한 1990년대부터는 이에 대한 본격적인 연구가 시작되어 탈북과 국내 입국 경로, 북한이탈주민의 집단거주지역 분포, 이들의 지역사회 적응 실태 등에 대한 기초적 연구들이 시도되었다.[2]

이후 관련 연구는 2010년 북한이탈주민지원재단이 설립되면서 양적·질적으로 크게 진전되었다. 동 재단은 북한이탈주민의 초기 정착과 생활 보호, 취업 및 교육 지원을 위한 활동을 벌이는 한편 이를 뒷받침하기 위한 기초 조사와 연구를 진행하였다. 특히 2010년부터 매년 북한이탈주민 실태조사를 실시하고 그 결과를 보고서로 출간하였다.[3] 또한 이를 기초로 북한이탈주민의 남한 정착 실태와 생활·의식, 남한 원주민과의 상호 관계 등을 분석한 다양한 연구를 진행하였다.[4]

북한이탈주민의 정착과 생활에 대한 민간연구자들의 관심 또한 2010

1 국토통일원,《북한이질화실태조사》, 국토통일원 조사연구실, 1978; 국토통일원,《월남귀순자의 자유사회적응과정실태조사》, 1980; 이문웅,《귀순자의 증언을 통해 본 북한 체제 변화실태 연구》, 국토통일원 조사연구실, 1989; 국가안전기획부,《북한주민 의식조사 연구: 월남귀순자 진술을 중심으로》, 1990.

2 이금순,《탈북자 문제 해결방안》, 통일연구원, 1999; 이우영·이금순·서재진·전현준·최춘흠,《북한이탈주민 문제의 종합적 정책방안 연구》, 통일연구원, 2000; 이우영,《북한이탈주민의 지역사회 정착》, 통일연구원, 2003.

3 한국사회과학데이터센터,《2010 북한이탈주민 기초설문조사 분석보고서》, 북한이탈주민지원재단, 2010; 북한이탈주민지원재단,《2011 북한이탈주민 생활실태조사 기초분석 보고서》, 2011; 북한이탈주민지원재단,《2012 북한이탈주민 실태조사》, 2012 등.

4 김병창·유시은,《북한이탈주민 패널 연구: 경제·정신보건·신체건강》, 북한이탈주민지원재단, 2010; 김선화·윤여상·허영철,《북한이탈주민의 거주지 정착지원 활성화 방안》, 북한이탈주민지원재단, 2010; 박정란·강동완·김흥광,《북한이탈주민 일자리 현황 및 연계 방안: 일자리생애 사례분석을 중심으로》, 북한이탈주민지원재단, 2010; 윤인진·채정민,《북한이탈주민과 남한주민의 상호인식: 정체성과 사회문화적 적응을 중심으로》, 북한이탈주민지원재단, 2010; 장인숙·박희진·윤설아,《북한이탈주민 주요 거주지역 심층연구》, 남북하나재단, 2017a.

년 이후부터 본격화되었다. 지면 관계상 모두 다룰 수 없지만 이들의 법적 지위와 정착 지원 정책,[5] 입국과 초기 정착 과정,[6] 남한 사회의 수용과 배제,[7] 정착지 사례[8] 등 다양한 주제와 시각의 연구가 시도되었다. 다만 기존 연구는 이들의 생활에 대한 사회학·문화학적 접근이 중심을 이루었다. 북한에서의 출신 지역, 유입 인구의 구성, 교육 및 생활 수준, 의식 구조 등의 시기별 변화를 다루는 역사적 접근은 본격적으로 이루어지지 못하였다.[9]

이에 본 연구는 북한이탈주민의 서울 정착과 적응에 대한 역사적 접

5 Choi Gyubin, "North Korean Refugees in South Korea: Change and Challenge in Settlement Support Policy," *The Korean Journal of International Studies* 16-1, 2018; 이덕연, 〈북한이탈주민 보호 및 정착지원에 관한 법률상 탈북민의 법적 지위: 현황과 개선방안〉《법학논총》 20-2, 2013.

6 정주신, 〈시기별 탈북자 성향 분석: 입국과 초기 정착과정을 중심으로〉《한국과 국제사회》 4-3, 2020.

7 정진아, 〈남한 주민과 북한이탈주민의 생활문화 기초 조사: 서울·경기 지역을 중심으로〉《역사문화연구》 48, 2013; 조현상, 〈탈북 디아스포라에 대한 남한 사회의 배제와 포용에 관하여〉《인문사회과학연구》 16-1, 2015; 정진아, 〈'탈북자'에 대한 한국사회의 시선-〈남북청년통일실험-어서 오시라요〉에 대한 악성댓글 사건〉《민족문화연구》 76, 2017.

8 권수현·이성우, 〈북한이탈주민의 복지태도: 서울·경기·인천지역 거주 북한이탈주민 조사를 중심으로〉《통일과 평화》 9-2, 2017; 박채순, 〈북한이탈주민의 한국사회 유입과 적응 실태 연구: 서울시 노원구를 중심으로〉《디아스포라연구》 5-2, 2011; 이수정·양계민, 〈북한출신주민과의 지역사회 내 접촉수준에 따른 남한출신주민의 태도의 차이: 인천 논현동 지역 거주자를 중심으로〉《북한연구학회보》 17-1, 2014; 이수정, 〈접촉지대와 경계의 (재)구성-임대아파트 단지 남북한 출신 주민들의 갈등과 협상〉《북한연구학회보》 17-2, 2014; 오정석·성진욱·김윤중, 〈북한이탈주민은 서울에서 어떻게 살고 있을까: 주거정착을 중심으로〉《주거환경》 19-2, 2021.

9 많지 않지만 북한이탈주민과 남북관계의 역사적 변화를 관찰한 연구로 다음을 들 수 있다. 박영자, 〈분단 60년, 탈북자와 남북관계: 역사적 추이와 변화〉《북한연구학회보》 9-1, 2005

근을 통해 그 특징을 분석하고, 이들의 인구 구성과 생활, 남한 원주민과의 관계가 시기별로 어떤 변화를 겪었는지 정리하고자 한다. 또한 이들의 경험을 재구성함으로써 남한 원주민과 북한이탈주민이 서로 이해하고 소통하며, 더불어 살 수 있는 몇 가지 조건에 대해 생각해 보려고 한다.

2. 북한이탈주민 수용 정책의 역사적 변천

2021년 통일부 자료 기준으로 남한에 들어온 북한이탈주민은 총 3만 3,815명이다. 그 중 남성이 9,475명, 여성이 2만 4,340명으로 여성이 역 72%를 차지한다. 시기별로 보면 김일성 집권기(1945~1994년)에는 남자 644명, 여자 49명으로 총 693명이, 김정일 집권기(1995~2011년)에는 남자 6,534명, 여자 1만 5,884명으로 총 2만 2,418명이, 김정은 집권기(2012~현재)에는 남자 2,301명, 여자 8,408명으로 총 1만 709명의 북한이탈주민이 각각 남한에 들어왔다. 국내 입국 북한이탈주민 분포의 특징을 살펴보면 김정일 집권기에 가장 많은 수가 들어왔고, 그 중에서도 여성이 압도적으로 많은 비중을 차지함을 알 수 있다. 또한 그 추이를 살펴보면 남한 입국 북한이탈주민의 수는 2000년 세 자리 수로 증가한 이래 2009년 2,914명으로 정점에 달했으며, 김정은 집권 시기인 2012년부터 감소세로 전환하여 2020년부터는 다시 세 자리 숫자를 기록하고 있다.[10] 이에 따라 탈북의 성격과 북한이탈주민에 대한 남한 정부의 지원정책 또한 시기별로 변화를 보였다.

10 정주신, 앞의 글, 2020, 14쪽; 통일부 홈페이지(www.unikorea.go.kr)의 북한이탈주민 현황.

〈표 1〉 북한이탈주민 입국 현황

구분	1989	1994	1998	1999	2000	2001	20'02	2003	2004	2005	2006	2007	2008	2009
남(명)	564	80	152	90	180	294	510	474	626	424	515	578	608	662
여(명)	43	6	67	58	132	289	632	811	1,272	960	1,513	1,981	2,195	2,252
계	607	86	219	148	312	583	1,142	1,285	1,898	1,384	2,028	2,554	2,803	2,914
여성 비율(%)	7	7	31	39	42	49	55	63	67	69	75	78	78	77

구분	2010	2011	2012	2013	2014	2015	2016	2017	2018	2019	2020	2021	합계
남(명)	591	795	404	369	305	251	302	188	168	202	72	40	9,475
여(명)	1,811	1,911	1,098	1,145	1,092	1,024	1,116	939	969	845	157	23	24,340
계	2,402	2,706	1,502	1,514	1,397	1,275	1,418	1,127	1,137	1,047	229	63	33,815
여성 비율(%)	75	71	73	76	78	80	79	83	85	81	67	37	72

출처: 통일부 홈페이지(www.unikorea.go.kr); 정주신, 앞의 글, 2020, 14~15쪽.

1) '귀순용사'와 보훈·체제선전 정책

〈표 1〉은 통일부 자료에 근거하여 1953년 7월 27일 정전협정 조인 이후 2021년까지 남한에 입국한 북한이탈주민의 숫자를 나타낸다. 그러므로 '북한이탈주민' 발생의 시기적 범주는 정전협정 조인 이후부터라고 할 수 있다. 70년에 이르는 기간 동안 탈북과 월남의 동기가 다양했음을 짐작하기는 어렵지 않다. 1990년대 한 조사에 따르면 냉전 시기인 정전협정 이후로부터 1990년대 이전에도 탈북의 동기는 복합적 불만 > 자유주의 동경 > 북한 체제 염증 > 처벌의 두려움 > 성분에 대한 차별 > 노동조건·군복무 불만 > 애정문제 순으로 다양했다고 한다.[11] 그럼에도 불구하

11 윤양중, 〈탈북·귀순자 현황과 대책: 체제적응 위한 기반 마련이 시급〉《통일한국》 147, 1996, 88~89쪽.

고 〈북한이탈주민의 보호 및 정착지원에 관한 법률〉이 제정되는 1997년 이전까지 정부는 북한 주민의 국내 입국을 일괄하여 귀순으로 처리하여 왔다. 1994년 러시아에 파견된 북한 벌목공의 집단탈출 및 망명 신청 사건이 발생하자, 남한 정부는 이들에게 국제법상 외국인인 '난민' 지위를 부여하려는 노력과 동시에 이들을 국내법상 '귀순'으로 처리하였다. 이러한 행위가 상호모순적이라는 지적이 있었으나, 정부는 남북의 특수관계로 인한 불가피한 상황이라며 이들이 '난민'이자 '귀순자'인 것은 타당하다고 결론지었다.[12]

귀순자는 일반적으로 분단 이후 북한에서 남한으로 이주한 사람을 가리키나 6·25전쟁 이전 월남자와 6·25전쟁 중 피난민은 제외하며, 법적으로는 사상이 자유민주적 기본 질서에 위배되거나 대통령령이 정하는 죄를 범하여 금고 이상의 형이 확정되지 않은 자를 의미한다.[13] 1990년대 초까지는 '귀순자'와 '귀순용사'라는 표현이 혼용되다가, 1993년 이후부터는 '귀순동포'라는 표현이 흔히 사용되었다. 이렇듯 남한 정부는 헌법 제3조에 근거하여 북한 주민을 모두 대한민국 국민으로 간주하고, 동기에 상관없이 남한에 들어온 북한이탈주민 모두를 '귀순자'로 규정하였다. 국어사전에서 '귀순'은 "적이었던 사람이 반항심을 버리고 스스로 돌아서서 복종하거나 순종함"으로 풀이된다. 냉전 시기 남한에 입국한 북한이탈주민은 '투항한 적'으로 간주되었다.

1962년 이전까지 북한이탈주민은 지원과 정착에 대한 제도적 장치가 미비하여 방치되거나 유관기관의 임의적 대책에 의존하였다. 예컨대

12 윤여상, 〈남한의 귀순동포에 대한 정책 연구〉《영남정치학회보》 5, 1995, 316~317쪽.
13 윤여상, 앞의 글, 1995, 318쪽.

1958년 약 270명에 달하는 '월남귀순자' 중 미취업자가 상당수에 달하는 상황이 계속되자, 이들은 ①주택 제공 ②직업 알선 ③환자 무료 치료 ④양곡의 무상 배급 등을 포함하는 8개 항의 호소문을 전달하였다. 이에 국방부·보건사회부·내무부는 '월남귀순자 원호 대책에 관한 회의'를 개최하고 3부가 분담하여 직업 및 개인구호 대책을 수립하기로 한 바 있다.[14]

북한이탈주민의 수용과 처우에 관한 입법은 1962년 〈국가유공자 및 월남귀순자 특별원호법〉을 통해 처음으로 이루어졌다. 동법은 그 적용 대상을 "애국지사 및 그 유족", "4·19의거상이자", "4·19의거사망자의 유족", "월남귀순자"로 규정하였다.[15] 이 법은 당시 국가재건최고회의가 추진한 원호정책의 일환으로 군사원호청의 원호처로의 승격과 함께 이루어졌다. 따라서 〈국가유공자 및 월남귀순자 특별원호법〉에 규정된 '월남귀순자 원호' 업무도 원호처가 담당하였다.[16] 즉 이때부터 북한이탈주민은 국가유공자에 준하는 대우를 받게 되었다.

1962년 법 제정 당시 '월남귀순자'는 그 공적과 북한에서의 지위에 따라 1~3급으로 분류, 그 등급에 따라 50만~100만 환의 정착수당과 정부 융자에 의해 건립되는 주택에 대한 우선 입주권, 직장 알선, 교육 및 의료 보호 등의 혜택을 받도록 규정되었다.[17] 또한 1967년에는 동법 시행령을 개정, 5등급으로 세분화하고 정착수당을 20만~100만 원으로 인상하였다.[18] '귀순자'가 발생하는 경우 대대적인 환영대회를 열고 '영예 서울시민

14 〈國防部에도 救護等을 要請〉《조선일보》 1958년 1월 11일; 〈歸順者들 救護對策樹立〉《조선일보》 1958년 1월 28일.

15 〈국가유공자 및 월남귀순자 특별원호법〉(법률 제1053호, 1962. 4. 16. 제정).

16 〈內閣 直屬 援護處 두기로〉《경향신문》 1963년 4월 6일.

17 〈국가유공자 및 월남귀순자 특별원호법〉(1962. 4. 16. 제정).

증' 등을 수여하고 대학교 입학과 등록금 면제의 특전을 제공하는 등 체제 선전의 기회로 활용하던 상황이었기 때문에[19] 이들에 대한 처우의 강화도 그와 같은 목적 하에 이루어졌다고 할 수 있다. '귀순자' 원호를 보훈기관인 원호처에서 담당한 것 또한 이를 방증한다.

'월남귀순자'에 대한 정책의 초점이 보훈을 통한 선전에 맞추어져 있었기 때문에 지금과 비교하면 이들에 대한 지원은 풍족한 편이었다. '월남귀순자'에 한정한 자료는 확인하기 어렵지만 1979년 당시 원호대상자의 평균 소득은 21만 7,700원으로 같은 해 도시근로자 평균소득 22만 4,300원의 90%에 달하였다.[20] 1977년 10월 국회 대정부 질의에서 유근창 원호처장은 전국 3만 231가구의 무주택 원호 대상자들에게 1981년까지 주택을 모두 마련해줄 방침이라면서, 특히 '월남귀순자'들의 생활 안정을 위해 1억 원의 예산을 적립, 현재 2억 2,000만 원에 달한다고 발언하기도 하였다.[21]

기존의 〈국가유공자 및 월남귀순자 특별원호법〉은 1978년 〈월남귀순용사 특별보상법〉이 제정되면서 보훈 정책의 일부에서 탈피하여 '월남귀순자'에 대한 종합적 지원정책으로 개편되었다. 특히 수혜의 범위와 규모가 대폭 확대되었다. 북한에서의 신분과 정보제공의 질에 따라 1,900만원~1억 4,500만원의 보상금과 함께, 당시 휴대한 장비의 유형과 가액에 따라 특별보상금이 지급되었다. 또한 희망하는 경우 북한에서의 계급에 상당

18 〈越南歸順者 定着手當 올려 5等級으로 1級百萬원〉《경향신문》 1967년 2월 15일.

19 〈越南歸順者歡迎〉《동아일보》 1962년 8월 14일; 〈歸順者 등 14名에 大學校入學特典〉《조선일보》 1967년 4월 1일.

20 《한국민족문화대백과사전》의 〈보훈제도〉.

21 〈柳 원호처장 無住宅 원호대상자 81년까지 내집마련〉《매일경제》 1977년 10월 22일.

하는 군인 또는 공무원에 특별임용될 수 있었고, 정보 제보나 휴대 장비의 공적을 평가하여 훈장을 수여받을 수 있었다. 이 외에도 본인의 희망에 따라 15평 이상의 주택 무상 제공, 직장 알선, 교육·의료·양로·양육보호를 제공받도록 하였다. 이와 같은 혜택은 오히려 국가유공자보다 풍족한 것이었다.[22] 남한의 경제가 성장함에 따라 체제선전을 위한 북한이탈주민의 활용가치가 상승한 것이 이처럼 파격적인 처우의 개선으로 이어졌다고 평가할 수 있다.[23]

1979년 9월에 열린 '북한귀순용사 환영 서울시민대회'의 모습을 보면 이 시기 체제선전을 위해 당국이 '귀순용사'를 얼마나 적극적으로 활용하였는지 알 수 있다. 이날 '귀순용사' 안찬일과 송경호를 환영하기 위해 열린 대회에서는 1·21사태 때 남파되었던 김신조가 꽃다발을 걸어주었고, 김찬회 서울시 제1부시장은 영예 서울시민증과 함께 금반지 한 개씩을 전달하며 환영하였다. 또한 원호처장 김재명과 중앙정보부장은 〈월남귀순용사 특별보상법〉에 따른 보상금과 금일봉을 각각 전달하였고, 대림산업이 100만 원, 삼성전자공업은 냉장고·TV·라디오를, 평안남북도민회 등은 손목시계와 양복, 금반지 등을, 사단법인 산학협동재단은 대학 4년간 장학증서를 각각 전달하였다.[24] 1987년 동해상을 통해 월남한 김만철 일가는 당시 〈월남귀순용사 특별보상법〉에 의거하여 5억 원 이상의 보상금을 받은 것으로 알려져 있고, 1983년 미그기를 몰고 월남한 이웅평은

22 〈월남귀순용사 특별보상법〉(법률 제3156호, 1978. 12. 6. 제정); 김선화·윤여상·허영철, 《북한이탈주민의 거주지 정착지원 활성화 방안》, 북한이탈주민지원재단, 2010, 25~29쪽.

23 윤여상, 앞의 글, 1995, 328쪽.

24 〈두 歸順용사 市民환영대회 補償金·선물 한아름〉《동아일보》 1979년 9월 18일.

13억 6천만 원을 받았다고 한다.[25]

2) '북한이탈주민'과 보호·복지 정책

북한이탈주민에 대한 남한 정부의 정책은 1990년대 초 달라진 남북관계와 탈북의 성격을 배경으로 하여 원호 및 체제선전 정책에서 복지 및 난민 정책으로 점차 변화를 겪게 되었다. 그 배경은 크게 1991년 〈남북기본합의서〉의 채택 등 달라진 남북관계와 구소련의 붕괴 및 냉전의 해체 등을 배경으로 한 탈북의 증가 등을 들 수 있다.

먼저 북한이탈주민에 대한 남한 당국의 시선이 달라진 계기는 1991년 12월 〈남북기본합의서〉의 채택에서 찾을 수 있다. 〈남북기본합의서〉에서 남북 양측은 상호 관계를 "통일을 지향하는 과정에서 잠정적으로 형성되는 특수관계"로 정의하고, 상호 체제의 인정과 존중, 내정 불간섭, 비방 중지 등을 합의하였다. 합의서 채택 직후 노태우 정부는 합의서 제1조 "남북쌍방의 상호체제 인정" 규정과 충돌하는 국내법령의 정비에 착수하였다. 대표적으로 법령에서 "북한 괴뢰", "미수복지구"와 같은 용어가 사용된 〈월남귀순용사 특별보상법〉과 〈이북5도에 관한 특별조치법〉 등이 해당되었다.[26]

다음으로 구소련의 붕괴와 냉전의 해체는 북한 체제의 이완에도 영향을 미쳤다. 이로 인해 재중·재러 탈북의 숫자도 전에 없이 증가하였다. 러시아 지역의 경우에는 소련 해체와 러시아 국내 정세의 불안으로 북한으로 송환될 위험이 적으며, 한·소 수교(1990. 9.)로 남한으로의 이주도 가

25 〈金氏一家 보상금 최소한 5億원〉《조선일보》 1987년 2월 10일.

26 〈南北共存 떠받칠 法체계 새로-법령정비기구 설치 배경〉《경향신문》 1991년 12월 31일; 〈南北관계 法令 본격 정비 착수〉《조선일보》 1991년 12월 31일.

능하다는 기대감에서 벌목노동자들의 탈출이 촉진되었다. 중국의 경우에는 경제발전으로 생활수준이 개선되고 한·중 수교(1992. 8.)로 북한 주민들이 중국을 통해 남한의 상황에 대한 정보를 얻게 되면서 탈북이 촉진되었다.[27] 특히 러시아 벌목공의 경우 1991년 말부터 탈출자가 남한에 들어오기 시작했다. 이들을 통해 하바롭스크 등 시베리아에 파견된 북한 벌목공의 규모가 수만 명에 달한다는 정보가 알려지면서,[28] 이들의 대량 망명을 상정한 대비책이 강구되었던 것으로 보인다.

이러한 상황 변화를 배경으로 하여 1993년 6월 〈월남귀순용사 특별보상법〉을 전면 개정한 〈귀순북한동포 보호법〉은 남한 정부의 북한이탈주민 정책이 원호 및 체제선전에서 복지 및 난민정책으로 이행하는 계기가 되었다. 먼저 〈귀순북한동포 보호법〉은 법 적용 대상인 북한이탈주민에 대한 표현을 '월남귀순용사'에서 '귀순북한동포'로, 지원의 성격 또한 '보상'에서 '보호'로 변경하였다. '귀순'이라는 대북 적대를 의미하는 용어는 그대로 남았지만, '용사'라는 용어를 '동포'로 대체한 것은 이전과 달라진 북한과의 관계를 보여주는 것이었다. '동포'라는 표현은 북한 체제에 대한 적극적인 반대의 의미가 희석됨은 물론, 헌법 제3조의 '대한민국 국민'에 대한 규정에 따른 논란으로부터도 자유로울 수 있기 때문이다. 〈월남귀순용사 특별보상법〉 상의 "북한괴뢰집단", "미수복지구"와 같은 표현 또한 〈귀순북한동포 보호법〉에서는 "북한" 또는 "군사분계선이북지역"으로 대체되었다.[29]

27 이우영·이금순·서재진·전현준·최춘흠, 《북한이탈주민 문제의 종합적 정책방안 연구》, 통일연구원, 2000, 9쪽.

28 〈北韓 벌목공 蘇서 귀순〉 《동아일보》 1991년 11월 28일.

29 〈귀순북한동포보호법〉(법률 제4568호, 1993. 6. 11. 전부개정).

그리고 지원의 성격은 '보상'에서 '보호'로 변경되었는데, 이는 북한이탈주민에 대한 생활 보장의 수준이 국가유공자에서 생활보호대상자로 격하됨을 의미하는 것이었다. 동법 제1조는 법령의 목적을 "조국의 평화적 통일이 달성될 때까지 군사분계선 이북지역에서 대한민국으로 귀순한 동포의 정착을 돕는 한편, 이들이 자유롭게 생업에 종사할 수 있도록 하기 위하여 필요한 보호에 관한 사항을 규정"한다고 하였다. 이에 따라 북한이탈주민에 대한 혜택을 감소시키고 그 주무부서를 국가보훈처에서 보건사회부로 이관시키는 내용이 법령에 반영되었다. 정착금은 690만원~3,450만 원으로 대폭 축소되었고, 기존의 주택 제공도 무상임대로 변경되었다. 또한 생활보호, 주거지원, 취업알선, 교육보호, 의료보호 등 대부분의 지원 항목들이 이전의 "지원한다."는 규정에서 "지원할 수 있다."는 임의규정으로 대체되었다.[30]

이처럼 〈귀순북한동포 보호법〉은 북한이탈주민의 남한 사회에서의 정착과 적응에 초점을 두고 마련되었지만 여러 가지 면에서 이전의 〈월남귀순용사 특별보상법〉의 테두리를 벗어나지 못한 한계를 안고 있었다. 첫째, 원칙적으로는 모든 '귀순북한동포'가 법 적용 대상이었지만 구체적인 법령의 내용은 군인 등 특수한 신분을 중심으로 하고 있는 점, 둘째, 남한 사회적응 프로그램 등 구체적인 대안이 제시되지 않은 점, 셋째, 일시적인 경제적 보상을 중심으로 하고 장기적인 생활안정 및 관리 체계가 미비한 점, 넷째, 지원 범위의 과도한 축소로 실질적인 정착 지원이 어려운 점 등이 그것이었다.[31]

30 〈귀순북한동포 보호법〉(1993. 6. 11. 전부개정); 김선희·윤여상·허영철, 앞의 책, 2010, 25~29쪽; 윤여상, 앞의 글, 1995, 329쪽.

31 윤여상, 앞의 글, 1995, 337~338쪽.

법령 개정 후 얼마 지나지 않은 시점에서 다시금 북한이탈주민에 대한 정착지원은 하방 압력에 직면하게 되었다. 김일성이 사망한 1994년부터 대량으로 입국한 북한 벌목공을 시작으로, 1992년부터 식량배급이 중단되는 등 악화된 식량난은 탈북의 성격을 바꿔놓았다. 이전의 탈북이 해외 경험자 및 국경지역 주민으로 한정되었다면, 식량난 이후의 탈북은 전 지역에 걸친 가족 단위의 집단 탈북으로 확산되었다.[32] 1990년부터 1993년까지 매년 8~9명을 기록하던 국내 입국 북한이탈주민의 숫자는 1994년부터 52명을 기록하며 급증 추세를 시작하여, 1999년부터는 세 자리 수인 148명으로 증가하였다. 1998년 윤여상 등은 최초의 중국 현지조사 결과를 토대로 중국 내 전체 북한이탈주민의 숫자를 1997년 3만 명 선, 1998년 10만 명 수준으로 추정하였다. 사단법인 '좋은벗들'은 1998년 11월부터 1999년 4월까지 진행한 현지 조사를 토대로 중국 거주 북한이탈주민의 숫자를 30만 명 이상으로 평가하였다.[33]

대량탈북과 국내 입국이 현실화함에 따라 기존의 〈귀순북한동포 보호법〉으로는 북한이탈주민의 유입에 효과적으로 대처할 수 없다는 비판이 제기되었다. 또한 대량 탈북의 배경이 된 북한의 식량난은 이러한 현상이 급기야 북한 체제의 붕괴로 이어질 수 있으며, 이에 대한 대책을 촉구하는 여론을 발전시켰다.[34] 몇 차례 개정을 거쳐 현행 법령으로 시행되고 있는 〈북한이탈주민의 보호 및 정착 지원에 관한 법률〉은 그와 같은 배경

32 이금순, 《탈북자 문제 해결방안》, 통일연구원, 1999, 5~6쪽.

33 이우영·이금순·서재진·전현준·최춘흠, 앞의 책, 2000, 5~14쪽.

34 김병인, 〈귀순자 대책 마련 시급하다-늘어나는 탈북현상과 그 대처방안〉《통일한국》 146, 1996, 76~77쪽; 윤양중, 〈탈북·귀순자 현황과 대책: 체제적응 위한 기반 마련이 시급〉《통일한국》 147, 1996, 88~90쪽; 윤양중, 〈탈북·귀순자 확대시 대비책-탈북자 지원법 보완 요구〉《통일한국》 157, 1997, 30~31쪽.

하에 입안되었다.

1997년 7월부터 시행되고 있는 동법은 북한이탈주민들에 주어지는 제반 서비스는 큰 차이가 없으나, 사회적응훈련과 직업훈련 등 구체적 보호기준을 명시하고 이들의 자립·자활을 촉진하는 것을 주요 내용으로 한다. 그러나 북한이탈주민의 지원수준 감소로 인한 부적응 사례가 사회문제화 되는 등 지속적인 문제제기가 있어왔고, 1998년 이후 개정을 거듭하여 오늘에 이르고 있다. 그간 개정된 〈북한이탈주민의 보호 및 정착 지원에 관한 법률〉에 따른 지원정책의 변화를 일람하면 다음과 같다.

〈북한이탈주민의 보호 및 정착 지원에 관한 법률〉 제정 이후 지원 정책의 변천 과정

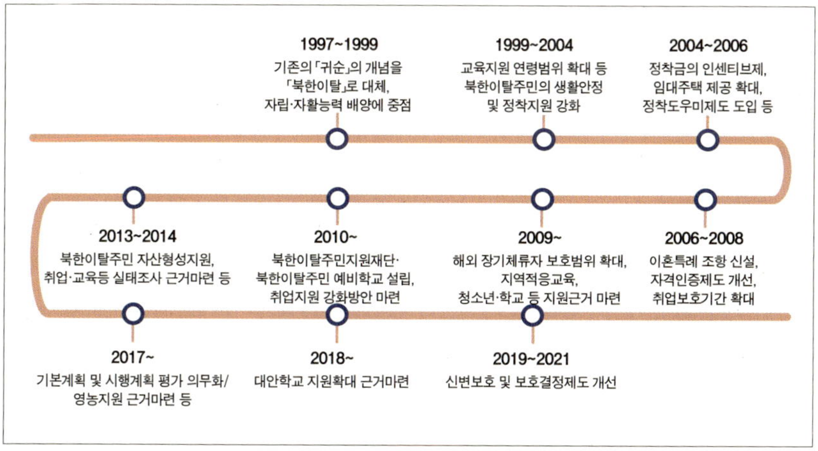

출처: 통일부 홈페이지(www.unikorea.go.kr)

3) 탈북 유형의 다양화와 정책 과제

2000년대 중반 식량난이 완화된 이후 탈북은 다시 새로운 양상을 보였다. 1990년대 중반에서 2000년대 초까지의 탈북은 식량위기가 초래한 식량난민이었다. 그러나 시장화가 진전된 이후 생활 여건이 전보다 나아

졌음에도 불구하고 탈북 규모는 줄어들지 않았다. 김정은 집권 이후에는 국경감시가 강화되었음에도 불구하고 매년 수백 명의 사람들이 목숨을 걸고 북·중 국경을 넘고 있다.[35]

1997년부터 북·중 접경지역을 드나들며 북한이탈주민을 취재해 온 조천현에 따르면 2000년대 이후 탈북 목적은 크게 세 가지로 나뉜다. 첫째는 남한행이다. 남한에 가고 싶은 이유는 경제적 풍요에 대한 동경이 가장 큰 것으로 보인다. 하지만 브로커에게 지불해야 하는 고액의 비용, 실패할 경우 북한 송환에 대한 위험 부담, 북한에 남은 가족들의 낙인 위험 및 그들과의 단절 등이 남한행을 주저하게 만드는 요인이기도 하다. 둘째는 중국 정착이 목적인 부류이다. 이들은 더 안정된 생계를 위해 탈북을 감행했지만 굳이 위험을 감수한 남한행에는 뜻이 없다. 이미 중국에서 결혼을 하고 아이를 낳거나 일자리를 얻어 생활하는 사람들이 적지 않다. 셋째는 중국에서 돈을 벌어 언젠가 북한으로 돌아가려 하는 이들이다. 이들은 북한 당국에서 처벌 없이 관대하게 받아줄 시기를 기다리거나 북한 경비대를 매수하여 돌아간다. 돌아가려는 이유는 그곳이 "고향, 조국, 자식과 가족이 있기 때문"이라고 한다. 두 번째와 세 번째 부류의 북한이탈주민의 경우는 정치적 난민이 아니라 불법체류자, 즉 노동이주민이라고 할 수 있다.[36]

통일연구원이 2010년부터 2012년 10월말까지 입국한 606명의 북한이탈주민을 대상으로 실시한 실태조사에 따르면 탈북동기를 묻는 질문에 420명이 응답했다. 그 결과를 살펴보면 경제적 이유가 39.1%(164명)로

35 김화순, 〈직행 탈북이주자의 노동이동과 탈북결정요인〉《통일정책연구》 26-1, 2017, 237쪽.

36 조천현, 《탈북자》, 보리, 2021, 168~196쪽.

여전히 높은 비중을 차지하고 있지만 기입국 가족의 권유가 25.7%(108명)로 주요 동기 중 하나가 되었고, 북한 체제에 대한 불만도 12.6%(53명)로 나타난다.[37]

또한 1990년대 말 이후 북한이탈주민이 급증하고 국내외 NGO의 주도로 이들의 인권문제가 국제문제화되면서, 탈북 문제는 이전과 다른 맥락에서 정치화되었다. 남북 화해협력 정책을 표방한 김대중 정부와 이를 계승한 노무현 정부에서는 북한이탈주민에 대한 인도주의적 관점에서의 접근이 곧 남북관계의 경색을 의미했기 때문에 미온적으로 대응할 수밖에 없었다. 남한 정부의 우려대로 북한이탈주민 문제에 대한 적극적 개입 정책은 오히려 중국과 북한 당국의 강경한 대응을 불러올 수 있기 때문에 오히려 북한이탈주민 인권 문제를 악화시키는 결과를 초래할 수도 있었다.

결국 2002년 북한 인권 관련 NGO들의 주도로 발생한 일련의 '기획탈북' 사건과 2004년 남한 정부에 의한 동남아 경유 북한이탈주민의 대규모 남한입국사건은 그와 같은 우려를 현실화시켰다. 2002년 3월 스페인대사관을 통한 집단탈북 사건 이후 중국 당국은 물론 북한의 특무까지 탈북자 송환에 나섰고, 현지 NGO의 활동은 더욱 어려워졌다. 또한 북한 당국은 북한이탈주민에게 적용하던 3~6개월의 노동교양(강제노동) 제도를 없애고, 처음부터 교화소(교도소)나 정치범수용소로 보냄으로써 종전의 '관대정책'을 전면 수정하였다. 이와 함께 북한이탈주민에 대한 전국적 조사가 시작되었다. 2004년 7월 남한 정부가 베트남에 머물던 북한이탈주민 468

37 김수암, 〈재중 탈북자 실상의 변화와 정책 추진 방향〉, *EAI Asia Security Initiative Working Paper* 29, 2012, 3~4쪽.

명을 집단 입국시킨 사건 또한 남북 관계를 경색시켰다. 북한 측은 이 사건을 "우리 체제를 허물어보려는 최대의 적대 행위" 혹은 "반민족적 범죄행위"로 규탄하며 8월에 예정된 남북장관급 회담을 무산시켰다. 또한 탈북에 대해 언급하지 않던 기존 관행을 깨고 '남조선당국자와 사이비 인권단체들'이 미국의 사주에 의해 이들을 조직적으로 유인 납치하였다며 공개적으로 송환을 요구하였다.[38]

이처럼 탈북의 동기와 양상은 2000년대 이후 점차 다양하고 복잡하게 전개되었다. 기본적으로 인권 문제이면서 더 나은 삶을 찾아 다른 나라로 이주하려는 이민 문제이며, 동시에 북한·중국 등 관련국과의 관계가 얽혀 있는 국제정치적 사안이 되었다. 따라서 남한 정부의 탈북 문제에 대한 대응은 '재외국민'이면서 난민이 된 이들에 대한 보호 문제, 남한에 입국한 이들의 정착과 사회통합, 이 문제의 해결과 남북관계 긴장 사이에서의 해법 모색이라는 여러 과제를 안게 되었다.

먼저 재중 북한이탈주민의 인권 문제 개선이라는 측면에서 난민과 같은 이들의 법적 지위 마련과 중국 측의 태도 변화를 위한 외교적 노력이 중요한 과제가 되었다. 중국 정부가 북한이탈주민을 체제안정의 위협요소로 간주하면서 강제송환 원칙을 고수하고 있는 이상 이들이 난민으로 인정받는 것은 쉽지 않다. 중국 정부는 탈북 문제에 대해 이것이 인권을 빌미로 한 외부적 압력의 수단 되거나 북한이탈주민과 조선족이 연계하여 민족문제로 비화할 가능성을 우려하고 있다.[39] 따라서 이 문제에 대

38 박영자, 〈분단 60년, 탈북자와 남북관계: 역사적 추이와 변화〉《북한연구학회보》 9-1, 2005, 245~250쪽.

39 국민호, 〈중국 거주 탈북자 난민인정 문제와 한국의 난민정책〉《디아스포라연구》 11-2, 2017, 115쪽.

해 남한 정부가 '조용한 외교'라는 기조로 접근하고 있는 것은 타당한 측면이 있다. 다만 '조용한 외교'라는 접근이 '소극적 외교'를 정당화하는 구실이 되어서는 안 된다. 한국 정부가 탈북 문제 해결에 소극적인데 중국 정부가 적극적으로 나설 리 만무하다. 난민의 판정은 최종적으로 중국 정부의 정책적 판단에서 자유롭지 못하고 유엔난민협약이 주권국가의 행위를 강제할 수 있는 것도 아니기 때문에 현 상황이 바뀌지 않는 한 재중 북한이탈주민이 난민으로 인정받을 가능성은 크지 않다.[40] 따라서 중국 정부가 북한이탈주민 문제에 전향적으로 대응할 수 있는 현실적인 논리와 방안을 개발하는 것이 중요한 과제이다.

다음으로 그동안 남북한 주민통합의 차원에서 시행된 국내 입국 북한이탈주민 정착 지원 정책이 가진 현실적 한계를 돌아보고, 이들의 다양한 행위 동기에 상응하는 관점의 도입이 필요하다. 위에서 살펴본 것처럼 2000년대 이후의 탈북에서는 더 나은 삶의 조건을 찾아 이주하는 '이주민'으로서의 경향이 나타나고 있다. 때문에 이 문제를 통일이나 체제통합과 같은 동화주의적 차원이 아닌 이주와 다문화 정책의 차원에서 접근해야 한다는 의견이 대두되고 있다.[41] 이는 정착 지원 정책에 이주민 정책 관점의 도입과 더불어 북한이탈주민의 남한 사회 '적응'보다 남한 주민의 편견과 차별 해소에 관심을 두어야 한다는 과제를 제시하고 있다.

40 국민호, 앞의 글, 2017, 117~118쪽.

41 이와 관련한 논의는 심양섭, 〈탈북 이주민의 한국사회 편입양태와 정책적 시사점〉 《사회과학 담론과 정책》, 10-2, 2017, 3~7쪽, 참조.

3. 북한이탈주민의 서울 정착 현황과 실태

현재 정부는 〈북한이탈주민의 보호 및 정착지원에 관한 법률〉 제20조에 근거한 주거지원 정책을 통하여 북한이탈주민에게 거주지를 지원한다. 하나원은 사회적응교육(12주)을 받는 북한이탈주민에게 희망지역을 접수하고 한국토지주택공사LH나 서울도시개발공사SH에 임대주택 알선을 요청한다. 교육이 끝나기 이전에 주택배정을 완료하여 북한이탈주민이 하나원 퇴소 이후 지역으로 전입이 가능하도록 돕는다. 거주지 전입 이후에는 '거주지 보호' 기간이 설정되는데 이 기간 동안 생계·의료·고용·교육에 관한 각종 지원을 받는다. 특히 관할 지자체와 경찰서는 거주지·취업·신변호보 담당관을 배정하여 북한이탈주민의 지역사회 적응을 돕는다.[42]

2011년부터 매년 남북하나재단은 "북한이탈주민 생활실태조사"를 실시하여 보고서로 간행하고 있다. 그에 따르면 2021년 현재 만 15세 이상 북한이탈주민 2만 9,880명(소재불명자 제외)이 국내에 거주하고 있다. 그 중 23.7%에 해당하는 7,082명이 서울시에 거주하고 있다.[43] 〈표 2〉에서 보는 것처럼 서울시 거주 비율의 경우 2012년에서 2021년까지 점진적으로 줄어드는 경향을 보인다.

〈표 3〉에서 보는 것처럼 서울시에서 북한이탈주민이 가장 많이 거주하는 지역은 양천구·노원구·강서구이다. 정착 초기 거주지역인 세 곳에 편중되는 현상이 지속적으로 나타난다. 이는 비싼 주택 가격과 각 지자체

42 장인숙·박희진·윤설아, 앞의 책, 2017a, 14쪽; 통일부 홈페이지(www.unikorea.go.kr).

43 남북하나재단,《2021 서울시 북한이탈주민 실태조사》, 2022, 24~28쪽.

〈표 2〉 북한이탈주민의 서울시 거주 비율

연도	2012	2013	2014	2015	2016	2017	2018	2019	2020	2021
비율(%)	23.9	27.6	26.3	26.2	26.4	25.3	23.9	24.2	25.7	23.7

출처: 남북하나재단, 《북한이탈주민 정착실태조사》 (2012~2016); 국가통계포털(kosis.kr) 내 북한이탈주민 실태조사 자료(2017~2021); 남북하나재단, 《2014년 서울시 북한이탈주민 실태조사》, 2015.
비고: 남북하나재단의 북한이탈주민 정착실태조사는 15세 이상 국내 거주 북한이탈주민 전체를 모집단으로 실시하였지만, 응답률이 매년 50% 내외를 기록했으므로 이로 인한 오차가 발생할 수 있다.

〈표 3〉 서울시 자치구별 북한이탈주민 거주 현황(2015. 3. 기준)

지역	양천	노원	강서	송파	관악	강남	구로	강북	동대문
인구 수	1,163	1,127	995	333	327	322	281	230	207
지역	금천	중랑	마포	서대문	동작	성북	영등포	서초	강동
인구 수	194	179	170	153	143	139	114	114	111

참조: 남북하나재단, 앞의 책, 2015, 32쪽.
비고: 100명 이상 거주 자치구만 기재.

의 임대주택 정책이 원인이다. 주택가격이 비싸고 상승세도 빠른 서울지역에서 북한이탈주민이 다른 지역으로 이동하기란 쉽지 않다. 또 서울시 소속 지방자치단체는 각자 개발사업 관심사에 따라 임대주택 사업을 실시하고 있다. 청년·노인·여성·예술인 등 특정 거주 대상을 선정하는 특수목적형, 재개발 주택 대상 유형, 분양 전환 유형 등이 있다. 북한이탈주민 유입은 이를 정책적으로 도모하는 지역에 편중될 수밖에 없다. 마지막으로 북한이탈주민의 거주지역을 지방으로 분산하고자 하는 정책 방안이 영향을 미쳤다.[44]

〈표 3〉과 같이 북한이탈주민의 밀집 거주 지역은 영구임대주택과 공공임대주택이 집중적으로 건설된 지역과 대체로 일치한다. 서울주택도시

44 장인숙·박희진·윤설아, 앞의 책, 2017a, 19쪽.

공사의 자료에 따르면 서울시 50년 영구임대주택은 강서구(7,441호), 노원구(6,196호), 강남구(4,271호), 중랑구(2,811호), 마포구(1,807호) 순으로, 5·10·30년 공공임대주택은 노원구(5,462호), 양천구(4,706호), 강서구(2,870호), 송파구(1,258호), 강남구(1,230호) 순으로 많이 건설되었다.[45] 하지만 관악구, 구로구, 강북구, 동대문구 등에는 공공 및 영구임대주택 공급이 이루어지지 않았음에도 불구하고 북한이탈주민 밀집 거주 지역의 상위를 차지하고 있다. 이는 북한이탈주민이 하나원 퇴소 이후 최초 정착 시 공공임대주택이 아닌 주거지원금을 선택하는 경우 또한 적지 않기 때문이다. 이들은 종종 먼저 탈북한 지인들로부터 원하는 지역의 공공임대주택에 선정되지 못할 수 있다는 정보를 듣고 거주 지역을 자유롭게 선택하기 위해 주거지원금을 선택하곤 하는데, 이는 25.2%에 달한다.[46]

2017년 남북하나재단은 북한이탈주민이 많이 거주하는 10대 주요 거주지를 선정하여 지역별 실태연구 용역을 진행하였다. 10대 주요 거주지역은 인천 남동구, 서울 양천구, 서울 노원구, 서울 강서구, 경기 화성시, 경기 수원시, 경기 평택시, 경기 용인시, 경기 김포시, 경기 안산시 순이었다. 연구팀은 2016년 북한이탈주민 실태조사 데이터를 바탕으로 10대 주요 거주지역 북한이탈주민의 인구학적 특성, 주거안정성, 경제활동, 사회통합 실태를 분석하였다.[47] 해당 조사 결과를 바탕으로 서울 시내 대표적

45 공공데이터포털(www.data.go.kr)의 〈서울주택도시공사 자치구별 임대주택 현황(2022. 2. 28. 기준)〉

46 오정석·성진욱·김윤중, 〈북한이탈주민은 서울에서 어떻게 살고 있을까-주거 정착을 중심으로〉《주거환경》 19(2), 2021, 104쪽.

47 2016년 북한이탈주민 실태조사는 15세 이상 북한이탈주민 2만 5,312명을 모집단으로 하여 6월부터 8월까지 3개월간 전문상담사가 조사대상을 방문하여 실시하는 대면면접방식으로 이루어졌다. 실제 조사는 1만 1,914명(47.1%)이 완료하였다(장인

인 북한이탈주민 밀집 거주 지역의 특성에 대해 살펴보자.

먼저 양천구의 경우 675명이 조사에 응하였다. 인구학적 특성을 살펴보면 50세 이상 거주자가 34.1%로 가장 많은 수를 차지하였다. 전국 평균 20.8%와 비교하면 두 배 가까운 수치이다. 남한 거주 기간은 10년 이상 거주자가 54.2%로 가장 많았다. 전국 평균이 29%인 것과 비교하면 매우 높은 비율이다. 또한 이사 경험이 없는 가구 비율도 평균을 상회하였다. 학력 면에서는 대학교 졸업 이상이 24.3%로 전국 평균(16.5%)를 크게 상회하였다.[48]

다음으로 노원구의 경우 50세 이상 인구 비율은 37.7%로 전국에서 가장 높았다. 10년 이상 거주자 비율은 49.1%였다. 대학교 졸업 이상 학력자 비율은 24.3%로 양천구와 동일하였다.[49] 나중에 살펴보겠지만 노원구는 서울시 북한이탈주민 밀집 거주지역의 특징을 가장 전형적으로 보이는 곳이라고 할 수 있다.

강서구의 경우 446명이 조사에 응하였다. 50세 이상 인구 비율은 29.4%로 전국 평균을 상회하였지만 위 두 지역에 비하면 높지 않았다. 10년 이상 거주자 비율은 60.3%로 전국에서 가장 높았다. 대학교 졸업 이상 학력자는 24.9%로 다른 두 지역과 크게 다르지 않았다.[50]

세 지역의 인구학적 특성을 종합해보면 10년 이상 거주자가 다수를 차지하는 오래된 정착지라는 점을 가장 큰 특징으로 지적할 수 있다. 50

숙·박희진·윤설아, 《북한이탈주민 시군구별 실태보고서(10대 주요 거주지역편)》, 남북하나재단, 2017b, 3~6쪽).

48 장인숙·박희진·윤설아, 앞의 책, 2017b, 28쪽.

49 장인숙·박희진·윤설아, 앞의 책, 2017b, 45쪽.

50 장인숙·박희진·윤설아, 앞의 책, 2017b, 62쪽.

세 이상 인구와 대학교 졸업 이상 학력자 비율이 전국 평균에 비해 높은 점도 그 때문으로 보인다. 10대 주요 거주지역 전체를 놓고 보면, 10년 이상 거주자 비율은 강서구(60.3%), 양천구(54.2%), 노원구(49.1%) 순으로 다음 순위인 경기 평택시(37.7%)에 비해 현격한 차이를 보인다. 50세 이상 인구 비율 또한 노원구(37.7%), 양천구(34.1%), 강서구(29.4%) 순으로 1, 2, 3위를 모두 서울시내 거주지역이 차지하고 있다. 이렇듯 서울지역의 장기 거주자 비율이 높은 이유는 북한이탈주민 주거지원 시행 초기에 대규모 임대아파트가 이미 마련되어 있어 주택물량 공급이 많았던 것과 관련이 있다.[51]

서울지역 북한이탈주민 주요 거주지역의 또 다른 특징은 한 동의 한 층이 모두 북한이탈주민 거주 주택이거나, 'Little NK'로 인식될 정도로 이들이 특정 아파트 단지에 밀집 거주를 형성하는 경우가 많다는 점이다. 즉 양천구, 노원구, 강서구 세 지역에는 고착화된 북한이탈주민 거주지역이 형성되어 있다고 할 수 있다.[52] 이는 공공주택 건설에서 소셜 믹스social mix 정책이 시행되기 이전에 형성된 주거지가 많은 점이 원인으로 판단된다.

이외에도 다른 지역에 비해 서울지역에 고착화 된 북한이탈주민 거주지역이 많은 이유는 다른 도시 대비 양호한 주거 환경도 영향을 미친 것으로 보인다. 양천구와 노원구, 강서구는 상권과 문화시설 및 교육환경 및 교통 접근성을 동시에 갖추어 서울 시내에서도 양호한 주거지역으로 꼽힌다. 따라서 이사 경험 및 횟수를 묻는 조사에서도 "없다."로 응답한 비율은 노원구(81.3%), 양천구(73.5%), 강서구(69.5%)로 전국 평균 61.6%에 비해 높게 나타난다.[53]

51 장인숙·박희진·윤설아, 앞의 책, 2017a, 31쪽.

52 장인숙·박희진·윤설아, 앞의 책, 2017a, 34쪽.

53 장인숙·박희진·윤설아, 앞의 책, 2017a, 40쪽.

다음으로 경제활동 실태를 살펴보자. 경제활동 참가율에서는 양천구(51.7%), 노원구(43.1%), 강서구(52.5%)로 전국 평균(57.9%)에 모두 못 미친다. 비경제활동 비율도 양천구(48.2%), 노원구(56.9%), 강서구(47.5%)로 전국 평균(42.1%)에 비해 높게 나타나며, 실업률은 노원구(7.6%), 강서구(6.5%)로 양천구(4.4%)를 제외하면 전국 평균(5.1%)에 비해 모두 높다.[54] 세 지역 모두 서울 도심에 위치한 지역으로 인근에 제조업 등 충분한 일자리가 갖추어지지 못한 점, 그리고 50대 이상이 다수를 차지하는 연령별 구성 등이 영향을 미친 것으로 보인다. 같은 이유로 서울지역은 '단순 노무 종사자', '기능원 및 관련 기능 종사자', '장치·기계 조작 및 조립 종사자'와 같은 제조업 종사자 비율이 적은 편이고, '사무 종사자', '관리자', '전문가 및 관련 종사자'의 비율이 높게 나타난다.[55]

월평균 임금의 경우 양천구 151.7만 원, 노원구 143.4만 원, 강서구 155.1만 원으로 모두 전국 평균 162.9만 원에 미치지 못하는 것으로 나타났다. 특히 노원구는 10대 거주지역 중에서도 가장 낮은 순위를 기록하였다. 그리고 세 지역 모두 50만 원 미만, 50~100만 원 미만, 100~150만 원 미만의 하위 소득 구간의 비율이 전국 평균을 상회하였다.[56] 이는 이들 지역이 다른 지역에 비해 임시직이나 일용직 형태의 고용 비율이 높기 때문으로, 여기에도 마찬가지로 연령별 구성이 영향을 미친 것으로 보인다. 다만 강서구의 경우가 특징적인데, 300만 원 이상 고소득자 비율이 8.4%로 10대 주요 거주지역 중 가장 높은 것으로 나타났다. 이는 다른 지역에 비해 사무 종사자의 비율(10%)과 자영업자(9.6%) 및 고용주(5%) 비율이 높은 데

54 장인숙·박희진·윤설아, 앞의 책, 2017a, 46쪽.
55 장인숙·박희진·윤설아, 앞의 책, 2017a, 51쪽.
56 장인숙·박희진·윤설아, 앞의 책, 2017a, 54쪽.

서 기인하는 것으로 보인다.

마지막으로 사회통합 실태 조사 결과를 살펴보자. 남한 생활 만족도는 '만족', '보통', '불만족' 중 '만족'한다는 응답이 양천구(70.1%), 노원구(62.5%), 강서구(67.3%)를 각각 나타내었다.[57] 전국 평균(67.0%)와 비교하면 유의미한 경향성을 발견하기 어렵다. 남한 생활에 만족하는 이유는 세 지역이 대체로 '북한 생활보다 경제적으로 여유가 생겨서' > '내가 하고싶은 일을 할 수 있어서' > '내가 일한 만큼의 소득을 얻을 수 있어서' > '감시와 통제를 받지 않아서' > '가족들과 행복하게 살 수 있어서' > '안정된 직장에서 일을 할 수 있어서' > '이웃, 학교, 회사 등 사회로부터 인정받아서'의 순으로 높게 응답했다.[58] 다른 지역과 구별되는 특별한 경향은 발견되지 않지만 대체로 북한 생활에 비해 경제적으로 나아진 점을 만족스럽게 생각하는 것으로 보인다.

북한이탈주민 전체와 10대 주요 거주지역의 불만족 이유 관련 응답을 살펴보면 경제적 어려움이 공통으로 1순위를 차지했다. 앞서 만족하는 이유에 대한 질문에 대부분의 지역에서 '북한 생활보다 경제적으로 여유가 생겨서'라는 대답이 1위를 차지한 점을 고려하면 아이러니한 결과다. 그리고 대부분의 지역에서 불만족 이유로 2위를 차지한 응답은 '북한이탈주민에 대한 각종 편견과 차별 때문에'였다. 그 중에서도 양천구와 노원구는 각각 33.3%와 40%가 해당 응답을 하여 전체 평균 31.7%를 웃돌았다. 서울 강서구의 경우 7.1%로 전체 평균에 크게 못 미친 점이 눈에 띈다.[59]

그렇다면 차별이나 편견을 북한이탈주민은 어떻게 느끼고 있는지가

57 장인숙·박희진·윤설아, 앞의 책, 2017a, 58쪽.

58 장인숙·박희진·윤설아, 앞의 책, 2017a, 57~59쪽.

59 장인숙·박희진·윤설아, 앞의 책, 2017a, 61쪽.

궁금해진다. 이와 관련하여 실제 실제 차별이나 무시를 당한 경험이 있는지, 그 이유가 무엇이라고 생각하는지 질의하였다. 그 결과, 전체 북한이탈주민 중 차별이나 무시당한 경험이 있다는 응답은 24.4%, 없다는 응답은 75.5%였다. 표적집단 면접법FGI(Focus Group Interview)을 통해 심층적으로 물어본 결과, 거주지역 내 직장, 이웃 등 관계 속에서 '말로는 표현하지 않지만 은근한' 차별과 배제를 경험한 적은 많지만 직접적인 차별과 무시의 경험은 미미하다는 것이 일반적인 답변이었다. 지역별로 보면 양천구와 강서구의 경우 차별과 배제를 경험한 적이 있다는 응답이 각각 25.2%와 21.0%로 전체 평균과 큰 차이를 보이지 않았지만, 노원구의 경우 14.1%로 적게 나왔다.[60]

차별당한 이유를 묻는 질문에 대해서 전체 응답자는 '말투, 생활 방식, 태도 등 문화적 소통 방식이 다르다는 점에서'(71.6%), '남한 사람들이 북한이탈주민들의 존재에 대한 부정적 인식 때문에'(42.5%), '전문적 지식과 기술 등에 있어 남한 사람에 비해 능력이 부족하다 생각돼서'(28.0%), '언론에서 북한체제와 북한이탈주민들에 대한 부정적 보도의 영향으로'(15.6%), '남한사회에서 경제적 소득 수준이 낮은 계층이라서'(11.5%), '북한의 호전적인 도발의 영향으로'(9.7%) 등의 순으로 답변하였다. 차별 또는 무시를 당한 경험이 있는 북한이탈주민은 대부분 개인적 이유보다 사회적 이유에 더 비중을 두었다. 10대 주요 거주지역도 서울 양천구·노원구를 제외하고는 마찬가지 경향성을 보였다. 서울 양천구·노원구는 사회적 이유보다 개인적 이유에 응답한 비율이 더 높았는데 이곳은 남한 거주기간이 오래된 북한이탈주민이 많은 지역이다. 이를 통해 북한이탈주민은 초기 정착 시기

60 장인숙·박희진·윤설아, 앞의 책, 2017a, 63~65쪽.

에 남한사회의 편견에 대해 강하게 인식한다면, 남한 생활에 익숙해지면서 나 자신이 변화하고 사회에 대해 배워야겠다는 태도로 변화한다고 이해할 수 있다.[61] 달리 보면 이는 남한 생활 기간이 길어지면서 남한 사회의 구조적 차별과 배제를 점차 내면화하게 되고, 그 극복 방법을 자신 스스로에게서 찾게 된다고도 해석할 수 있다.

4. '더불어 살기'의 조건

1) 법적 지위와 인권 문제

현행 〈북한이탈주민 보호 및 정착지원에 관한 법률〉은 '북한이탈주민' 중 대한민국의 보호를 받으려는 의사표시를 한 '보호대상자'에 대한 '인도주의에 입각한 특별보호의 의무'를 규정하고 있다(제4조 제1항). 구체적으로는 '외국에 체류하고 있는 북한이탈주민의 보호 및 지원 등'을 위한 국가의 외교적 최선 노력의 의무를(제4조 제2항), 이들의 '성공적인 정착'을 위하여 '보호·교육·취업·주거·의료 및 생활보호 등의 지원을 지속적으로 추진할 것'을 규정하고 있다.

이 법률에 따라 북한이탈주민에 대한 보호와 정착지원사업은 초기 입국단계, 시설보호단계, 사회적응단계 및 거주지보호 및 사후지원단계로 구분된다. 초기 입국단계는 북한이탈주민이 보호신청을 하면 외교부는 즉시 통일부 등에 보호신청사실을 통보하고, 조사를 거쳐 신원이 확인되면 국내로의 입국을 지원하는 순서로 진행된다. 시설보호단계에서는 최

61 장인숙·박희진·윤설아, 앞의 책, 2017a, 65~66쪽.

장 180일까지 국가정보원과 경찰 등 관계기관이 북한이탈주민의 신분과 탈북동기 등을 조사하고, 이를 토대로 '북한이탈주민대책협의회'의 심의를 거쳐 통일부장관이 보호 여부를 최종 결정한다. 사회적응단계에서는 '하나원'에 기숙하면서 총 12주의 심리상담 및 사회적응 훈련을 받고, 거주지 보호 및 사후지원단계에서는 주택이 알선 또는 배정되고 각 거주지에서 대한민국 국민으로서의 생활을 영위하게 된다.[62]

김영삼 정부 이후 북한이탈주민 '전원수용의 원칙'을 지속적으로 천명해 오고 있지만, 이는 헌법상 규정에 따른 원칙론일 뿐이다. 실제로는 해당 국가와의 외교적 문제, 남북관계에 대한 정치적 고려, 북한이탈주민 개인의 신원상 문제 등이 작용하여 사실상 '전원수용원칙'은 유명무실한 실정이다.[63] 또한 재중在中 또는 제3국 체류 북한이탈주민 또한 귀화하지 않는 한 대한민국 국민으로 인정하고 있음에도 불구하고 이들은 법적 보호를 전혀 받지 못한 채 불법체류자 신분으로 떠돌고 있다. 북한이탈주민 문제를 해결하려는 외교적·정치적 노력과 함께, 이들을 법적으로 보호할 수 있는 조치 마련이 시급하다. 예를 들면 중국 등에 체류 중인 북한이탈주민에게 대한민국 국민임을 증명하는 여권이나 임시여행증명서TC 같은 신분증을 발급해주는 방안을 고려할 수 있다.[64]

북한이탈주민은 국내 입국 후에도 여러 가지 인권침해 가능성에 노출된다. 먼저 시설보호단계에서 북한이탈주민은 최장 180일까지 '북한이탈주민보호센터(전 중앙합동신문센터)'에서 관계기관의 합동조사를 받는다. 이

62 이덕연, 〈북한이탈주민 보호 및 정착지원에 관한 법률상 탈북민의 법적 지위: 현황과 개선방안〉《법학논총》 20-2, 2013, 306~307쪽.

63 이덕연, 앞의 글, 2013, 308쪽.

64 이덕연, 앞의 글, 2013, 309쪽.

전까지는 '대성공사'라고 불리는 '군 정보사령부 중앙신문단'에서 조사를 받았는데, 2008년 중앙합동신문센터가 개관하면서 북한이탈주민 조사 업무가 공식적으로 이관되었다.[65] 이곳에서는 북한이탈주민에 대한 국정원 등 관계기관의 '감금조사'가 이루어진다. 북한이탈주민의 증언에 따르면 묵비권 등 피조사자의 법적 권리에 대한 안내는 없다. 특히 '대성공사'의 경우 북한이탈주민 신문 과정에서의 인권침해가 줄곧 논란이 되었다. 2013년에는 '서울시 공무원 간첩조작 사건' 피해자 유우성의 동생 유가려의 증언을 통해 합동신문센터에서도 거짓 자백을 받아내기 위한 폭행과 강압조사가 이루어졌음이 밝혀졌다.[66]

'불법체류자' 상태에서 남한 정부의 보호 아래 놓이게 된 북한이탈주민들은 조사기관으로부터 조사를 받는 동안 자신들이 가질 수 있는 '권리'에 대해 생각할 여지를 갖지 못하는 경우가 많다. 조사기관이 피조사자의 '권리'를 보장하려는 의무와 책임을 방기한다면 조사 기간 동안 이들은 인권 침해 가능성에 그대로 노출된다. 국가인권위원회의 보고서에 따르면 조사관들은 탈북 여성을 조사하는 과정에서 이들을 '잠재적인 성매매 여성'으로 간주하고 2차 성폭력을 가하는 사례가 적지 않다고 한다.[67] 시설보호단계에서 북한이탈주민에 대한 보호 및 조사 과정이 투명하게

65 국정원 측은 북한이탈주민 국내 입국자 수의 증가로 인해 중앙신문단(대성공사)을 2010년부터 재가동했다고 밝히고 있다. 그러나 국내 입국 북한이탈주민의 숫자는 2012년부터 오히려 급감하는데 이에 대한 설명은 없다(〈'귀순용사' 때려잡던 '대성공사', 사라지지 않았다〉《프레시안》 2015년 1월 27일).

66 〈유가려, "'7년 전 간첩 조작' 국정원, 뺨 때리며 전기고문 위협"〉《한국일보》 2020년 12월 9일.

67 박순성 · 고유환 · 소라미 · 이임하 · 이희영 · 전미영 · 차문석 · 홍민, 《탈북여성의 탈북 및 정착 과정에서의 인권침해 실태조사》, 국가인권위원회, 2010, 121~127쪽.

공개되고, 이들의 인권 보호를 위한 제도적 정비가 따르지 않는 한 세간을 떠들썩하게 한 '서울시 공무원 간첩조작 사건'과 같은 일은 언제든지 재발할 수 있다.

중앙합동신문센터에서의 조사 이후 북한이탈주민은 하나원에서 12주 동안 기숙하며 심리상담과 함께 정착을 위한 기본 교육을 받는다. 북한이탈주민에게 남한 사회에서의 정착을 위한 최소한의 교육은 필요하겠지만, 합숙을 의무로 하는 집합교육은 법적 근거가 없기 때문에 헌법상 거주이전의 자유를 침해하는 문제가 있다.[68]

거주지 보호 및 사후지원 단계에서도 북한이탈주민은 기본권이 침해될 수 있는 상황에 놓여 있다. '북한이탈주민 보호 및 정착지원에 관한 법률'은 북한이탈주민에 대한 신변보호를 할 수 있도록 규정하고 있는데, 이 규정에 따른 신변보호담당관 제도의 운영이 사실상 보호관찰과 같은 감시 제도로 기능하는 측면이 있다. 실질적으로 신변보호담당관 제도를 운영하고 있는 경찰 측의 연구에 따르면 이 제도의 목적은 ①북한 공작원 등의 테러로부터 보호 ②조기정착 유도를 통한 사회안정과 위장 북한이탈주민 색출에 있다.[69] 즉 간첩으로부터 보호하고 간첩을 색출하는 데 목적이 있다는 것이다. 이와 같은 제도의 취지는 경찰 당국과 일선 경찰들로 하여금 북한이탈주민을 잠재적 간첩 또는 간첩과 접촉이 가능한 자로 간주하게 하는 효과를 낳는다. 특히 경찰은 북한이탈주민 중 신변보호 또는 계도가 필요하다고 판단되는 자를 가·나·다급으로 나누어 관리하고 있는데, 이들은 해외여행에 일정한 제약이 따르고, 중국 여행이 빈번한 이들

68 이덕연, 앞의 글, 2013, 310~311쪽.

69 조동운·서기주, 〈북한이탈주민의 신변보호에 관한 연구〉《경찰연구논집》 9, 2012, 79쪽.

은 법무부와의 공조 하에 해외 행적을 추적당하는 등 거주이동의 자유를 침해받고 있다. 때문에 실제로 신변보호담당관이 자신을 감시한다고 여긴 일부 북한이탈주민들은 수시로 전화번호를 변경하거나, 사생활 감시·인권침해 등에 대해 항의하는 경우도 발생하고 있다.[70]

2) 경제적 자립과 기회의 보장

남북하나재단에서 발간한 《2021 북한이탈주민 정착실태조사》에 따르면 2021년 현재 북한이탈주민의 경제활동과 관련한 주요 지표는 경제활동참가율(61.3%), 고용률(56.7%), 실업률(7.5%)로 나타난다. 이를 전체 인구와 비교하면 다음과 같다.

〈표 4〉 북한이탈주민과 남한 전체 주요 경제활동 지표 비교(2021년)

항목	북한이탈주민	전체 인구(%)
경제활동 참가율	61.3%	63.7%
고용률	56.7%	61.2%
실업률	7.5%	4.0%
임금근로자 최근 3개월 평균 임금	227.7만 원	273.4만 원
임금근로자 근속 기간	31.3개월	70.0개월

출처: 남북하나재단, 《북한이탈주민 정착실태조사》, 2022, 61~71쪽.

〈표 4〉에서 볼 수 있는 것처럼 전체적인 지표상 북한이탈주민은 전체 평균에 비해 열악한 경제적 여건에 놓여 있다. 특히 임금근로자 근속 기간이 평균 31.3개월로 전체 평균 70개월의 절반에도 미치지 못하는데, 이는 북한이탈주민이 전체 평균에 비해 계약직·임시직·일용직에 많이 종사하

70 조동운·서기주, 앞의 글, 2012, 80~83쪽.

고 있음을 의미한다.[71]

전체 평균에 비해 각종 경제활동 지표가 낮은 것은 남한 거주 북한이탈주민의 인구학적 특성과 상대적으로 짧은 국내 거주기간 등이 영향을 미쳤을 수 있다. 그러나 이보다 더 문제시되는 부분은 기초생활보장 수급자 수이다. 2021년 북한인권정보센터가 북한이탈주민 407명을 대상으로 한 패널 조사 결과에 따르면 응답자 405명 중 132명(32.4%)이 기초생활보장법에 의한 생계비 수급을 받고 있다. 2020년 전체 인구 대비 기초생활보장 수급자 비율이 4.1%인 것을 감안하면 북한이탈주민의 생계비 수급 비율은 대단히 높은 수준이다. 통일부 자료에 따르면 2016~2020년 5년 간 생계급여 수급 대상자는 전체의 23~24% 수준으로, 통일부는 이들을 '취약계층'으로 분류하고 있다.

〈표 5〉 북한이탈주민 기초생활수급자 현황

연도	총인원	생계급여	의료급여	해산급여	자활급여	장제급여
2016	28,747	7,012	9,893	22	116	57
2017	30,001	7,329	10,130	10	132	109
2018	30,890	7,365	10,218	0	131	153
2019	32,010	7,608	11,915	13	190	205
2020	32,417	7,729	11,634	9	212	269

출처: 이승열,《북한이탈주민 취약계층 지원정책 현황과 개선과제》, 국회입법조사처, 2021, 16쪽.

이처럼 빈곤층 비율이 전체 인구 평균을 크게 상회하는 현상은 2019년 7월 관악구 북한이탈주민 모자 사망 사건이 우연히 발생한 일이 아님을 보여준다. 수도검침원의 신고로 한 모씨 모자가 자택에서 사망한 지 2

71 김가영 · 성민주 · 임순희,《2021 북한이탈주민 경제사회통합실태》, 북한인권정보센터, 2021, 132~133쪽.

개월이 지나서야 발견된 이 사건은 복지사각지대에 놓인 북한이탈주민 빈곤층과 관련하여 세간에 경종을 울렸다. 이 가정은 아동수당과 양육수당은 신청했지만 기초생활 수급 신청은 하지 않았고, 아이가 만 6세가 넘은 2019년부터 수령한 것은 월 10만 원의 양육수당 뿐이었다고 한다. 매달 16만 4,000원의 임대료가 보증금에서 차감되고 있던 16개월 동안 이웃도, 경찰 신변보호관도, 지자체 거주지 보호담당관도, 주민센터 사회복지사도 한씨 가족의 삶을 확인할 수 없었거나 확인하지 않았다.[72]

이 사건 이후 통일부는 '북한이탈주민 생활안정 종합대책'을 수립하고 매년 두 차례 '북한이탈주민 취약계층 전수조사'를 실시하여 복지사각지대에 놓인 이들을 찾아내 필요한 지원을 하고 있다. 북한이탈주민이 대체로 경제적 기반과 사회적 연결망이 약하기 때문에 경제적 위기에 보다 취약한 측면이 있지만, 복지사각지대의 문제는 비단 북한이탈주민 뿐만이 아닌 일반적 빈곤대책의 일환으로 접근해야 하는 측면이 있다. 따라서 지금과 같이 통일부가 주도하는 방식보다는 보건복지부와 지자체의 주도적 역할이 필요하다고 본다.

정책 당국이 경제적 자립을 위한 지원과 더불어 간과하지 말아야 할 측면은 불평등 해소를 위한 기회의 보장이다. 이는 특히 노동과 교육의 기회 평등이라는 측면에서 고민될 필요가 있다.

지금까지 당국에서 시행해 온 북한이탈주민 지원정책 중 노동 관련 분야를 보면, 사실상 이들을 채용하는 기업주에게 고용지원금을 지급하고, 북한이탈주민에게는 직업훈련 기회도 제공하지만, 수혜자의 자아실현 욕구 등을 고려한 미래지향형 인재개발이라는 측면에서의 접근은 취약했

72 〈탈북 모자의 죽음, 두 달간 아무도 몰랐다〉《한겨레》 2019년 8월 14일.

다고 할 수 있다. 때문에 직업훈련 기회가 제공된다고 해도 그것이 취업으로 연결되는 비율이 낮고 취업 능력 배양보다는 오히려 훈련 수당을 받기 위한 편법으로 활용되는 경우도 있었다.[73]

국가인권위원회의 조사보고서에 따르면 북한이탈주민에 대한 직업훈련이나 취업 기회가 당사자의 자아실현이나 능력계발로 이어지지 않는 이유가 제도적 미비나 남한 사회의 차별과 배제에만 있다고는 할 수 없어 보인다. 북한과 남한의 노동관 및 노동 관행 차이, 탈북과 남한 생활 과정에서 형성된 방어적 태도 등도 북한이탈주민들이 직장에서 고용주 또는 직장 동료들과의 인식차 및 갈등을 빚는 요인으로 지적된다.[74] 소수자들과 다름을 인정하고 포용하며 살아가려는 남한 사회의 노력과 더불어 북한이탈주민이 남한의 제도와 문화를 보다 깊이 이해하고 그 속에서 자신의 성장을 추구할 수 있도록 돕는 교육 체계의 마련이 필요해 보인다.

불평등 해소라는 측면에서 보면 교육은 이를 위한 가장 중요한 수단 중 하나이다. 부모 세대의 낮은 경제력과 사회적·인적 자본 미비 등은 자녀 세대의 교육기회를 제한함으로써 불평등이 세대간으로 재생산되는 요인이 된다. 물론 현행 '북한이탈주민 보호 및 정착지원에 관한 법률'에는 북한에서의 학력 및 자격 인정, 대학 특례 편입학, 중·고·국립대 학비지원과 같은 사항을 보장하고 있기는 하다. 그러나 남한 사회에서 '수월성'을 강조하며 추진된 신자유주의적 교육개혁은 부모의 경제력이나 정보력에 따라 교육 기회 또한 불평등하게 제공되는 구조를 만들었다. 정부가 공교육의 질적 제고를 위해 노력해도 사교육 시장은 지속적으로 교육 서비

73 김석향·박은정·장인숙·전미영·현인애, 《북한이탈주민 노동권 실태조사》, 국가인권위원회, 2015, 36~37쪽.

74 김석향·박은정·장인숙·전미영·현인애, 앞의 책, 2015, 117~123쪽.

스의 질적 차이를 만들어낸다. 자본주의 사회는 교육을 통해 차이와 서열을 끊임없이 재생산한다. 이 교육체계 내에서 위계와 서열을 내재화 한 하위 계급은 사회적 불평등과 배제를 당연한 것으로 받아들이게 된다.[75] 북한이탈주민 정책이 기회 보장과 경제적 불평등 해소라는 경제 및 교육 정책 일반론과 만나게 되는 지점이라고 할 수 있다.

3) 편견과 차별, 고립의 극복

남북하나재단의 《2021 북한이탈주민 사회통합조사》에 따르면 북한이탈주민이기 때문에 차별 또는 무시당한 경험이 있느냐는 질문에 16.1%가 그렇다고 응답했다. 그 이유로는 '문화적 소통방식이 다르다는 점에서(77.7%)가 가장 높았고, 다음으로 '북한이탈주민의 존재에 대한 부정적 인식(45.5%), '전문적 기술 등에 있어서 남한 사람에 비해 능력이 부족(20.1%) 등의 순으로 답했다.[76] 지표상으로는 북한이탈주민들이 겪는 차별이나 배제의 빈도가 높지 않아 보일 수도 있다. 그러나 북한이탈주민에 대한 차별과 편견이 이들의 사회적응에 장애요인으로 작용한다는 조사 결과는 여러 기관과 연구자들의 조사보고에서 공통적으로 제시되고 있다. 예컨대 남북하나재단의 전신인 북한이탈주민후원회가 2001년 실시한 조사에 따르면 사회생활에서 가장 어려운 문제점으로 '남한사람의 편견과 차별(22.4%)'이 지목되었다.[77]

질적 조사연구를 살펴보면 차별과 배제의 실체는 더욱 명확해진다.

75 김성경, 〈북한이탈주민의 "스카이캐슬" 생존기: 임대주택과 교육자본의 공간사회학〉 《통일인문학》 90, 2022.

76 남북하나재단, 《2021 북한이탈주민 사회통합조사》, 남북하나재단, 2022, 71쪽.

77 김석향 · 박은정 · 장인숙 · 전미영 · 현인애, 앞의 책, 2015, 84쪽.

국가인권위원회의 탈북 여성들에 대한 인터뷰 조사에 따르면 이들이 느끼는 소외와 배제의 주요한 원인 중 하나는 정보의 비대칭으로 인한 일상의 위험이다. 이들은 남한에서의 일상생활을 위해 필요한 지식을 충분히 갖고 있지 못하고, 이 때문에 불이익을 받는다는 사실을 잘 알고 있다. 그러나 남한 원주민들에게 도움을 청하지 않는다. 그럴 경우 '탈북자'라는 자신의 신분이 드러날 수 있고, 차별이나 무시를 받을 수 있다는 간접 경험이나 판단 때문이다. 결국 이들이 가지게 되는 태도는 일종의 '체념'이다. 사회적인 무시나 차별을 받는 대신 자신의 권리를 포기하는 것이다. 실제로 많은 북한이탈주민들이 정보의 비대칭을 이용한 남한 원주민들의 사기나 강요 등 범죄 피해를 입고 있다.[78]

북한이탈주민들이 경험하는 차별과 배제의 구조는 이뿐만이 아니다. 이들의 남한 사회 정착을 지원하는 각급 기관 담당자들은 이들을 사회에 짐이 되는 사회복지 수혜자로 바라보기도 한다. 2009년 국가인권위원회의 조사에서 북한이탈주민 A씨는 3년간의 정착지원금을 종료된 사실을 확인하기 위해 주민센터를 방문했을 때 경험을 다음과 같이 소개하고 있다.

> ○○○씨 나온 지 3년 됐잖아요. 그러면 당연히 너무 많이 받은 거 아니에요? 이러더라고요. 너무 많이 주는지 어쨌는지 몰라도 나는 내가 안주는 거 달라 해서 받은 적은 없는데 그렇게 얘기하니까 섭섭하데요. (중략) 지금 돈이 한푼도 없는데 어떡하냐, 내가 그러니까. 생각을 해야죠, 대한민국에도 ○○○씨보다 어려운 사람 얼마나 많은데요. 그러더라고요. 네 많은

78 박순성 · 고유환 · 소라미 · 이임하 · 이희영 · 전미영 · 차문석 · 홍민, 앞의 책, 2010, 136~138쪽.

거 알아요. 저도 그거 알고 다 알아요. 근데 저도 사실 대한민국에서 그냥 살았으면 이리 돈 몇푼 가지고 구걸을 안 할 거라고. 그 여자가 하는 소리가 머라 하는지 알아요? 이때까지 너무 많이 탄 거 아니에요? 이러더라고. 너무 많이 타셨네. 너무 많이 줬어요.[79]

A씨가 3년간 수령한 정착지원금은 법률에 따른 국가의 지급 의무이자, 당사자의 당연한 권리이다. 그러나 이 담당직원의 관점에서 A씨는 남의 도움을 '너무 많이 받은' 염치없는 사람으로 평가되고 있다. 또한 이 직원은 '대한민국에도 존재하는 더 어려운 사람'을 A씨와 비교하고 있다. 대한민국 국적을 가진 A씨를 북한 출신이라는 배경을 근거로 '대한민국의 어려운 사람' 범주에서 제외하고 있는 것이다.[80] 이처럼 각종 지원금이나 수당을 수령하기 위해 종종 겪게 되는 수모와 차별을 받지 않으려고 이들은 기관과의 접촉을 피하면서 스스로 복지사각지대에 놓이게 되는 경우도 발생한다.

북한이탈주민들이 흔하게 겪는 차별 중 하나는 취업 거부이다. 심지어 면전에서 "불법 체류 신분의 중국 교포를 쓰지 북한 사람은 안 쓴다."는 대답을 듣기도 한다. 2008년 전국 초·중·고등학생을 상대로 실시한 설문조사에 따르면 소수자 집단 중 국제결혼가정, 이주노동자, 중국조선족, 북한이탈주민 순서로 사회적 거리감이 증가하고 있다. 때문에 북한이탈주민들이 자신의 출신 배경을 숨기며 생활하는 경우도 적지 않다. 자신이 북에서 왔다고 밝히게 되면 '또 포를 쏘는 이북 새끼들'이라는 주변의

79 박순성·고유환·소라미·이임하·이희영·전미영·차문석·홍민, 앞의 책, 2010, 139쪽.
80 박순성·고유환·소라미·이임하·이희영·전미영·차문석·홍민, 앞의 책, 2010, 139~140쪽.

질타를 감내해야만 하기 때문이다. 이는 9·11사태 이후 전 세계에서 이슬람 출신이 경험했던 적대감에 비유될 수 있을 것이다.[81]

남한사회의 소수자로서 북한이탈주민이 타자화되는 과정은 이들이 스스로에 대한 편견을 내면화하는 과정을 수반한다. "탈북민은 쓰레기 분리수거를 하지 않아 주변이 지저분해진다." "탈북민끼리 서로 물어뜯고 싸운다." "탈북민은 술 먹고 크게 떠든다." 등의 평가는 북한이탈주민이 정의내리는 자신들의 모습이다. 이들이 한국 사회의 시선을 투사하여 자신들의 정체성을 구축하고 있음을 의미한다. 사회적 편견 혹은 고정관념의 확산은 결국 그 집단 스스로 자신을 비하하게 함을 의미한다. 특정 집단에 대한 낙인은 결국 물질화되어 그 집단의 성격으로 굳어진다. 또한 사회적 낙인을 내재화한 집단 구성원이 적극적으로 부정적 인식을 실천하는 과정이 수반되면서 편견은 재생산된다.[82]

이와 같은 편견을 생산하고 내면화하는 과정은 이미 초기 입국과 시설보호 단계에서부터 시작된다. 입국 후 조사를 받는 과정에서 조사관들에 의한 인권침해는 이미 거론하였다. 그런데 북한이탈주민의 남한 사회 적응을 돕기 위한 하나원 교육 과정이 오히려 이들에 대한 편견을 생산하는 데 기여하고 있다는 사실은 놀랍다. 2022년 국회 외교통일위원회 소속 김상희 의원실이 공개한 하나원 언어교육 교재《언어생활》에는 북한이탈주민의 억양과 말투를 비하하는 내용이 다수 포함되어 있다. 문제가 된 대목을 예로 들면 다음과 같다. "북한 출신 사람들은 비교적 큰 성량의 음성을 가지고 있다. 전화 통화를 할 때도 마치 멀리 있는 사람에게 말하는 듯

81 박순성·고유환·소라미·이임하·이희영·전미영·차문석·홍민, 앞의 책, 2010, 141~143쪽.

82 김성경, 앞의 글, 2022, 150~151쪽.

큰 소리로 말한다든가, 옆의 사람에게 방해가 될 정도로 친구와 대화를 하고 있는 것은 아닌지 항상 조심해야 한다."(42쪽) "북한에서 온 사람들은 높기만 하거나, 빠르기만 하거나, 크기만 하거나, 거세기만 한 소리가 아니라, 높고 빠르고 크고 거센 소리로 말하는 경우가 잦은 편"이라며 "인내심이 필요할 정도로 신경이 쓰인다. 그 결과 무슨 말을 하는지 내용을 파악할 수 없게 된다. 위와 같은 음성학적 특징은 호흡조절이 원활하게 이루어지지 않아서 생기는 문제가 아닌가 한다."(43쪽) "공적인 자리에서 사투리로 말하게 되면 상대방에게 내용을 전달하는 데 방해가 될 수 있다. (중략) 더구나 남한 사람에게는 반공교육의 잔재가 남아 있어 아직은 북한 말에 대한 거부감을 가지고 있는 것 같기도 하다. 그렇다면 사투리 억양을 표준어 억양으로 바꾸기 위해서는 어떻게 해야 할까?"[83](50쪽) 북한이탈주민에 대한 인종주의적 편견마저 느껴지는 이 교재는 하나원에서 북한이탈주민 교육용으로 2007년부터 사용되고 있다고 한다.

기실 북한이탈주민을 대하는 남한 사회의 태도는 그 포용성과 개방성을 드러내는 척도이기도 하다. 앞서 언급한 "중국 교포를 쓰지 북한 사람은 안 쓴다"는 태도에서 알 수 있듯이 남한 사회에서 소수자들은 남한 주류 사회의 인식에서 위계적으로 배치되고 있기 때문이다. 북한이탈주민은 남한이라는 '정치적 적대사회'에서 생활하고 있는 만큼 다른 소수자들보다 더 심한 편견과 혐오에 직면할 가능성이 높다. 물론 이는 북한이탈주민에 대한 인식 개선 노력으로 해결될 성질의 것이 아니다. 편견과 혐오의 원인은 피해자에 있는 것이 아니라 그가 속한 사회에 있기 때문이다.

83 〈하나원 탈북민 대상 교재 살펴보니 … 북한 주민 비하 수두룩〉《경향신문》 2022년 10월 6일.

하나원 언어교육 교재 《언어생활》 2장 '표준발음 연습 속표지

출처: 통일부 하나원 교육기획과, 《언어생활》, 2018.

남한 사회에서 소수자에 대한 차별과 혐오는 비단 북한이탈주민에 국한된 현상이 아니라 젠더, 계급, 지역 등을 매개로 오랜 시간 확대재생산되어 온 고질병 중 하나이다. 즉 북한이탈주민과 '더불어 살아가기' 위한 방안의 고민은 남한 사회에 만연한 차별과 배제, 혐오를 극복하고 다양성이 존중되는 사회로 성숙하기 위한 노력과 결을 같이 할 것이다.

5. 맺음말

이상에서 서울에 거주하는 북한이탈주민을 중심으로 수용 정책의 변천 과정, 서울 정착 현황과 실태 그리고 이들이 남한 사회에 뿌리내리고 살기 위해 극복해야 할 몇 가지 조건에 대해 살펴보았다.

현재 남한에 약 3만 명이 넘게 거주하고 있는 북한이탈주민에 대한

수용 정책은 크게 보훈·체제선전 정책 시기와 보호·복지 정책 시기로 나눌 수 있다. 보훈·체제선전 정책 시기는 남한 당국이 북한이탈주민을 체제선전의 도구로 활용하며 보훈 정책을 적용하여 우대한 시기이다. 1960년대부터 1990년대 초까지 남한 당국은 북한이탈주민을 '귀순자' 또는 '귀순용사'로 부르며 우대하였다. 특히 1960년대와 1970년대 남북한의 갈등이 첨예했던 상황에서 체제선전 가치를 높게 평가받은 북한이탈주민은 국가유공자에 준하거나 오히려 그보다 나은 대우를 받았다.

1990년대 들어 냉전 해체와 더불어 남북관계도 변화의 계기를 맞았고 북한의 경제난으로 인해 탈북의 규모와 성격이 달라졌다. 이를 계기로 북한이탈주민 정책 또한 보훈·체제선전에서 보호·복지로 그 성격이 달라지게 되었다. 먼저 1993년 〈월남귀순용사 특별보상법〉을 대체한 〈귀순북한동포 보호법〉은 북한이탈주민에 대한 표현을 '월남귀순용사'에서 '귀순북한동포'로, 지원의 성격 또한 '보상'에서 '보호'로 변경하였다. 그리고 1994년 이후 대량 탈북과 국내 입국이 현실화함에 따라 이에 대한 대책으로 〈북한이탈주민의 보호 및 정착에 관한 법률〉이 제정되었다. 몇 차례 개정을 거쳐 오늘에 이르고 있는 이 법률은 기존 법률의 규정 외에 사회적응훈련과 직업훈련 등 구체적 보호 기준을 명시하고 자립·자활을 촉진하는 것을 주요 내용으로 함으로써 이들의 남한 사회 적응을 위한 장치를 보다 강화한 것으로 평가된다.

2000년대 이후 탈북의 성격이 보다 다양한 양상을 보이고 이와 더불어 남북관계와 대중국 관계 등 북한이탈주민 정책의 고려사항이 보다 복잡해지면서 새로운 정책 변화가 요구되고 있다. 대량 탈북의 장기화로 인해 중국에 정착한 부류, 남한행을 목적하는 부류, 북한으로 돌아가고자 하는 부류 등 탈북의 양상은 복잡하고 다양해졌다. 남한 거주 북한이탈주민의 탈북 동기 또한 경제적 이유와 북한 체제에 대한 불만 외에도 기입국 가족의 권유 등 보다 다양해졌고, 중국과 남한을 오가는 노동이주의 양상 또한 보이고 있다. 또한 북한이탈주민의 인권 문제와 관련한 NGO들의 활동, 이들을 체제위협 요인으로 간주하는 중국과 북한 정부의 태도, 이들의 수용과 외교적 고려 사이에서 모호한 태도를 유지하고 있는 남한 정부의 입장 등이 맞물려 탈북 문제는 보다 복잡한 양상을 보이고 있다. 북한과 중국이 탈북 문제에 보다 전향적으로 접근할 수 있는 논리의 개발과 아울러 남한 거주 북한이탈주민을 단순히 남한 사회에 수용하고 적응시키는 관점의 정책을 넘어선 '사회통합'으로의 관점 전환이 요구되는 시점이라 할 수 있다.

현재 서울에는 전체 3만 여 명 중 약 23~24%에 해당하는 7,000여 명의 북한이탈주민이 거주하고 있다. 그 중에서 이들이 가장 많이 거주하는 지역은 임대주택이 집중적으로 건설된 지역과 대체로 일치한다. 양천구와 노원구, 강서구가 그 대표적인 지역이다. 서울지역 북한이탈주민은 다른 지역에 거주하는 이들과 다른 몇 가지 특징을 보인다. 첫째, 인구학적으로 50세 이상, 10년 이상 거주자, 대학교 이상 고학력자가 전국 평균을 크게 상회하였다. 이는 1990년대에서 2000년대 초반의 초기 북한이탈주민이 주로 서울에 정착했기 때문으로 풀이된다. 이러한 특징은 서울지역에 북한이탈주민의 고착화된 밀집 거주지역이 다수 형성되는 배경으로 작용하였다. 둘째, 비경제활동 인구 비율과 실업률 비율이 전국 평균을 웃돌고 월평균 임금은 전국 평균에 못 미친다. 여기에는 서울 거주 북한이탈주민의 연령별 구성과 서울지역의 제조업 일자리 부족 등이 영향을 미친 것으로 보인다. 셋째, 사회통합과 관련하여 서울 거주 북한이탈주민의 남한 생활 만족도는 전국 평균과 유의미한 차이를 보이지 않았다. 다만 자신들에 대한 차별·배제와 관련하여 이들은 다른 지역에 비해 '능력 부족' 등 개인적인 이유에서 원인을 찾는 경우가 많았다. 남한 생활이 길어지면서 자신들에 대한 차별과 배제를 점차 내면화한다고도 생각할 수 있는 대목이다.

북한이탈주민이 남한 사회에서 '더불어 살기' 위한 조건으로는 크게 세 가지 측면에서 살펴보았다. 첫째, 법적 지위와 인권 문제의 측면이다. 남한 정부가 재중 북한이탈주민 또한 대한민국 국민으로 간주하고 전원 수용 원칙을 고수하고 있는 이상, 이 문제를 해결하려는 외교적 노력과 함께, 이들을 법적으로 보호할 수 있는 조치 마련이 시급하다. 또한 이들은 국내에 입국하여 정착에 이르는 단계에서 여러 가지 인권 침해 가능성에 노출된다. 특히 조사기관의 조사를 받고 남한 사회적응 교육을 받는 하나원 생활기간 동안 그와 같은 가능성이 크다. 이에 대한 제도적 개선이 요구된다.

둘째, 경제적 자립과 기회 보장이라는 측면이다. 북한이탈주민은 남한 전체 평균에 비해 열악한 경제적 여건에 놓여 있다. 여기에는 북한이탈주민의 인구학적 특성과 상대적으로 짧은 국내 거주기간이 영향을 미쳤을 수 있지만, 전체 평균을 크게 상회하는 기초생활수급자 수는 이들이 국내에서 대체로 경제적 자립에 성공하고 있지 못함을 보여준다. 미래지향형 인재개발이라는 측면에서 수혜자의 자아실현 욕구 등을 충분히 고려한 직업훈련 기회의 제공과 같은 대안 마련이 필요하다. 북한이탈주민이 남한의 제도와 문화를 보다 깊이 이해하면서 자신의 성장을 추구할 수 있도록 돕는 교육 체계의 마련이 필요하다.

셋째, 편견과 차별, 고립의 극복이라는 측면이다. 북한이탈주민들이 꼽는 남한 생활의 가장 큰 어려움으로 경제적 곤란과 함께 '남한 사람의 편견과 차별'이 지목된다. 북한이탈주민들은 생소한 남한 생활에서 생길 수밖에 없는 정보의 비대칭, 남한 사람들이 소수자 일반과 북한이라는 '적대국' 출신에게 가지는 각종 편견과 혐오에 의해 소외되고 고통받고 있다. 이러한 현실에 직면한 북한이탈주민은 남한 사람들과의 접촉을 가능한 피하면서 스스로 고립되거나, 스스로 조선족이라며 자신의 정체성을 은폐하기도 하고, 자신들에 대한 왜곡된 편견을 내면화하며 스스로 '2등 국민'으로 깎아내린다. 이는 북한이탈주민의 '부적응'이 아니라 남한 사회가 소수자들을 대하는 차별과 배제, 혐오의 민낯이다. 남한 사회가 이를 극복하고 다양성이 존중되는 사회로 성숙하려는 노력을 보여주지 않는다면 북한이탈주민의 소외와 고립, 마음의 분단은 해소되지 않을 것이다.

찾아보기

서울역사중점연구 14

근현대 서울 속 '주변인'의 삶과 관계성

발행인	서울역사편찬원장 이상배
발행처	서울역사편찬원(history.seoul.go.kr)
	서울특별시 송파구 올림픽로 424 올림픽공원 내(전화 02-413-9622)
기획 · 편집	박명호(시사편찬과장), 김웅호, 김윤정
발행일	2023년 4월 30일
판매가	10,000원
편집 · 인쇄	ANPR(전화 031-955-9202)

발간등록번호	51-6113542-000087-01
ISBN	979-11-6071-157-8
	979-11-6071-023-6 (세트)